WILLKIE FARR & GALLAGHER
Senckenberganlage 16
60325 Frankfurt am Main
Telefon 069 / 79 302 - 0
Telefax 069 / 79 302 - 222

D1719019

Prof. Dr. Maximilian Fuchs
Katholische Universität Eichstätt/Ingolstadt

Tarifvertragsrecht

Ein Leitfaden

Nomos Verlagsgesellschaft
Baden-Baden

Bibliografische Information Der Deutschen Bibliothek

Die Deutsche Bibliothek verzeichnet diese Publikation in
der Deutschen Nationalbibliografie; detaillierte bibliografische
Daten sind im Internet über http://dnb.ddb.de abrufbar.

ISBN 3-8329-0169-8

1. Auflage 2003
© Nomos Verlagsgesellschaft, Baden-Baden 2003. Printed in Germany. Alle Rechte,
auch die des Nachdrucks von Auszügen, der photomechanischen Wiedergabe und der
Übersetzung, vorbehalten. Gedruckt auf alterungsbeständigem Papier.

Vorwort

Mehr als 50 Jahre sind seit dem Inkrafttreten des Tarifvertragsgesetzes vergangen. Sein Normenbestand ist fast unverändert geblieben. Angesichts der Schnelllebigkeit des Arbeitsrechts ist dies ein ungewöhnlicher Befund. Für die Befürworter des jetzigen Rechtszustandes mag dies ein Beleg dafür sein, dass das Tarifvertragsgesetz sich bewährt hat und trotz weitreichender Änderungen der Arbeitswelt ein vernünftiges Modell der Regelung von Arbeitsbeziehungen darstellt. Freilich hat es in der jüngsten Vergangenheit auch zahlreiche kritische Stimmen gegeben, die einen Reformbedarf anmelden. Das vorliegende Werk will eine Darstellung des gegenwärtigen Tarifvertragsrechts leisten. Da viele und zentrale Fragen des Tarifvertragsrechts einer Klärung durch die Rechtsprechung bedurften, musste dieser bei der Darstellung breiter Raum eingeräumt werden. Einem Wunsch des Verlags entsprechend habe ich auch zahlreiches Tarifvertragsmaterial eingeführt. Es soll zeigen, wie in der Tarifpraxis mit Regelungen des Tarifvertragsgesetzes, aber auch Entscheidungen der Gerichte umgegangen wird.

Bei der Sichtung des Rechtsprechungsmaterials habe ich wichtige Hilfe von meinem wissenschaftlichen Mitarbeiter, Herrn Thorsten Appelt erfahren. Ferner hat bei der redaktionellen Fertigstellung des Manuskripts sowie bei der Erschließung von Tarifverträgen meine wissenschaftliche Assistentin, Frau Judith Paukstat, einen wertvollen Beitrag geleistet. Dafür habe ich beiden Mitarbeitern zu danken.

Rechtsprechung und Literatur wurden bis zum 1. März 2003 erfasst.

Maximilian Fuchs   Ingolstadt, April 2003

Inhaltsverzeichnis

Abkürzungsverzeichnis

a.A.	andere Ansicht
a.E.	am Ende
a.F.	alte Fassung
ABl.	Amtsblatt
Abs.	Absatz
Abschn.	Abschnitt
AcP	Archiv für die civilistische Praxis (Zeitschrift)
AEntG	Arbeitnehmerentsendegesetz
AFG	Arbeitsförderungsgesetz (jetzt SGB III)
AG	Aktiengesellschaft
AGB-DDR	Arbeitsgesetzbuch der ehemaligen DDR
AGBG	Gesetz zur Regelung des Rechts der Allgemeinen Geschäftsbedingungen
AiB	Arbeitsrecht im Betrieb (Zeitschrift)
AktG	Aktiengesetz
ÄndTV	Änderungstarifvertrag
Anl.	Anlage
Anm.	Anmerkung
AP	Nachschlagewerk des Bundesarbeitsgerichts
ArbG	Arbeitsgericht
ArbGG	Arbeitsgerichtsgesetz
AR-Blattei	Arbeitsrecht-Blattei, Handbuch für die Praxis
ARS	Arbeitsrechtssammlung mit Entscheidungen des Reichsarbeitsgerichts, der Landesarbeitsgerichte und Arbeitsgerichte
Art.	Artikel
AuA	Arbeit und Arbeitsrecht (Zeitschrift)
Aufl.	Auflage
AuR	Arbeit und Recht (Zeitschrift)
AVE	Allgemeinverbindlicherklärung
BAG	Bundesarbeitsgericht
BAGE	Entscheidungen des Bundesarbeitsgerichts
BAT	Bundesangestelltentarifvertrag
BAVAV	Bundesanstalt für Arbeitsvermittlung und Arbeitslosenversicherung (heute: Bundesanstalt für Arbeit)
BB	Betriebsberater (Zeitschrift)
Bd.	Band
Beil.	Beilage
BeschFG	Beschäftigungsförderungsgesetz
BetrVG	Betriebsverfassungsgesetz
BGB	Bürgerliches Gesetzbuch
BGBl.	Bundesgesetzblatt
BGH	Bundesgerichtshof
BKGG	Bundeskindergeldgesetz

Abkürzungsverzeichnis

BlStSozArbR	Blätter für Steuerrecht, Sozialversicherung und Arbeitsrecht (Zeitschrift)
BMTV	Bundesmanteltarifvertrag
BRD	Bundesrepublik Deutschland
BR-Drucks.	Bundesratsdrucksache
BSG	Bundessozialgericht
BSGE	Entscheidungen des Bundessozialgerichts
BT-Drucks.	Bundestagsdrucksache
BUrlG	Bundesurlaubsgesetz
BVerfG	Bundesverfassungsgericht
BVerfGE	Entscheidungen des Bundesverfassungsgerichts
BVerwG	Bundesverwaltungsgericht
bzw.	beziehungsweise
d.h.	das heißt
DB	Der Betrieb (Zeitschrift)
DDR	Deutsche Demokratische Republik
DGB	Deutscher Gewerkschaftsbund
DJT	Deutscher Juristentag
DJT G	Gutachten zum Deutschen Juristentag
DM	Deutsche Mark
DVO	Durchführungsverordnung
e.V.	eingetragener Verein
EFZG	Entgeltfortzahlungsgesetz
EGBGB	Einführungsgesetz zum Bürgerlichen Gesetzbuch
EGV	Vertrag zur Gründung der Europäischen Gemeinschaft
Einl.	Einleitung
ErfK	Erfurter Kommentar zum Arbeitsrecht
EStG	Einkommenssteuergesetz
EU	Europäische Union
EuGH	Gerichtshof der Europäischen Gemeinschaften
EuZW	Europäische Zeitschrift für Wirtschaftsrecht (Zeitschrift)
EVertr	Vertrag zwischen der BRD und der DDR über die Herstellung der Einheit Deutschlands
EWG	Europäische Wirtschaftsgemeinschaft
EzA	Entscheidungen zum Arbeitsrecht
f., ff.	folgend(e)
Fn.	Fußnote
FS	Festschrift
GBl.	Gesetzblatt
GewO	Gewerbeordnung
GG	Grundgesetz
GmbH	Gesellschaft mit beschränkter Haftung
GmbH & Co KG	Gesellschaft mit beschränkter Haftung u. Kommanditgesellschaft
Grundl.	Grundlagen
GS	Großer Senat

h.M.	herrschende Meinung
HandwO	Handwerksordnung
HBV	Gewerkschaft Handel Banken Versicherungen
HGB	Handelsgesetzbuch
HRG	Hochschulrahmengesetz
Hrsg.	Herausgeber
i.d.F.	in der Fassung
i.d.R.	in der Regel
i.S.d.	im Sinne des(r)
IG	Industriegewerkschaft
InsO	Insolvenzordnung
JArbSchG	Jugendarbeitsschutzgesetz
JuS	Juristische Schulung (Zeitschrift)
Kap.	Kapitel
KritV	Kritische Vierteljahresschrift für Gesetzgebung und Rechtswissenschaft
KündFG	Kündigungsfristengesetz
LAG	Landesarbeitsgericht
m. abl. Anm	mit ablehnender Anmerkung
m.w.N.	mit weiteren Nachweisen
MitbestG	Mitbestimmungsgesetz
MTV	Manteltarifvertrag
MünchArbR	Münchener Handbuch Arbeitsrecht
n.F.	neue Fassung
NachwG	Nachweisgesetz
NJW	Neue Juristische Wochenschrift (Zeitschrift)
Nr.	Nummer
NRW	Nordrhein-Westfalen
NZA	Neue Zeitschrift für Arbeitsrecht (Zeitschrift)
NZA-RR	NZA-Rechtsprechungs-Report, Arbeitsrecht (Zeitschrift)
o.Ä.	oder Ähnlichem
o.g.	oben genannt
OT-Mitgliedschaft	Mitgliedschaft ohne Tarifbindung
ÖTV	Gewerkschaft Öffentlicher Dienst und Verkehr
PersVG	Bundespersonalvertretungsgesetz
RAG	Reichsarbeitsgericht
RAGE	Amtliche Sammlung der Entscheidungen des Reichsarbeitsgerichts
RdA	Recht der Arbeit (Zeitschrift)
Rev. eingel.	Revision eingelegt

RG	Reichsgericht
RGBl.	Reichsgesetzblatt
RGZ	Amtliche Sammlung von Entscheidungen des Reichsgerichts in Zivilsachen
RL	Richtlinie
Rn.	Randnummer
Rs.	Rechtssache
Rspr.	Rechtsprechung
S.	Satz
s.	Siehe
SAE	Sammlung arbeitsrechtlicher Entscheidungen der Vereinigung der Arbeitgeberverbände
SGB	Sozialgesetzbuch
SGb	Die Sozialgerichtsbarkeit (Zeitschrift)
Slg.	Entscheidungen des Gerichtshofs der Europäischen Gemeinschaften
sog.	sogenannt(e)
SprAuG	Gesetz über die Sprecherausschüsse der leitenden Angestellten (Sprecherausschussgesetz)
StGB	Strafgesetzbuch
Str.	Strittig
TG	Tarifgruppe
Thür.	Thüringen
TVAng-Bundespost	Tarifvertrag für die Angestellten der Deutschen Bundespost
TVAng-Ost	Tarifvertrag für die Angestellten der Deutschen Bundespost der neuen Bundesländer
TVG	Tarifvertragsgesetz
TzBfG	Teilzeit- und Befristungsgesetz
u.a.	unter anderem
u.v.m.	und vieles mehr
ULAK	Urlaubs- und Ausgleichskasse
UmwG	Umwandlungsgesetz
usw.	und so weiter
UWG	Gesetz gegen den unlauteren Wettbewerb
v.	vom
VBL	Versorgungsanstalt des Bundes und der Länder
VergGr.	Vergütungsgruppe
Vgl.	vergleiche
VO	Verordnung
VVDStRL	Veröffentlichungen der Vereinigung der deutschen Staatsrechtslehrer
VVG	Versicherungsvertragsgesetz
VW	Volkswagen
VwGO	Verwaltungsgerichtsordnung
WRV	Weimarer Reichsverfassung

z.B.	zum Beispiel
z.T.	Zum Teil
ZfA	Zeitschrift für Arbeitsrecht (Zeitschrift)
ZIAS	Zeitschrift für ausländisches und internationales Arbeits- und Sozialrecht (Zeitschrift)
Ziff.	Ziffer
ZPO	Zivilprozessordnung
ZTR	Zeitschrift für Tarifrecht (Zeitschrift)
ZVglRWiss	Zeitschrift für vergleichende Rechtswissenschaft (Zeitschrift)

Literaturhinweise

Kommentare und Lehrbücher:

Däubler, Tarifvertragsrecht, 3. Auflage 1993.
Dieterich/Hanau/Schaub (Hrsg.), Erfurter Kommentar zum Arbeitsrecht, 3. Auflage 2003.
Gamillscheg, Kollektives Arbeitsrecht Band I, 1997.
Kempen/Zachert, Tarifvertragsgesetz, Kommentar für die Praxis, 3. Auflage 1997.
Löwisch/Rieble, Tarifvertragsgesetz, Kommentar, 1992.
Stein, Tarifvertragsrecht, 1997.
Wiedemann, Tarifvertragsgesetz, 6. Auflage 1999.

Monographische Beiträge:

Biedenkopf, Grenzen der Tarifautonomie, 1964.
Bötticher, Die gemeinsamen Einrichtungen der Tarifvertragsparteien, 1966.
Brunssen, Der Arbeitgeberverbandwechsel: tarifrechtliche und arbeitskampfrechtliche Konsequenzen, 2000.
Dieterich, Die betrieblichen Normen nach dem Tarifvertragsrecht, 1964.
Englberger, Tarifautonomie im Deutschen Reich, 1995.
Giesen, Tarifvertragliche Rechtsgestaltung für den Betrieb: Gegenstand und Reichweite betrieblicher und betriebsverfassungsrechtlicher Normen, 2002.
Höland/Reim/Brecht, Flächentarifvertrag und Günstigkeitsprinzip, 2000.
Hottgenroth, Die Verhandlungspflicht der Tarifvertragsparteien, 1990.
Käppler, Voraussetzungen und Grenzen tarifdispositiven Richterrechts, 1977.
Kommission der Europäischen Gemeinschaft, Tarifvertragsrecht in den Ländern der Europäischen Gemeinschaft, 1984.
Krummel, Die Geschichte des Unabdingbarkeitsgrundsatzes und des Günstigkeitsprinzips im Tarifvertragsrecht, 1991.
Loritz, Tarifautonomie und Gestaltungsfreiheit des Arbeitgebers, 1990.
Misera, Tarifmacht und Individualbereich unter Berücksichtigung der Sparklausel, 1969.
Moll, Tarifausstieg der Arbeitgeberseite: Mitgliedschaft im Arbeitgeberverband „Ohne Tarifbindung", 2000.
Müller, Die Tarifautonomie in der Bundesrepublik Deutschland, 1990.
Picker, Die Tarifautonomie in der deutschen Arbeitsverfassung, 2000.
Ramm, Die Parteien des Tarifvertrags, 1961.

Reichel, Die arbeitsvertragliche Bezugnahme auf den Tarifvertrag, 2001.
Richardi, Kollektivgewalt und Individualwille bei der Gestaltung der Arbeitsverhältnisse, 1968.
Richardi, Arbeitsrecht in der Kirche, 3. Auflage 2000.
Säcker/Oetker, Grundlagen und Grenzen der Tarifautonomie, 1992.
Schulze, Das Günstigkeitsprinzip im Tarifvertragsrecht, 1985.
Stockmann, Die tarifvertragliche Partizipation der Unternehmensentscheidungen, 1991.
Thomas, Der Verzicht auf tarifliche Ansprüche, 1961.
Zachert, Tarifvertrag: eine problemorientierte Einführung, 1979.
Zöllner, Die Rechtsnatur der Tarifnormen nach deutschem Recht, 1966.

Häufig zitierte Lehr- und Handbücher des Arbeitsrechts:

Fuchs/Marhold, Europäisches Arbeitsrecht, 2002.
Hanau/Adomeit, Arbeitsrecht, 12. Auflage 2000.
Hanau/Steinmeyer/Wank, Handbuch des europäischen Arbeits- und Sozialrechts, 2002.
Hromadka/Maschmann, Arbeitsrecht Band 2, 2. Auflage 2001.
Hueck/Nipperdey, Lehrbuch des Arbeitsrechts, 2. Band., 6. Aufl. 1957.
Hümmerich/Spirolke, Das arbeitsrechtliche Mandat, 2. Auflage 2003.
Löwisch, Arbeitsrecht, 6. Auflage 2002.
Richardi/Wlotzke (Hrsg.), Münchner Handbuch zum Arbeitsrecht, 2. Auflage 2000;
Schaub, Arbeitsrechts-Handbuch, 10. Auflage 2002.
Schliemann (Hrsg.), Das Arbeitsrecht im BGB, 2. Auflage 2002.
Söllner, Grundriss des Arbeitsrechts, 12. Auflage 1998.
Tschöpe, Anwalts-Handbuch Arbeitsrecht, 3. Auflage 2003.
Zöllner/Loritz, Arbeitsrecht, 5. Auflage 1998;

I. Historisch-dogmatische Grundlagen des Tarifvertragsrechts

1. Zur Entwicklung des Tarifvertragswesens

Der erste im gesamten Gebiet des Deutschen Reiches geltende Tarifvertrag 1 war der Buchdruckertarifvertrag, der im Jahre 1873 zustandekam[1]. Eine wirkliche Tarifbewegung setzte aber erst im letzten Jahrzehnt des 19. Jahrhunderts, vor allem nach 1890 ein[2].

Die Etablierung eines Tarifvertragsmodells in der Wirtschaft war zahlreichen 2 Schwierigkeiten ausgesetzt. Innerhalb der Gewerkschaften selbst waren Tarifverträge wegen der damit verbundenen Zweckbindung umstritten, insgesamt überwog aber eine positive Einschätzung. Auf Seiten der Arbeitgeber war es vor allem der Centralverband deutscher Industrieller, der dem Abschluss von Tarifverträgen harten Widerstand entgegensetzte[3]. Die politischen Parteien standen Tarifverträgen weitgehend positiv gegenüber, die Reichstagsdebatten zeigen eine relativ breite Befürwortung des Abschlusses von Kollektivverträgen[4].

Belastend wirkte sich die Streikrechtsprechung des Reichsgerichts zu § 153 3 GewO a.F. und § 253 StGB a.F. aus, die eine Artikulierung gewerkschaftlicher Interessen erheblich erschwerte[5]. Ein weiterer Hemmschuh war die strafgerichtliche Rechtsprechung des Reichsgerichts zu § 152 GewO a.F.[6], die in der Konsequenz darauf hinauslief, dass die Vertragsparteien sanktionslos von Tarifverträgen zurücktreten konnten[7]. Mit einer grundlegenden Entscheidung des 6. Zivilsenats des Reichsgerichts wurde aber die Verbindlichkeit von Tarifverträgen und damit deren Einklagbarkeit judiziert[8].

---

1 Zur Entstehungsgeschichte dieses Tarifvertrages vgl. *Ullmann*, Tarifverträge und Tarifpolitik in Deutschland bis 1914, 1977, S. 32 ff.
2 Vgl. *Englberger,* Tarifautonomie im Deutschen Reich, 1995, S. 45 ff.
3 Vgl. dazu *Ullmann*, Tarifverträge und Tarifpolitik, 1977, S. 171 ff.
4 Vgl. *Schröder*, Die Entwicklung des Kartellrechts und des kollektiven Arbeitsrechts durch die Rechtsprechung des Reichsgerichts vor 1914, 1988, S. 366.
5 Zu Einzelheiten s. *Bender*, Strukturen des kollektiven Arbeitsrechts vor 1914, in: *Steindl (Hrsg.)*, Wege zur Arbeitsrechtsgeschichte, 1984, S. 262 ff.
6 § 152 GewO a.F. lautete:
Alle Verbote und Strafbestimmungen gegen Gewerbetreibende, gewerbliche Gehilfen, Gesellen oder Fabrikarbeiter wegen Verabredungen und Vereinigungen zum Behufe der Erlangung günstiger Lohn- und Arbeitsbedingungen, insbesondere mittels Einstellung der Arbeit oder Entlassung der Arbeiter, werden aufgehoben.
Jedem Teilnehmer steht der Rücktritt von solchen Vereinigungen und Verabredungen frei, und es findet aus letzteren weder Klage noch Einrede statt.
7 Vgl. zu dieser Rspr. *Schröder*, Die Entwicklung des Kartellrechts, 1988, S. 365 f.; *Bender*, Strukturen des kollektiven Arbeitsrechts, S. 247 f.
8 Vgl. RG v. 20.1.1910 – Rep. VI 660/08 –, RGZ 73, 92.

2. Der Beitrag der Rechtswissenschaft

4   Wegen der zahlreichen rechtlichen Unsicherheiten bei der Behandlung von Tarifverträgen wurde von rechtswissenschaftlicher Seite immer wieder eine gesetzliche Regelung des Tarifvertragsrechts gefordert[9]. Die Reichsleitung lehnte aber solche Forderungen unter Hinweis auf die Undurchsichtigkeit der hochkomplexen Materie als verfrüht ab und erwartete eine Klärung wichtiger Fragen von der Rechtsprechung[10].

In dieser Situation legislativer Abstinenz kam der Rechtswissenschaft eine herausragende Rolle bei der dogmatischen Entwicklung des Tarifvertragsrechts zu. Auf einige wichtige dogmatische Konzepte aus dieser Zeit muss hier kurz eingegangen werden, weil sie für das Verständnis des gegenwärtigen Tarifvertragsrechtes nach wie vor bedeutsam sind.

5   Eine der zentralen Hauptaufgaben lag in der dogmatischen Bewältigung des Problems der **Tarifwirkung**. Mit dem Abschluss von Tarifverträgen sollte die Überwindung ungünstiger, einzelvertraglicher Abmachungen erreicht werden. Vom geltenden bürgerlichen Recht her gedacht war eine unmittelbare und zwingende Wirkung von Tarifverträgen mit dem Ergebnis einer Verdrängung der einzelvertraglichen Vereinbarungen nicht möglich[11]. Damit kam der Frage, wer aus einem Tarifvertrag berechtigt und verpflichtet wurde, zentrale Bedeutung zu[12].

6   Die von *Lotmar* begründete **Vertretertheorie** besagt, dass der beteiligte Verband den Tarifvertrag als Vertreter seiner Mitglieder abschließt, die aus diesem Vertrag berechtigt und verpflichtet werden[13].

7   Demgegenüber vertrat *Sinzheimer* die sog. **Verbandstheorie**[14]. Sinzheimer kritisiert die individualistische Natur der Vertretertheorie und die Vernachlässigung der Rolle der Verbandsorganisation im Tarifvertragsgeschehen. Nur wenn die Verbände selbst Parteien des Tarifvertrages sind, könne Verlässlichkeit des Vereinbarten auf beiden Seiten gewährleistet werden. Damit ist aber – wie auch *Sinzheimer* erkennt – das Problem der unmittelbaren und zwingenden Wirkung von Tarifvertragsnormen noch nicht bewältigt. Bei ausschließlich privatrechtlicher Betrachtungsweise des von ihm so genannten Arbeitsnormenvertrages lasse sich der Widerspruch nicht ausräumen, „dass nämlich in der Regel der Arbeitsnormenvertrag die allgemeine Unterwerfung aller Arbeitgeber und aller Arbeiter aus wirtschaftlichen und sozialen Gründen erstrebt, dass aber seine Geltung und

---

9 Vgl. insbesondere die Bemühungen des 29. Deutschen Juristentages im Jahre 1908, dazu *Schröder*, Die Entwicklung des Kartellrechts, 1988, S. 368.

10 *Bender*, Strukturen des kollektiven Arbeitsrechts, S. 273 f.

11 Zu dieser Rechtssituation *Söllner*, § 15 II 1, S. 121 f.

12 Zur Darstellung der hierzu entwickelten Lösungen eingehend *Ramm*, Die Parteien des Tarifvertrags, S. 36 ff.

13 *Lotmar*, Der Arbeitsvertrag nach dem Privatrecht des Deutschen Reiches, Bd. 1, 1902, S. 797 ff.

14 *Sinzheimer*, Der korporative Arbeitsnormenvertrag, Teil 1, 1907, S. 72 ff.

Ausbreitung doch abhängig ist von der Zustimmung der einzelnen, sei es, dass diese Zustimmung durch die Beteiligung am Vertragsschluss, sei es, dass sie durch die tatsächliche Verkehrsübung nach dem Vorbilde des Vertrages erfolgt"[15]. Die Lösung erwartet *Sinzheimer* vom öffentlichen Recht, das die Arbeitsnorm zur allgemeinen Geltung zu bringen hat, indem es diese Geltung unabhängig macht von dem Willen der Beteiligten, sich der Arbeitsnorm zu unterwerfen, mit anderen Worten: das öffentliche Recht solle den Bestimmungen des Arbeitsnormenvertrages die Bedeutung von Gesetzen beilegen, den Arbeits-normenvertrag aus einem Rechtsgeschäft zu einer Rechtsquelle erheben[16].

Die Lehren *Sinzheimers* haben in der **Tarifvertragsverordnung** vom 23.12.1918 gesetzgeberische Anerkennung gefunden[17]. Sie bilden auch die Grundlagen des geltenden **Tarifvertragsgesetzes**[18].   **8**

3. Die Rechtsnatur des Tarifvertrages

Während zentrale Fragen, die in der Frühphase tarifvertragsrechtlicher Dog-   **9**
matik eine herausragende Rolle spielten, durch gesetzgeberische Entscheidun-gen an Bedeutung verloren haben, ist weiterhin umstritten, welche rechtlich-dogmatischen Grundlagen hinter der Festlegung des § 1 TVG zu sehen sind, wonach es sich bei tarifvertraglichen Bestimmungen, soweit sie nicht die Rechte und Pflichten zwischen den Tarifvertragsparteien regeln, um Rechtsnormen handelt.

Nach wie vor stehen sich – im Prinzip – zwei Auffassungen gegenüber[19]. Die   **10**
h. M. sieht Tarifvertragsbestimmungen als **Normen objektiven Rechts** an, wobei die Legitimation der Tarifvertragsparteien zur Rechtssetzung aus der Annahme abgeleitet wird, den Tarifvertragsparteien sei Autonomie verliehen[20]. Das ist der Inhalt der sog. **Delegationstheorie**[21].

Im Gegensatz dazu stehen Auffassungen, die – mit unterschiedlicher Akzen-   **11**
tuierung – eine **rechtsgeschäftliche Deutung** des Tarifvertrages vornehmen und

15 *Sinzheimer*, Der korporative Arbeitsnormenvertrag, Teil 2, 1908, S. 27.
16 *Sinzheimer*, Der korporative Arbeitsnormenvertrag, Teil 2, S. 28.
17 Vgl. VO über Tarifverträge, Arbeiter- und Angestelltenausschüsse und Schlichtung von Arbeitsstreitigkeiten v. 23.12.1918, RGBl. S. 1456. S. dazu *Hueck/Nipperdey*, Lehrbuch des Arbeitsrechts, 2. Band., 6. Aufl. 1957, § 13 I, S. 158 ff. Zu Entwicklungsgeschichte und Inhalt der TVVO vgl. die bei *Hueck/Nipperdey*, § 13 II 4, S. 163 angegebene Literatur.
18 *Söllner*, § 15 II 1 c, S. 122. Eingehend zur Entstehungsgeschichte des Tarifvertragsgesetzes *Herschel*, ZfA 1973, 183 ff. Zu den Gesetzesmaterialien *Wiedemann*, II Geschichte des Tarif-vertragsgesetzes, Rn. 1 ff.
19 Eingehend zum Meinungsstreit *Richardi*, Kollektivgewalt, S. 130 ff.; *Söllner*, § 15 II, S. 123 ff.
20 Zum unterschiedlichen Verständnis von Autonomie s. *Zöllner/Loritz*, § 33 IV 1, S. 373 ff.
21 Vgl. dazu *Wiedemann*, § 1 Rn. 43 mit zahlreichen Belegen aus Rspr. und Schrifttum. Sie wird in st. Rspr. vom BAG vertreten, vgl. dazu BAG v. 15.1.1955 – 1 AZR 305/54 –, BAGE 1, 258, 262 ff.

damit den Abschluss von Tarifverträgen als privatautonome Vereinbarung betrachten[22]. Man fasst diese Meinungen häufig unter der Bezeichnung **mandatarische Theorie** zusammen[23].

12   Der Theorienstreit darf nicht überschätzt werden[24]. Viele Probleme des Tarifvertragsrechts sind heute jenseits der unterschiedlichen Ausgangspunkte konsensfähigen Lösungen zugeführt. Andererseits darf die unterschiedliche Beantwortung der Rechtsnatur des Tarifvertrages nicht bloß als folgenloser Theorienstreit abgetan werden. Die einzelnen Grundpositionen führen in einigen Fällen sehr wohl zu unterschiedlichen Auffassungen und Ergebnissen[25].

---

22 Zum Spektrum der Meinungen s. *Zöllner*, Die Rechtsnatur der Tarifnormen, S. 9 ff.
23 Vgl. *Wiedemann*, § 1 Rn. 42.
24 *Zöllner/Loritz*, § 33 IV 2, S. 374. Zu einer ausgewogenen Einschätzung des Meinungsstreits und seiner Folgen *Söllner*, § 15 II 3, S. 123 ff.
25 An dieser Stelle sei lediglich auf zwei Bereiche hingewiesen: die Bindung der Tarifvertragsparteien an die Grundrechte (dazu unten V 2.) und die Auslegung von Tarifverträgen (dazu unten IV 3.).

II. Verfassungsrechtliche Grundlagen

1. Der Schutz der Tarifautonomie durch Art. 9 Abs. 3 GG

Art. 9 Abs. 3 S. 1 GG enthält die verfassungsrechtliche Verankerung der **13** Koalitionsfreiheit[26]. In den Schutzbereich der **Koalitionsfreiheit** fällt auch der Schutz eines Tarifvertragswesens (**Tarifautonomie**). Art. 9 Abs. 3 S. 1 GG gewährleistet die Institution eines gesetzlich geregelten und geschützten Tarifvertragssystems, dessen Partner frei gebildete Koalitionen sein müssen[27].

Art. 9 Abs. 3 S. 1 GG ist die Grundentscheidung zu entnehmen, die Bestim- **14** mung aller regelungsbedürftigen Einzelheiten des Arbeitsvertrages den in den Tarifparteien organisierten Arbeitnehmern und Arbeitgebern zu überlassen. Das Bundesverfassungsgericht hat die ratio dieser Entscheidung wie folgt begründet[28]: „Dieses Zurücktreten des Staates zugunsten der Tarifparteien gewinnt seinen Sinn ebenso sehr aus dem Gesichtspunkt, dass die unmittelbar Betroffenen besser wissen und besser aushandeln können, was ihren beiderseitigen Interessen und dem gemeinsamen Interesse entspricht, als der demokratische Gesetzgeber, wie aus dem Zusammenhang mit dem für die Gestaltung nicht öffentlich-rechtlicher Beziehungen charakteristischen Prinzip der „Privatautonomie", im Grunde also der Entscheidung des Grundgesetzes zugunsten des freiheitlich-demokratischen Rechtsstaates".

Die „**Normsetzungsprärogative**" der Koalitionen gilt nicht schrankenlos. Es **15** ist Sache des subsidiär für die Ordnung des Arbeitslebens weiterhin zuständigen staatlichen Gesetzgebers, die Betätigungsgarantie der Koalitionen in einer den besonderen Erfordernissen des jeweiligen Sachbereichs entsprechenden Weise – in den Grenzen des Kernbereichs der Koalitionsfreiheit – näher zu regeln[29].

Der Gesetzgeber ist demnach an einer sachgemäßen Fortbildung des Tarif- **16** vertragssystems nicht gehindert. Das Bundesverfassungsgericht bejaht vielmehr einen weiten Spielraum zur Ausgestaltung der Tarifautonomie[30]. Die frühere Rechtsprechung des BVerfG ging von der so genannten Kernbereichsthese aus. Danach schützte die Koalitionsfreiheit i.S.d. Art. 9 Abs. 3 GG die Betätigung der Koalitionen lediglich in einem Kernbereich[31]. Im Jahre 1996 hat das BVerfG

---

26 Vgl. hierzu § 28.
27 BVerfG v. 18.11.1954 – 1 BvR 629/52 –, BVerfGE 4, 96, 106; *Jarass/Pieroth*, Grundgesetz für die Bundesrepublik Deutschland, 2000, Art. 9 Rn. 24; *Heinze*, DB 1996, 729 ff.
28 BVerfG v. 27.2.1973 – 2 BvL 27/69 –, BVerfGE 34, 307, 316 f.
29 BVerfG v. 24.5.1977 – 2 BvL 11/74 –, BVerfGE 44, 322, 341 f.; *Scholz* in *Maunz/Dürig*, Grundgesetz Kommentar, Art. 9 Rn. 249.
30 BVerfG v. 19.10.1966 – 1 BvL 24/65 –, BVerfGE 20, 312, 317.
31 Vgl. etwa BVerfG v. 1.3.1979 – 1 BvR 532, 533/77 –, BVerfGE 50, 290, 369.

diese Ansicht korrigiert, weil sie das Verständnis der Koalitionsfreiheit nur unvollständig wiedergebe.

Sachverhalt[32]:

Der Beschwerdeführer rief das BVerfG an, weil ihm im Ausgangsverfahren vor den Arbeitsgerichten der Anspruch auf Entfernung einer Abmahnung aus seiner Personalakte verwehrt wurde. Grund für die vom Beklagten erteilte Abmahnung war der Umstand, dass der Beschwerdeführer – der damals freigestellte Betriebsratsvorsitzende – einem Arbeitskollegen während dessen Arbeitszeit eine Druckschrift der Gewerkschaft Nahrung-Genuss-Gaststätten über die gewerkschaftlichen Leistungen nebst einem Beitrittsformular ausgehändigt hatte. Der Beklagte vertrat die Auffassung, dass während der Arbeitszeit innerhalb des Betriebs Werbung für die Gewerkschaft unzulässig sei.

In erster und zweiter Instanz hatte der frühere Kläger und jetzige Beschwerdeführer keinen Erfolg. Das BAG[33] begründete sein klageabweisendes Urteil damit, dass die Verteilung gewerkschaftlichen Werbematerials während der Arbeitszeit für die Erhaltung und Sicherung des Bestandes der Gewerkschaft in dem zu entscheidenden Fall nicht unerlässlich sei. Es sei deshalb nicht der Kernbereich der Koalitionsfreiheit betroffen und damit das Handeln des Beschwerdeführers nicht vom Schutzbereich des Art. 9 Abs. 3 GG umfasst.

Dem trat das BVerfG entgegen. Der Grundrechtsschutz erstreckte sich auf alle Verhaltensweisen, die koalitionsspezifisch sind[34], wozu auch die Mitgliederwerbung durch die Koalitionen selbst gehöre. Der Schutzbereich des Art. 9 Abs. 3 GG beschränke sich nicht auf den sog. Kernbereich der Koalition. Die Frage der „Unerlässlichkeit" sei keine Frage des Schutzbereiches, sondern betreffe nur die Frage der Schranke dieses Grundrechts[35]. Mitgliederwerbung schaffe das Fundament für die Erfüllung der durch Art. 9 Abs. 3 GG genannten Aufgaben der Koalitionen und sichere so durch neue Mitglieder ihren Fortbestand und ihre Verhandlungsstärke. Diese Freiheit billigt das BVerfG auch dem einzelnen Mitglied zu, das sich darum bemüht, andere zum Beitritt zu gewinnen und damit die eigene Vereinigung durch Mitgliederzuwachs zu stärken.

In der Bestimmung des § 116 Absatz 3 AFG a. F. (Verweigerung von Arbeitslosengeld an mittelbar von einem Arbeitskampf betroffene Arbeitnehmer) hat das BVerfG[36] keinen Verstoß gegen das in Artikel 9 Abs. 3 GG geschützte Grundrecht der Koalitionsfreiheit gesehen. Das BVerfG sah zwar eine Beein-

---

32 Nach BVerfG v. 14.11.1995 – 1 BvR 601/92 –, NZA 1996, 381, 382.
33 BAG v. 13.11.1991 – 5 AZR 74/91 –, NZA 1992, 690.
34 BVerfG v. 14.11.1995 – 1 BvR 601/92 –, NZA 1996, 381, 382.
35 Klarstellung der früheren Rspr. BVerfG v. 14.11.1995 – 1 BvR 601/92 –, NZA 1996, 381, 382.
36 BVerfG v. 4.7.1995 – 1 BvF 2/86 u.a. –, NJW 1996, 185 ff. = AuR 1996, 33 ff.

trächtigung der Koalitionsfreiheit durch die Regelung im AFG als gegeben an, die Regelung wahre aber die Grenzen, die der Ausgestaltungsbefugnis des Gesetzgebers von Verfassungs wegen gezogen sind. Allerdings weist das BVerfG auch darauf hin, dass der Gesetzgeber Maßnahmen zur Wahrung der Tarifautonomie treffen müsse, wenn in der Folge dieser Regelung strukturelle Ungleichheiten der Tarifvertragsparteien aufträten, die ein ausgewogenes Aushandeln der Arbeits- und Wirtschaftsbedingungen nicht mehr zuließen und durch die Rechtsprechung nicht mehr ausgeglichen werden könnten.

In diesem Sinne hat es das BVerfG als verfassungsrechtlich unbedenklich **17** angesehen, dass der Gesetzgeber bestimmte Voraussetzungen und Grenzen der Tariffähigkeit festlegt[37]. Auch die Allgemeinverbindlicherklärung von Tarifverträgen[38] wird vom BVerfG als verfassungsrechtlich zulässig angesehen[39]. Mit der Tarifautonomie unvereinbar wäre eine Zwangsschlichtung[40]. Umstritten ist die Frage, inwieweit Gewerkschaften aus Art. 9 Abs. 3 GG eine **Klagebefugnis** für Klagen gegen nicht tarifkonforme Absprachen zwischen Arbeitgeber und Betriebsrat herleiten können.[41]

Beispiel[42]:
Die Arbeitgeber B und D stellen in einem gemeinsamen Betrieb mit rund 2300 Arbeitnehmern Druckerzeugnisse her. Die Unternehmen wurden durch Ausgliederung aus der B-GmbH gegründet. Die B-GmbH ist Mitglied des Arbeitgeberverbands Druck. Zwischen dem Dachverband des zuständigen Arbeitgeberverbandes, dem Bundesverband Druck e.V. und der zuständigen Gewerkschaft wurde der Manteltarifvertrag für gewerbliche Arbeitnehmer der Druckindustrie (MTV Arb) geschlossen. Dieser Tarifvertrag sieht Zuschläge für Nachtarbeit und Überstunden, eine Antrittsgebühr für Sonn- und Feiertagsarbeit, eine 35-Stunden-Woche und einen Abgeltungsanspruch für alle Überstunden durch Freizeit vor. Nach dem MTV Arb werden darüber hinaus bei der Lohnfortzahlung an Feiertagen die Überstundenvergütung einschließlich der Zuschläge berücksichtigt. Wegen der schwierigen Wettbe-

---

37 Vgl. BVerfG v. 6.5.1964 – 1 BvR 79/62 –, BVerfGE 18, 18; v. 19.10.1966 – 1 BvL 24/65 –, BVerfGE 20, 312; v. 20.10.1981 – 1 BvR 404/78 –, BVerfGE 58, 233; zu Einzelheiten der Tariffähigkeit vgl. unten C I.

38 S. dazu unten VI 1.c).

39 Vgl. dazu BVerfG v. 24.5.1977 – 2 BvL 11/74 –, BVerfGE 44, 322, 342 ff.; v. 15.7.1980 – 1 BvR 24/74 und 439/79 –, BVerfGE 55, 7, 18 ff.; Beschl. vom 10.9.1991 – 1 BvR 561/89 –, NZA 1992, 125. Vgl. auch BVerfG v. 14.6.1983 – 2 BvR 488/80 –, BVerfGE 64, 208 (zur Verfassungswidrigkeit einer dynamischen Verweisung auf tarifvertragliche Regelungen).

40 Vgl. BVerfG v. 6.5.1964 – 1 BvR 79/62 –, BVerfGE 18, 18, 30; ebenso *Gamillscheg*, Kollektives Arbeitsrecht, Band I, § 31 2. c (2), S. 1304.

41 Die Problematik ist erstmals im Zusammenhang mit den so genannten Viessmann-Urteilen aktuell geworden, vgl. ArbG Marburg v. 7.8.1996 – 1 BV 6/96 –, NZA 1996, 1331; v. 7.8.1996 – 1 BV 10/96 –, NZA 1996, 1337; ArbG Frankfurt a.M. v. 28.10.1996 – 1 Ca 6331/96 –, NZA 1996, 1340; dazu *Kort*, NJW 1997, 1476 ff.

42 Nach BAG v. 20.4.1999 – 1 ABR 72/98 –, NZA 1999, 887.

werbssituation schloss B den Betrieb in D mit 600 Arbeitnehmern. Für den Standort O planten B und D Einsparungen von 40 Millionen DM jährlich und teilten dies den Arbeitnehmern mit. Am 29.2.1996 schlossen die Geschäftsleitung und der Betriebrat eine Rahmenvereinbarung. Darin hieß es unter anderem:
Zur Sicherung der Arbeitsplätze der B-Druck GmbH in O und zur Vermeidung von 400 Entlassungen sind umfassende Sparmaßnahmen erforderlich. Betriebsrat und die Geschäftsführung sind sich einig, dass Einsparungen in der Größenordnung von 30 Millionen DM p. a. realisiert werden. (...) Sie sind sich einig, dass die von den Tarifverträgen der Druckindustrie abweichenden Inhalte zu ihrer Rechtswirksamkeit der einzelvertraglichen Zustimmung der Mitarbeiter bedürfen. Betriebsrat und Geschäftsleitung werden sich gemeinsam bemühen, diese Zustimmung einzuholen. Nachdem alle Mitarbeiter der B-Druck GmbH (...) auf der Basis der Betriebsvereinbarung Einzelverträge abgeschlossen haben, tritt für diejenigen, die einen Einzelvertrag abschließen, eine uneingeschränkte Beschäftigungsgarantie bis 31.12.2000 in Kraft.
In einer Anlage ist als Sparmaßnahmenkatalog u. a. vereinbart, dass die Vergütung im Urlaub- oder Krankheitsfall ohne Überstundenvergütung erfolgen soll. Die Zuschläge sollen geringer sein als im Tarifvertrag vereinbart. Ferner entfällt die Antrittsgebühr für Sonntagsarbeit. Die wöchentliche Arbeitszeit beträgt in Zukunft 39 Stunden, wobei die 36. und 37. geleistete Arbeitsstunde als mit der Grundvergütung abgegolten gilt. Für die 38. und 39. Stunde wird der gleiche Betrag wie die Grundvergütung gezahlt. Betriebsrat und Geschäftsführung forderten die Arbeitnehmer in einem gemeinsamen Schreiben zu ihrer Zustimmung zu den Sparmaßnahmen auf. Dem kamen 98,5 % der Arbeitnehmer nach. Für die restlichen 1,5 % der Belegschaft wurde eine Betriebsvereinbarung geschlossen, mit der die Arbeitszeit auf 30 Wochenstunden ohne Lohnausgleich reduziert wurde. Die Gewerkschaft hatte die Auffassung vertreten, sie könne von der Arbeitgeberseite verlangen, die Durchführung der Vereinbarungen zu unterlassen, soweit diese im Widerspruch zu den Manteltarifverträgen stünden.[43]
Während das BAG grundsätzlich die Klagebefugnis der Gewerkschaft auf Feststellung der Unwirksamkeit einer Betriebsvereinbarung wegen Verstoßes gegen § 77 Abs. 3 BetrVG verneint[44]*, weil die Gewerkschaft an den zwischen Arbeitgeber und Arbeitnehmern beschlossenen Betriebsvereinbarungen nicht beteiligt ist, soll etwas anderes gelten, wenn die Gewerkschaft einen* **Unterlassungsantrag** *stellt, mit dem sie eigene Rechte verteidigen will. Das BAG stützt die Antragsbefugnis auf Art. 9 Abs. 3 GG und die in ihr verbürgte Koalitionsfreiheit. Die Grundlage des Unterlassungsanspruchs wird in §§ 1004, 823 BGB in Verbindung mit Art. 9 Abs. 3 gesehen. Das BAG erkennt an, dass*

---

43 BAG v. 20.4.1999 – 1 ABR 72/98 –, NZA 1999, 887, 888.
44 BAG v. 23.2.1988 – 1 ABR 75/86 –, NZA 1989, 229.

die Koalitionsfreiheit der Gewerkschaft durch eine betriebseinheitliche Regelung, welche tarifwidrige Arbeitsbedingungen schaffen will, beeinträchtigt werden kann. Zur Begründung hat das BAG ausgeführt[45], dass sich dieses Grundrecht nicht nur auf einen Kernbereich koalitionsmäßiger Betätigung, sondern auf alle Verhaltensweisen erstrecke, die koalitionsspezifisch sind. Eine Einschränkung oder Behinderung der Koalitionsfreiheit liege auch in Abreden oder Maßnahmen, die zwar nicht die Entstehung oder den rechtlichen Bestandteil eines Tarifvertrages betreffen, aber darauf gerichtet sind, dessen Wirkung zu vereiteln oder leer laufen zu lassen. Gleichzeitig betont das Gericht auch, dass dies nicht bedeute, dass schon jede tarifwidrige Vereinbarung zugleich als Einschränkung oder Behinderung der Koalitionsfreiheit zu werten sei. Tarifnormwidrige Regelungen in einzelnen Arbeitsverträgen oder fehlerhafte Anschlussregelungen auf der betrieblichen Ebene stellten den maßgeblichen Tarifvertrag noch nicht in Frage. Von einem Eingriff in die Tarifautonomie könne vielmehr erst dann gesprochen werden, wenn eine Tarifnorm als kollektive Ordnung verdrängt und damit ihrer zentralen Funktion beraubt werden soll. Dies setze eine betriebliche Regelung voraus, die einheitlich wirken und an die Stelle der Tarifnorm treten solle. Dies sei bei tarifnormwidrigen Betriebsvereinbarungen im Zweifel anzunehmen, aber auch bei vertraglichen Einheitsregelungen als Instrument zur Gestaltung der betrieblichen Ordnung[46].

Die Reichweite der von Art. 9 Abs. 3 GG geschützten Tarifautonomie war auch Gegenstand der Entscheidung des BVerfG zum Internationalen Seeschifffahrtsregister (**sog. Zweitregister**)[47]. Darin ist folgender Grundsatz verankert: „Berührt die Ausübung der Koalitionsfreiheit (Art. 9 Abs. 3 GG) zwangsläufig die Rechtsordnung anderer Staaten und werden widerstreitende Interessen von Trägern dieses Grundrechts in einem Raum ausgetragen, der von der deutschen Rechtsordnung nicht mit alleinigem Gültigkeitsanspruch beherrscht wird, ist die Gestaltungsbefugnis des Gesetzgebers größer als bei Regelungen von Rechtsbeziehungen mit inländischem Schwerpunkt. Auch dann bleibt er aber verpflichtet, dem Grundrecht die unter den obwaltenden und von ihm nicht beeinflussbaren Bedingungen größtmögliche Anwendung zu sichern"[48]. In einem weiteren Fall hatte sich das BVerfG mit der Frage zu befassen, inwieweit arbeitsförderungsrechtliche Vorschriften die Tarifautonomie nachteilig berühren. Die in den §§ 275 Abs. 2; 265 Abs. 1 Satz 1 SGB III enthaltenen Lohnabstandsklauseln regeln befristete staatliche Zuschüsse für Arbeitsbeschaffungsmaßnahmen, die jedoch an die Vereinbarung von untertariflichen Entgelten geknüpft sind. Darin

---

45 Vgl. BAG v. 20.4.1999 – 1 ABR 72/98 –, NZA 1999, 887, 891 f.
46 Kritisch zu dieser Rechtsprechung *Buchner*, NZA 1999, 898 ff.
47 BVerfG v. 10.1.1995 – 1 BvF 1/90 u. a. –, DB 1995, 483.
48 Kritisch hierzu *Wimmer*, NZA 1995, 250 ff.; *Geffken*, NZA 1995, 564 ff.

sieht das Gericht zwar einen Eingriff in Art. 9 Abs. 3 GG, der jedoch im Hinblick auf den Normzweck, in Zeiten hoher Arbeitslosigkeit zusätzliche Arbeitsplätze zu schaffen sowie in Anbetracht der beschränkten Geltungsdauer nach § 272 SGB III gerechtfertigt ist, da er den Koalitionen zumutbar sei und im Übrigen das Gemeinwohlinteresse deutlich überwiegt.[49]

18 Während für Angestellte und Arbeiter im öffentlichen Dienst die Tarifautonomie uneingeschränkt gilt[50], steht den Beamten und ihren Koalitionen kein Recht zur tariflichen Gestaltung der Arbeits- und Wirtschaftsbedingungen zu, weil insoweit die „hergebrachten Grundsätze des Berufsbeamtentums" (Art. 33 Abs. 5 GG) eine Einschränkung der Tarifautonomie vornehmen[51].

2. Anwendungsbereich des Tarifvertragsgesetzes

19 Grundsätzlich gilt das TVG für Tarifverträge, die für Arbeitnehmer geschlossen werden. § 12a TVG erweitert den Anwendungsbereich darüber hinaus auf **sog. arbeitnehmerähnliche Personen**[52]. Gesetzgeberischer Grund für die Erweiterung des TVG auf arbeitnehmerähnliche Personen war nicht zuletzt das Bedürfnis, diesen außerhalb der Gruppe der Arbeitnehmer stehenden abhängig Beschäftigten einen gewissen arbeitsrechtlichen Schutz angedeihen zu lassen[53]. Seit In-Kraft-Treten dieser Vorschrift im Jahr 1974[54] haben insbesondere Medienunternehmen von der Möglichkeit Gebrauch gemacht, Tarifverträge für arbeitnehmerähnliche Personen zu schließen[55]. S. dazu folgendes:

Beispiel[56]:
„§ 1 Geltungsbereich
Der Tarifvertrag gilt (...)
persönlich: für alle hauptberuflichen freien Journalisten und Journalistinnen, die als arbeitnehmerähnlich im Sinne des § 3 gelten, soweit sie für Tageszeitungen aufgrund von Dienst- oder Werkverträgen tätig sind.
§ 3 Arbeitnehmerähnliche freie Journalisten und Journalistinnen
1. Als arbeitnehmerähnliche/r freier Journalist/freie Journalistin im Sinne dieses Tarifvertrages gilt nur, wer:
a) wirtschaftlich abhängig (Abs. 2) und vergleichbar einem Arbeitnehmer/einer Arbeitnehmerin sozial schutzbedürftig (Abs. 3) ist und

---

49 BVerfG v. 27.4.1999 – 1 BvR 2203/93 –, NZA 1999, 992.
50 Vgl. *Wiedemann*, § 1 Rn. 289.
51 Vgl. BVerfG v. 18.11.1954 – 1 BvR 629/52 –, BVerfGE 4, 96, 107.
52 Zu Einzelheiten der Bestimmung dieses Personenkreises s. *Hromadka*, NZA 1997, 1249.
53 Vgl. *Wank* in *Wiedemann*, § 12a Rn. 17 m.w. Nachw.
54 BT-Drucks. 7/2025, S. 8.
55 Vgl. *Wank* in *Wiedemann*, § 12a Rn. 19 f.
56 Tarifvertrag für arbeitnehmerähnliche freie Journalisten und Journalistinnen, gültig seit 1. August 2002.

b) die dem Verlag geschuldeten Leistungen persönlich und im Wesentlichen ohne Mitarbeit von Dritten erbringt.
2. Wirtschaftlich abhängig ist nur, wer für Text- und Bildbeiträge für einen Verlag oder Konzern nach Art des § 18 des Aktiengesetzes im Durchschnitt der letzten sechs Monate mindestens ein Drittel des Entgelts erzielt, das ihm für seine Erwerbstätigkeit insgesamt zusteht.
3. Sozial schutzbedürftig ist nur, wer auf die Einkünfte aus journalistischer Tätigkeit zur Sicherung seiner wirtschaftlichen Existenz angewiesen ist. (...)

Während die Geltung der Koalitionsfreiheit im kirchlichen Bereich einhellig **20** angenommen wird[57], ist die Reichweite der **Tarifautonomie im kirchlichen Dienst** höchst umstritten. Nicht bestritten ist, dass die Kirchen in ihrer Funktion als Arbeitgeber Tarifverträge mit den Gewerkschaften abschließen können[58]. Davon wird in der Praxis allerdings nicht sehr häufig Gebrauch gemacht[59]. Es überwiegt die Konzeption des so genannten „Dritten Weges", bei der Arbeitsbedingungen durch eine Arbeitsrechtskommission festgelegt werden, die paritätisch von Vertretern der kirchlichen Arbeitgeber und der kirchlichen Mitarbeiter besetzt wird[60].

---

57 Vgl. *Däubler,* Rn. 499.
58 Vgl. *Richardi,* in 25 Jahre Bundesarbeitsgericht, S. 447 mit Schrifttumsnachweisen. Zu den Problemen des Abschlusses von Tarifverträgen durch kirchliche Organisationen *Birk,* RdA (Sonderheft Kirche und Arbeitsrecht) 1979, 9 ff.
59 Vgl. zu einem Bericht über ein Tarifvertragsmodell *Rothländer,* RdA 1980, 260 ff.
60 Zu den Einzelheiten s. ausführlich *Richardi,* Arbeitsrecht in der Kirche, 3. Auflage 2000, S. 189 ff.

III. Das Zustandekommen von Tarifverträgen

1. Tariffähigkeit

a) Allgemeines

§ 2 Abs. 1 TVG benennt die Tarifvertragsparteien, liefert aber keine Legal- **21** definition des Begriffs der Tariffähigkeit, setzt diesen vielmehr voraus. Auch an anderer Stelle wird der Begriff der Tariffähigkeit benutzt, ohne definiert zu werden (vgl. §§ 2 Abs. 1 Nr. 2, 97 Abs. 5 ArbGG; § 74 Abs. 2 BetrVG).

Tariffähigkeit bedeutet die Fähigkeit, Tarifverträge abschließen zu können[61]. **22** Welche Voraussetzungen die Tariffähigkeit im Einzelnen begründen, ist umstritten[62]. Nach h.M. ist der Begriff der Tarifvertragspartei mit dem Begriff der Vereinigung i.S.d. Art. 9 Abs. 3 GG (Koalition[63]) nicht deckungsgleich[64]. Die tariffähige Koalition ist immer auch Koalition im verfassungsrechtlichen Sinne, nicht aber umgekehrt. Dies hängt wesentlich damit zusammen, dass eine Koalition ihren Zweck auch durch andere Mittel als durch den Abschluss von Tarifverträgen verwirklichen kann. Dass die Tariffähigkeit einer Koalition von der Erfüllung bestimmter zusätzlicher Voraussetzungen abhängt, ist verfassungsrechtlich nicht zu beanstanden[65].

b) Voraussetzungen der Tariffähigkeit

aa) Freiwilligkeit des Zusammenschlusses

Die Tariffähigkeit kommt nur freiwilligen, auf privatrechtlicher Grundlage **23** gebildeten Vereinigungen mit demokratischer Organisation (insbesondere mit freier Ein- und Austrittsmöglichkeit) zu[66]. Dieses Erfordernis wird vornehmlich

---

61 BAG v. 27.11.1964 – 1 ABR 13/63 –, AP Nr. 1 zu § 2 TVG Tarifzuständigkeit.
62 Vgl. dazu *Oetker* in *Wiedemann*, § 2 Rn. 8 ff.
63 Zum Begriff der Koalition s. § 28.
64 Vgl. BVerfG v. 18.11.1954 – 1 BvR 629/52 –, BVerfGE 4, 96; v. 6.5.1964 – 1 BvR 79/62 –, BVerfGE 18, 18; v. 1.3.1979 – 1 BvR 532, 533/77, 419/78 und 1 BvL 21/78 –, BVerfGE 50, 290; BAG v. 15.3.1977 – 1 ABR 16/75 –, AP Nr. 24 zu Art. 9 GG; v. 10.9.1985 – 1 ABR 32/83 –, DB 1986, 755; v. 25.11.1986 – 1 ABR 22/85 –, DB 1987, 947. *Kempen/Zachert*, § 2 Rn. 4.
65 Allerdings dürfen keine Anforderungen an die Tariffähigkeit gestellt werden, die die Bildung und Betätigung einer Koalition unverhältnismäßig einschränken und so zur Aushöhlung der durch Art. 9 Abs. 3 GG gesicherten freien Koalitionsbildung und -betätigung führen, vgl. BVerfG v. 20.10.1981 – 1 BvR 404, 78 –, BVerfGE 58, 233.
66 *Kempen/Zachert*, § 2 Rn. 18.

entwicklungsgeschichtlich begründet[67]. Durch staatliche Verleihung kann aber auch anderen Zusammenschlüssen auf öffentlichrechtlicher Grundlage Tariffähigkeit zuerkannt sein[68].

bb) Auf Dauer angelegt

24 Eine Tarifvertragspartei muss die Gewähr dafür bieten, die Pflichten aus dem Tarifvertrag erfüllen zu können. Dies wird nur gelingen, wenn die Koalition eine gewisse Stabilität in zeitlicher Hinsicht besitzt[69].

cc) Gegnerfreiheit und -unabhängigkeit

25 Das einhellig anerkannte Merkmal[70] verlangt für die Tariffähigkeit den Zusammenschluss von nur Arbeitnehmern oder nur Arbeitgebern und will damit für eindeutige Vertretungsbeziehungen sorgen[71]. Die Gegnerfreiheit darf nicht in dem Sinne verstanden werden, dass bereits die Mitgliedschaft eines Angehörigen der Gegenseite zur Verneinung der Tariffähigkeit führen würde. Vielmehr muss gefragt werden, ob eine wesentliche Einflussnahme auf das Verbandsgeschehen durch die Mitgliedschaft bei der Gegenseite möglich ist[72].

Zum Teil wird die Gegnerunabhängigkeit bei vollparitätischer Mitbestimmung in Großunternehmen in Frage gestellt, weil die Gewerkschafts- bzw. Arbeitnehmerseite auch auf der Arbeitgeberseite mitwirken würde[73].

Die Unabhängigkeit wird nach allgemeiner Auffassung auch im Hinblick auf die Einflussnahme von dritter Seite (Staat, Religionsgemeinschaften, Parteien) gefordert[74].

---

67 Hierzu *Oetker* in *Wiedemann*, § 2 Rn. 154 ff.
68 Vgl. §§ 54, 82 HandwO.
69 Vgl. *Stein*, Rn. 35. Zu einem Fall einer ad-hoc-Koalition s. BAG v. 14.2.1978 – 1 AZR 76/76 –, DB 1978, 1403.
70 Vgl. dazu mit zahlreichen Nachweisen aus Rspr. und Schrifttum *Oetker* in *Wiedemann*, § 2 Rn. 235 ff.; BAG v. 16.1.1990 – 1 ABR 10/89 –, NZA 1990, 623, 624.
71 *Hanau/Adomeit*, Rn. 149.
72 Vgl. dazu *Kempen/Zachert*, § 2 Rn. 44; *Oetker* in *Wiedemann*, § 2 Rn. 244; BAG v. 16.11.1982 – 1 ABR 22/78 –, AP Nr. 32 zu § 2 TVG: Die Tatsache, dass zwei Mitglieder eines Verbandes oberer Angestellter ehrenamtlich in Unternehmens- oder Arbeitgeberverbänden tätig sind, führt nicht zur Gegnerabhängigkeit, wenn keines dieser Mitglieder auf der Arbeitgeberseite an Tarifverhandlungen teilnimmt. Kritisch zur Tariffähigkeit von Vereinigungen leitender Angestellter *Kempen/Zachert*, § 2 Rn. 49 f. S. auch BAG v. 15.3.1977 – 1 ABR 16/75 –, AP Nr. 24 zu Art. 9 GG.
73 Vgl. *Zöllner/Loritz*, § 34 I 3, S. 381. Gegen diese Auffassung *Kempen/Zachert*, § 2 Rn. 47; *Hromadka/Maschmann*, § 12 Rn. 17 f.
74 Vgl. *Hanau/Adomeit* Rn. 149; *Gamillscheg*, § 9 III, S. 415 ff.

dd) Überbetriebliche Organisation

Nach h.M. muss eine Arbeitnehmervereinigung überbetrieblich organisiert **26**
sein, um tariffähig zu sein[75]. Werkvereinen würde danach die Tariffähigkeit fehlen.
Das Erfordernis einer überbetrieblichen Organisation ist letztlich eine Folge
aus dem Prinzip der Gegnerunabhängigkeit[76]. Es soll verhindert werden, dass
die Zusammensetzung der Koalition von den Einstellungen und Entlassungen
des Arbeitgebers abhängig ist[77].

ee) Tarifwilligkeit

Nach h.M. gehört zur Tariffähigkeit auch der Wille, Tarifverträge abzuschlie- **27**
ßen[78]. Der Abschluss von Tarifverträgen muss zu den satzungsmäßigen Aufgaben des Verbandes gehören[79].

ff) Arbeitskampfbereitschaft

Lange Zeit entsprach es h.M., dass die Bereitschaft zum Arbeitkampf ein Ele- **28**
ment der Tariffähigkeit sei[80]. Insbesondere wurde diese Auffassung auch vom
BAG vertreten[81]. In seiner Entscheidung über den Verein katholischer Hausge-
hilfinnen hat das BVerfG diese Auffassung jedenfalls in ihrer Allgemeinheit als
nicht im Einklang mit Art. 9 GG stehend zurückgewiesen[82]. Über die Reichweite dieser Entscheidung des BVerfG gehen die Meinungen auseinander[83].

gg) Mächtigkeit

Ebenfalls umstritten ist das Merkmal der sozialen Mächtigkeit. Das BAG **29**
verlangt in ständiger Rechtsprechung das Vorhandensein dieses Merkmals als

---

75 Nachweise bei *Oetker* in *Wiedemann*, § 2 Rn. 275 m.w. N.; BAG v. 16.1.1990 – 1 ABR 10/89 –,
   NZA 1990, 623, 624. Kritisch zum Merkmal der Überbetrieblichkeit *Franzen*, RdA 2001, 1. 6.
76 *Kempen/Zachert*, § 2 Rn. 45.
77 *Hanau/Adomeit*, Rn. 152.
78 BAG v. 15.3.1977 – 1 ABR 16/75 –, AP Nr. 24 zu Art. 9 GG; v. 25.11.1986 – 1 ABR 22/85 –,
   DB 1987, 947.
79 *Oetker* in *Wiedemann*, § 2 Rn. 291; *Zöllner/Loritz*, § 34 I 2 b, S. 381; *Stein*, Rn. 42. Zu Zwei-
   feln am Vorliegen der Tarifwilligkeit bei Satzungsbestimmungen, die nur vage von der kollektiven Regelung der Arbeitsbedingungen sprechen vgl. BAG v. 15.3.1977 – 1 ABR 16/75 –, AP
   Nr. 24 zu Art. 9 GG.
80 Vgl. die Nachweise bei *Oetker* in *Wiedemann*, § 2 Rn. 301.
81 BAG v. 6.7.1956 – 1 AZB 18/55 –, BAGE 4, 351, 352; v. 19.1.1962 – 1 ABR 14/60 –, AP Nr.
   13 zu § 2 TVG m. abl. Anm. v. *Neumann-Duesberg*.
82 BVerfG v. 6.5.1964 – 1 BvR 79/62 –, AP Nr. 15 zu § 2 TVG.
83 *Kempen/Zachert*, § 2 Rn. 36 äußern, dass das BVerfG nicht generell auf die Arbeitskampfbe-
   reitschaft als Tariffähigkeitsvoraussetzung verzichten wollte, diese vielmehr in aller Regel fordert. Ähnlich *Däubler*, Rn. 49.

eine wesentliche Voraussetzung der Tariffähigkeit einer Arbeitnehmervereinigung[84]. Das BAG formuliert hierzu regelmäßig, dass die Tariffähigkeit voraussetze, dass die Arbeitnehmervereinigung ihre Aufgabe als Tarifpartner sinnvoll erfüllen können müsse[85]. „Dazu gehöre einmal eine Durchsetzungskraft gegenüber dem sozialen Gegenspieler, zum anderen aber auch eine gewisse Leistungsfähigkeit der Organisation. Durchsetzungskraft müsse eine Arbeitnehmervereinigung besitzen, um sicherzustellen, dass der soziale Gegenspieler wenigstens Verhandlungsangebote nicht übersehen könne. Ein angemessener, sozial befriedigender Interessenausgleich könne nur zustande kommen, wenn die Arbeitnehmervereinigung zumindest so viel Druck ausüben könne, dass sich die Arbeitgeberseite veranlasst sehe, sich auf Verhandlungen über eine tarifliche Regelung von Arbeitsbedingungen einzulassen. Die Arbeitnehmervereinigung müsse von ihrem sozialen Gegenspieler ernst genommen werden, sodass diese Regelung der Arbeitsbedingungen nicht allein den Vorstellungen der Arbeitgeberseite entspreche, sondern tatsächlich ausgehandelt werde. Daher könne der Inhalt des Tarifvertrages selbst unberücksichtigt bleiben. Der Inhalt hänge von der unterschiedlichen Stärke der Vereinigungen auf der Arbeitnehmer- und Arbeitgeberseite ab. Ob eine Arbeitnehmervereinigung eine solche Durchsetzungsfähigkeit besitze, müsse aufgrund aller Umstände im Einzelfall festgesetllt werden. Darüber hinaus müsse die Arbeitnehmervereinigung auch von ihrem organisatorischen Aufbau her in der Lage sein, die ihr gestellten Aufgaben zu erfüllen. Der Abschluss eines Tarifvertrages erfordere Vorbereitungen. Ein Tarifvertrag müsse auch tatsächlich durchgeführt werden. Dies alles müsse eine Arbeitnehmervereinigung sicherstellen, um als Tarifvertragspartei Tarifverträge abschließen zu können.‟

Beispiel[86]:
Der Interessenverband „Bedienstete der Technischen Überwachung“ (BTÜ) hatte rund 1600 Mitglieder. Die gesamten Vorstandsmitglieder des BTÜ waren ehrenamtlich tätig und erledigten selbstständig das Schreibbüro. Die Mitgliederinformation sowie die Versendung des vierteljährlich erscheinenden Informationsblattes „Optümal“ erfolgte i.d.R. innerhalb der Betriebe mit der Hauspost des Arbeitgebers. Die BTÜ war in einem 17 qm großen Büro des TÜV Bayern untergebracht. Auch die zugehörige Büroausstattung und Infrastruktur stellte der TÜV Bayern gegen eine Jahresvergütung von 6.000 DM.
Das BAG verneinte die Gewerkschaftseigenschaft des BTÜ aufgrund der fehlenden Durchsetzungsfähigkeit. Der Mitgliederzahl komme bei der Beurtei-

---

84 Erstmals in BAG v. 9.7.1968 – 1 ABR 2/67 –, BAGE 21, 98.; zuletzt bestätigt BAG v. 6.6.2000 – 1 ABR 10/99 –, NZA 2001, 160.
85 Vgl. dazu und zum folgenden BAG v. 16.1.1990 – ABR 10/89 –, NZA 1990, 623, 624. Zu Befürwortern und Gegnern dieser Auffassung im Schrifttum vgl. die Nachweise bei *Zöllner/ Loritz*, § 34 I 2 a, S. 380.
86 Nach BGH v. 6.6.2000 – 1 ABR 10/99 –, NZA 2001, 160 ff.

lung der Mächtigkeit eine grundlegende Bedeutung zu, die mit 1600 Mitgliedern unter diesem schlagkräftigen Niveau liege. Bei der Einzelfallabwägung spiele ferner die Frage eine Rolle, ob die Arbeitnehmervereinigung auch von ihrem organisatorischen Aufbau her in der Lage sei, die ihr gestellten Aufgaben zu erfüllen. Dies verneinte das BAG, da der Abschluss eines Tarifvertrages erhebliche Vorbereitungen erfordere, wie etwa die Beobachtung der konjunkturellen Entwicklung und sonstiger Rahmenbedingungen. Nach Abschluss des Tarifvertrages bedürfe es der Vermittlung des Tarifergebnisses gegenüber den Mitgliedern. Darüber hinaus gelte es die tatsächliche Umsetzung der Tarifverträge zu überwachen und abzusichern. Dies alles sei mit i. d. R. ehrenamtlich tätigen Mitgliedern, die zudem auf die Infrastruktur des Arbeitgebers angewiesen seien, nicht machbar.

Entgegen anderslautenden Formulierungen in früheren Entscheidungen[87] ist eine bestimmte Durchsetzungskraft (Mächtigkeit) nicht Voraussetzung für die **Tariffähigkeit eines Arbeitgebers** oder eines Arbeitgeberverbandes[88].

hh) Anerkennung des staatlichen Tarif- und Schlichtungsrechts

BAG und BVerfG verlangen in ständiger Rechtsprechung als Element der **30** Tariffähigkeit die Anerkennung des geltenden Tarif- und Schlichtungsrechts[89]. Weitergehend wird zum Teil die Anerkennung der geltenden Rechtsordnung gefordert[90].

c) *Tariffähigkeit eines einzelnen Arbeitgebers*

§ 2 Abs. 1 TVG geht von der Tariffähigkeit auch einzelner Arbeitgeber aus. Im **31** Hinblick auf den Normzweck ist bei diesem auch nicht das Merkmal der Mächtigkeit zu verlangen[91]. Strittig ist die Tariffähigkeit eines Konzerns (§ 18 AktG)[92].

---

87 Vgl. BAG v. 9.7.1968 – 1 ABR 2/67 –, BAGE 21, 98.

88 BAG v. 20.11.1990 – 1 ABR 62/89 –, DB 1991, 1027. *Oetker* in *Wiedemann*, § 2 Rn. 280; a. A. ErfK/*Schaub*, § 2 Rn. 17; *Franzen*, RdA 2001, 1, 6 f.

89 BAG v. 15.11.1963 – 1 ABR 5/63 –, AP Nr. 14 zu § 2 TVG; v. 16.1.1990 – 1 ABR 10/89 –, NZA 1990, 623, 624; BVerfG v. 6.5.1964 – 1 BvR 79/62 –, BVerfGE 18, 18; v. 1.3.1979 – 1 BvR 532, 533/77, 419/78 und 1 BvL 21/78 –, BVerfGE 50, 290. Kritisch dazu *Kempen/Zachert*, § 2 Rn. 51 f.

90 *Oetker* in *Wiedemann*, § 2 Rn. 327 ff.

91 BAG v. 20.11.1990 – 1 ABR 62/69 –, DB 1991, 1027.

92 Vgl. zur Problematik *Windbichler*, Arbeitsrecht im Konzern, 1989, S. 460 ff.; *Schaub*, § 199 Rn. 4; *Zöllner/Loritz*, § 34 II, S. 382 f.

III. Das Zustandekommen von Tarifverträgen

Mehrere tariffähige Parteien, also auch mehrere einzelne Arbeitgeber, können mit einer Gewerkschaft gleichlautende Tarifverträge abschließen. Sie können diese Tarifverträge aber auch in einem Tarifwerk zusammenfassen, indem sie auf Arbeitgeberseite gemeinschaftlich auftreten[93].

d) *Gewollte Tarifunfähigkeit*

32 Nach wie vor umstritten ist die Frage, ob Arbeitgeberverbände in ihrer Satzung auf die Tariffähigkeit verzichten können[94]. Im Hinblick auf das Recht der Koalitionsfreiheit aus Art. 9 Abs. 3 GG wird dies überwiegend bejaht[95].

e) *Tariffähigkeit von Spitzenorganisationen*

33 Zusammenschlüsse von Gewerkschaften und Vereinigungen von Arbeitgebern, die das Gesetz als Spitzenorganisationen bezeichnet, können gemäß § 2 Abs. 2 TVG im Namen der ihnen angeschlossenen Verbände Tarifverträge abschließen, wenn sie eine entsprechende Vollmacht haben.[96]
Weitergehend sieht § 2 Abs. 3 TVG den eigenständigen Abschluss von Tarifverträgen und damit die Tariffähigkeit von Spitzenorganisationen vor, wenn der Abschluss von Tarifverträgen zu ihren satzungsmäßigen Aufgaben gehört. Voraussetzung ist, dass die Mitgliedsorganisationen ihrerseits ausnahmslos tariffähig sind[97]. Die angeschlossenen Verbände verlieren in Folge des Tarifabschlusses ihre Tariffähigkeit nicht. Überschneidungen von Tarifverträgen der Einzelverbände und der Spitzenorganisationen sind nach den Regeln der Tarifkonkurrenz[98] zu lösen[99].

2. *Tarifzuständigkeit*

34 **Tarifzuständigkeit** (auch Tarifkompetenz genannt) ist die Fähigkeit, in Ausübung bestehender Tariffähigkeit Tarifverträge mit einem bestimmten räumlichen, betrieblichen, fachlichen und persönlichen Geltungsbereich abzuschließen[100].
Die Tarifzuständigkeit richtet sich nach dem in der jeweiligen Satzung festgelegten Organisationsbereich.

---

93 BAG v. 11.7.1995 – 3 AZR 154/95 –, NZA 1996, 207.
94 Vgl. dazu *Löwisch*, ZfA 1974, 29 ff.
95 Vgl. *Oetker* in *Wiedemann*, § 2 Rn. 298; *Löwisch/Rieble*, § 2 Rn. 33.
96 S. dazu auch BAG v. 22.3.2000 – 4 ABR 79/98 –, RdA 2001, 171 m. Anm. v. *Oetker*.
97 BAG v. 2.11.1960 – 1 ABR 18/59 –, SAE 1961, 80.
98 S. dazu unten IV 5.
99 BAG v. 22.2.1957 – 1 AZR 426/56 –, BAGE 3, 358.
100 BAG v. 11.6.1975 – 4 AZR 395/74 –, AP Nr. 29 zu § 2 TVG; v. 22.11.1988 – 1 ABR 6/87 –, NZA 1989, 561, 562: Die Tarifzuständigkeit legt den Geschäftsbereich fest, innerhalb dessen eine tariffähige Partei Tarifverträge abschließen kann.

Beispiel[101]:
§ 2 Organisationsbereich
Der Organisationsbereich umfasst alle Arbeitnehmer/innen
a) in Unternehmen und Betrieben, die Nahrungs- oder Genussmittel herstellen, verarbeiten, bearbeiten, abpacken oder abfüllen, einschließlich ihrer Hauptverwaltungen, Forschungslaboratorien, Einrichtungen zur Marktforschung, Werbegesellschaften, Verkaufsorganisationen, ihrer Auslieferungslager, Verkaufsstellen und Kundendienste;
b) in Verwaltungsgesellschaften der Nahrungs- und Genussmittelunternehmen, in Betrieben, die kapitalmäßig oder gesellschaftlich abhängig sind von Herstellerunternehmen der Nahrungs- und Genussmittel-Industrie und deren Erzeugnisse vertreiben, in rechtlich ausgegliederten bzw. selbstständigen, jedoch wirtschaftlich- organisatorisch den Nahrungs- und Genussmittelunternehmen zugeordneten Dienstleistungsbetrieben, z.B. Datenverarbeitung, Organisation, Logistik und Bildungseinrichtungen etc.;
c) in den einschlägigen Im- und Exportlagern der Freihäfen;
d) in Beherbergungs- und Verpflegungsbetrieben, Hotels, Restaurants, Cafés sowie in Betrieben, die kapitalmäßig oder gesellschaftsrechtlich von diesen abhängig sind, auch in rechtlich ausgegliederten bzw. selbstständig, jedoch wirtschaftlich- organisatorisch zugeordneten Dienstleistungsbetrieben, z.B. der Logistik, Organisation, Bildungseinrichtungen, etc.;
e) in Beherbergungs- , Gaststätten- und Kantinenbetrieben oder einschlägigen Produktionsbetrieben bei den alliierten Streitkräften;
f) in Genossenschaften der Nahrungs- und Genussmittel- Industrie und der Landwirtschaft;
g) in der Hauswirtschaft.

Die Bestimmung der Tarifzuständigkeit liegt ausschließlich in der Entscheidung der Verbände[102]. Dadurch kann es zu **Überschneidungen der Tarifzuständigkeiten** kommen. Für den Bereich der DGB-Gewerkschaften existiert ein satzungsmäßig vorgesehenes Schiedsverfahren, in dem die Tarifzuständigkeit einer Einzelgewerkschaft auch mit rechtlicher Bindung für die andere Tarifvertragspartei festgelegt wird[103].   **35**

---

101 S. Satzung der Gewerkschaft Nahrung-Genuss-Gaststätten (NGG) gültig seit 1. Januar 1999.

102 BAG v. 27.11.1964 – 1 ABR 13/63 –, AP Nr. 1 zu § 2 TVG Tarifzuständigkeit; v. 17.2.1970 – 1 ABR 15/69 –, BAGE 22, 295; v. 19.11.1985 – 1 ABR 37/83 –, DB 1986, 1235; *Hromadka/ Maschmann*, § 13 Rn. 67.

103 Vgl. BAG v. 17.2.1970 – 1 ABR 15/69 –, AP Nr. 3 zu § 2 TVG Tarifzuständigkeit. Durch den Schiedsspruch wird die Satzung entweder authentisch interpretiert oder eine Ergänzung der Satzung vorgenommen. Ebenso BAG v. 22.11.1988 – 1 ABR 6/87 –, NZA 1989, 561; BAG v. 25.9.1996 – 1 ABR 4/96 –, NZA 1997, 613.

Beispiel[104]:
§ 16. Schiedsverfahren.
(1) Streitigkeiten zwischen den im Bund vereinigten Gewerkschaften, die trotz Vermittlung des Bundesvorstandes nicht geschlichtet werden können, sind durch Schiedsverfahren zu entscheiden.
(2) Der Bundesausschuss beschließt Richtlinien über die Art und Durchführung des Verfahrens.

In den hierzu am 3.12. 1975 verabschiedeten Richtlinien heißt es u.a.(...)

3. Der Schiedsspruch hat unter den Parteien die Wirkung eines rechtskräftigen Urteils. Er kann innerhalb von vier Wochen nach Zustellung auf Antrag vom Bundesvorstand des DGB aufgehoben oder zur erneuten Entscheidung zurückverwiesen werden, wenn
a) das Schiedsverfahren unzulässig war,
b) das Schiedsverfahren nicht ordnungsgemäß durchgeführt worden ist, insbesondere einer Partei das rechtliche Gehör nicht gewährt war,
c) der Schiedsspruch gegen die Satzung des DGB verstößt, (...)
5. Die unterliegende Partei verpflichtet sich, alle bis zum Schiedsspruch ergriffenen Maßnahmen in der Sache einzustellen und ihre Mitglieder in dem umstrittenen Betrieb/Betriebsteil an die andere Partei zu überschreiben.

Der Schiedsspruch ist auch für den tariflichen Gegenspieler verbindlich, gleiches gilt wenn sich die beteiligten Gewerkschaften im Wege eines satzungsgemäßen Vermittlungsverfahrens über die Zuständigkeitsfrage einigen.[105] Im Zweifel ist eine konkurrierende Tarifzuständigkeit zweier DGB-Gewerkschaften im Hinblick auf den übergeordneten Grundsatz der DGB-Satzung „Ein Betrieb, eine Gewerkschaft" aber auszuschließen. Bis zum Abschluss des satzungsgemäßen Schiedsverfahrens bleibt diejenige Gewerkschaft aus Gründen des Vertrauensschutzes zunächst alleine zuständig, die bereits vor Entstehen der Zuständigkeitskonkurrenz als zuständig betrachtet worden war.[106] Umstritten sind die Rechtsfolgen, die sich ergeben, wenn ein Verband seine Tarifzuständigkeit überschreitet. Nach h.M. ist die Tarifzuständigkeit eine eigenständige Voraussetzung der Tarifvertragswirksamkeit[107]. Daraus folgt die Nichtigkeit des Tarifvertrags im Falle der Überschreitung der Tarifzuständigkeit[108].

Strittig ist, inwieweit die Tarifzuständigkeit in persönlicher Hinsicht auf einen Teil der Mitglieder einer Tarifvertragspartei beschränkt werden kann. Das Problem stellt sich im Zusammenhang mit der Mitgliedschaft in einem Arbeit-

---

104 § 16 der Satzung des DGB, abgedruckt in NZA 1997, 613.
105 BAG v. 14.12.1999 – 1 ABR 74/98 –, NZA 2000, 949.
106 BAG v. 12.11.1996 – 1 ABR 33/96 –, NZA 1997, 609.
107 *Richardi*, Kollektivgewalt, S. 158 ff.; *Söllner*, § 16 I 2, S. 134; *Zöllner/Loritz*, § 34 VI S. 385; *Schaub*, § 199 Rn. 16. A.A. *Kraft*, FS für Schnorr von Carolsfeld, 1972, S. 255 ff.
108 BAG v. 19.12.1958 – 1 AZR 109/58 –, BAGE 7, 153, 155; *Löwisch/Rieble*, § 2 Rn. 105.

geberverband ohne Tarifbindung (sog. **OT – Mitgliedschaften**), da viele Arbeitgeber einerseits die Leistungen eines Arbeitgeberverbandes in Anspruch nehmen wollen, andererseits aber keiner Tarifbindung unterliegen möchten.[109] Nach Auffassung des BAG kommen zwei Lösungsansätze in Betracht[110]. Tarifliche Ansprüche gegen OT-Mitglieder könnten deswegen auszuschließen sein, weil diese Mitglieder nicht in den persönlichen Geltungsbereich der Tarifverträge fallen. Nach zutreffender Ansicht bedürfe es dazu einer ausdrücklichen Regelung in den Bestimmungen zum tariflichen Geltungsbereich, die im vom BAG zu entscheidenden Rechtsstreit nicht vorlag.[111] Die zweite vom BAG diskutierte Variante liegt in der Verneinung der Tarifgebundenheit des OT-Mitglieds, weil der Verband für es nicht tarifzuständig sei. Dogmatisch wird dies damit begründet, dass der Verband seine Tarifzuständigkeit in persönlicher Hinsicht auf einen Teil seiner Mitglieder beschränken könne.[112]
Vor diesem Hintergrund versteht sich die folgende Entscheidung des BAG:

Sachverhalt[113]:
Ein Mitglied der ÖTV klagte auf Zahlung des tariflichen Gehaltes nach VergGr. VIII und des Nachtarbeitszuschlags gegen seinen Arbeitgeber, der ein Sanatorium betreibt. Der Kläger berief sich auf einen zwischen der Gewerkschaft ÖTV und dem Bundesverband Deutscher Privatkrankenanstalten e.V. (BDPK) bzw. dem Verband der Privatkrankenanstalten in Hessen e.V. (VdPH) geschlossenen Bundesmanteltarifvertrag für Arbeitnehmer in Privatkrankenanstalten (BMTV Nr. 10)[114]. Nach der Satzung des VdPH, dessen außerordentliches Mitglied der Arbeitgeber ist, haben außerordentliche Mitglieder die gleichen Rechte und Pflichten wie ordentliche Mitglieder, unterliegen jedoch nicht der Bindung an die vom Verband oder Bundesverband ausgehandelten Verträge. In § 1 des BMTV Nr. 10 hieß es darüber hinaus:
„§ 1 Geltungsbereich
(2) Dieser Tarifvertrag gilt für Privatkrankenanstalten jeder Art, die ordentliches Mitglied eines vertragschließenden Landesverbandes des BDPK sind.

---

109 S. dazu *Hromadka/Maschmann*, § 13 Rn. 75; zum Rechtsvergleich in den EU Mitgliedsstaaten *Rebhahn*, RdA 2002, 214.

110 Einen einschlägigen Rechtsstreit hat das BAG wegen Prüfung der Tarifzuständigkeit gem. § 97 Abs. 5 ArbGG ausgesetzt, vgl. BAG v. 23.10.1996 – 4 AZR 409/95 (A) –, NZA 1997, 383.

111 BAG v. 23.10.1996 – 4 AZR 409/95 (A) –, NZA 1997, 383, 384.

112 So auch die h.M. in der Literatur, z.B. *Löwisch*, ZfA 1974, 29, 37; *Buchner*, NZA 1994, 2, 4 ff; *ders.*, NZA 1995, 761, 764; *Reuter*, RdA 1996, 201, 205; *Otto*, NZA 1996, 624, 629; abl. Ansicht *Däubler*, NZA 1996, 225, 231. Einigkeit besteht bei beiden Lösungsansätzen jedenfalls darin, dass eine personelle Beschränkung der Tarifzuständigkeit für bestimmte Mitglieder zumindest dann zulässig ist, wenn Entscheidungen in Tarifangelegenheiten nur von den tarifgebundenen Mitgliedern eines Verbandes getroffen werden, s. *Löwisch*, Rn. 257.

113 BAG v. 24.2.1999 – 4 AZR 62/98 –, NZA 1999, 995.

114 Bundesmanteltarifvertrag Nr. 10 für die Arbeitnehmer in Privatkrankenanstalten (BMTV Nr. 10) vom 11. Dezember 1989.

(3) Dieser Vertrag gilt persönlich für Angestellte und Arbeiter (Arbeitneh-
mer), die im Arbeitsverhältnis zu einem ordentlichen Mitglied eines vertrags-
schließenden Landesverbandes des BDPK stehen und Mitglied der
vertragschließenden Gewerkschaft sind. "

Das BAG entschied, dass der beklagte Arbeitgeber nicht tarifgebunden sei
und damit ein tariflicher Anspruch für den Kläger nicht bestehe (§ 4 Abs. 1
TVG). Das Gericht stellte dabei aber allein auf den begrenzten Geltungsbe-
reich des Tarifvertrages ab. Dadurch, dass der Tarifvertrag ausdrücklich nur
ordentliche Mitglieder binden soll, folgt im Umkehrschluss, dass der Tarif-
vertrag nicht auch für außerordentliche Mitglieder Anwendung findet. Auf die
Frage, ob ein Verband in rechtlich zulässigerweise Weise durch Satzung eine
OT-Mitgliedschaft anbieten darf, kam es deshalb nicht an.

Die Frage der Tarifzuständigkeit bei Firmentarifverträgen ist im Hinblick auf
die arbeitskampfrechtliche Dimension dahingehend zu entscheiden, dass eine
Gewerkschaft ein Unternehmen zum Abschluss eines Firmentarifvertrages nur
zwingen kann, wenn die satzungsmäßige Zuständigkeit der Gewerkschaft dem
Schwerpunkt der Unternehmenstätigkeit entspricht[115].

Praxishinweis: Die Beschränkung der Bindung an Tarifverträge wird in der
Praxis auf zwei alternativen Wegen rechtlich konstruiert. Beim **Zwei-Ver-
bände-Modell**[116] (**sog. externes Modell**[117]) werden verschiedene Verbände
gegründet, wobei beide Verbände Serviceleistungen anbieten, jedoch nur einer
Tarifverträge abschließt. Die in der Praxis stärker verbreitete Variante ist die
gestufte Mitgliedschaft[118] (**internes Modell**)[119]. Der Arbeitgeberverband
behält hier die einheitliche Verbandsorganisation, bietet dort aber per Satzung
zwei rechtlich unterschiedliche Mitgliedschaften an: die bisherige übliche Voll-
mitgliedschaft und die außerordentliche Mitgliedschaft (auch OT-Mitgliedschaft oder Gastmitgliedschaft genannt). Um bei den außerordentlichen Mitgliedern eine Tarifgeltung zu umgehen, wird in der Praxis einerseits beim
persönlichen Geltungsbereich des jeweiligen Tarifvertrages differenziert. Dort
wird also der persönliche Geltungsbereich auf die Vollmitglieder begrenzt.[120]
Andererseits wird auch die eigene Rechtssetzungskompetenz (Tarifzuständigkeit) per Satzung eingeschränkt. Eine Entscheidung für oder gegen eine der beiden rechtlichen Konstruktionen ist mit Blick auf den oben aufgeführten Mei-
nungstand des BAG derzeit nicht möglich.

115 Vgl. BAG v. 22.11.1988 – 1 ABR 6/87 –, AP Nr. 5 zu § 2 TVG Tarifzuständigkeit. Vgl. ferner
      eingehend zur Problematik *Buchner*, ZfA 1995, 95 ff.
116 *Rieble*, Praxishandbuch Arbeitsrecht, Band 4, 1999, Teil 10 Kapitel 2.4. S. 1 ff.
117 So z.B. *Hromadka/Maschmann*, § 13 Rn. 75 ff.
118 *Rieble*, Teil 10 Kapitel 2.4. S. 1 ff.
119 *Hromadka/Maschmann*, § 13 Rn. 75 ff.
120 *Hromadka/Maschmann*, § 13 Rn. 76 f.

Beispiel für eine ausgestaltete „OT-Mitgliedschaft"[121]:
„§ 3 Mitgliedschaft
2. *die juristischen Personen, Personengesellschaften oder Einzelunternehmen können Mitglieder mit Tarifbindung (MT) oder Mitglied ohne Tarifbindung (OT) werden. Für die Mitglieder mit Tarifbindung (MT) ist der Arbeitgeberverband Dienstleistungsunternehmen (ar.di) ermächtigt, Verbandstarifverträge oder Firmentarifverträge abzuschließen.*
Die Mitglieder ohne Tarifbindung (OT) werden von den Verbandstarifverträgen nicht erfasst. Sie nehmen am Tarifgeschehen des Arbeitgeberverbandes Dienstleistungsunternehmen (ar.di) nicht teil.(...)
3. *die Anmeldung zum Arbeitgeberverband Dienstleistungsunternehmen (ar.di) erfolgt durch schriftlichen Antrag auf Aufnahme als Mitglied mit Tarifbindung oder als Mitglied ohne Tarifbindung und Anerkennung der Satzung gegenüber dem Vorstand. (...)*
4. *Das Mitglied mit Tarifbindung (MT) ist berechtigt, mit Zustimmung des Vorstandes in eine Mitgliedschaft beim Verband ohne Tarifbindung (OT) zu wechseln."*

„§ 5 Rechte und Pflichten der Mitglieder
1. *Die Mitglieder werden vom Arbeitgeberverband Dienstleistungsunternehmen (ar.di) in den durch § 2 beschriebenen Aufgaben beraten und unterstützt.*
2. *(...)*
3. *Die Mitglieder mit Tarifbindung mit Tarifbindung (MT) verzichten auf den Abschluss von Firmentarifverträgen, soweit nicht der Arbeitgeberverband Dienstleistungsunternehmen (ar.di) hierzu ausdrücklich die Zustimmung erteilt. Der Arbeitgeberverband Dienstleistungsunternehmen (ar.di) ist jedoch ermächtigt abzuschließen. Die Mitglieder ohne Tarifbindung (OT) sind verpflichtet, sich mit dem Arbeitgeberverband Dienstleistungsunternehmen (ar.di) über die Abwehr von Forderungen einer Gewerkschaft auf Abschluss eines Firmentarifvertrages zu beraten.*
Der Arbeitgeberverband Dienstleistungsunternehmen (ar.di) ist verpflichtet, das Mitglied ohne Tarifbindung (OT) in jeder Hinsicht zu unterstützen, sei es bei der Abwehr von Forderungen der Gewerkschaft auf Abschluss eines Firmentarifvertrages oder sei es bei der Führung von Tarifverhandlungen über den Abschluss eines firmenbezogenen Tarifvertrages auf Verbandsebene."

„§ 7 Mitgliederversammlung
5 a) *Nur Mitglieder mit Tarifbindung (MT) haben ein Stimmrecht bei Beschlussfassungen über den Abschluss oder die Beendigung von Tarifver-*

---

121 Vgl. Satzung des Arbeitgeberverbandes Dienstleistungsunternehmen (ar.di) e.V. vom 29. August 2002.

trägen, die Festsetzung des Verhandlungsrahmens. In diesen Angelegenheiten haben Gründungsmitglieder (...) und sonstige Mitglieder (...) sowie Mitglieder (...) ohne Tarifbindung (OT) kein Stimmrecht.

b) Nur Mitglieder (...) mit Tarifbindung (MT) haben ein Stimmrecht bei Beschlussfassungen über den Haushalt/Jahresabschluss für Mitglieder mit Tarifbindung, die Verwendung finanzieller Mittel für Mitglieder mit Tarifbindung. Ausgenommen von diesem Stimmrecht sind Gründungsmitglieder und sonstige Mitglieder (...) sowie Mitglieder ohne Tarifbindung (OT) Soweit Mitglieder kein Stimmrecht haben, haben sie eine beratende Stimme.

c) Mitglieder ohne Tarifbindung (OT) haben ein Stimmrecht bei Beschlussfassungen über den Haushalt/Jahresabschluss für Mitglieder ohne Tarifbindung, die Verwendung finanzieller Mittel für Mitglieder ohne Tarifbindung. Bei Beschlussfassungen von Mitgliedern ohne Tarifbindung über die sie angehenden Angelegenheiten haben Mitglieder mit Tarifbindung (MT) beratende Stimme." (...)

3. Gerichtliche Kontrolle der Tariffähigkeit und Tarifzuständigkeit

36 Gemäß § 2 a Abs. 1 Nr. 4 und 2 ArbGG entscheiden die Arbeitsgerichte im Beschlussverfahren über die Tariffähigkeit und Tarifzuständigkeit einer Vereinigung. Die Antragsbefugnis für dieses Verfahren ergibt sich aus § 97 Abs. 1 ArbGG. Über den Wortlaut dieser Bestimmung hinaus ist auch der einzelne Arbeitgeber antragsberechtigt[122]. Die Entscheidung erwächst gegenüber jedermann in Rechtskraft[123]. Die Rechtskraft steht einer erneuten Entscheidung über die Tariffähigkeit oder Zuständigkeit solange entgegen, als sich nicht der Sachverhalt hinsichtlich der streitigen Merkmale wesentlich geändert hat[124].

4. Form

37 Gemäß § 1 Abs. 2 TVG bedürfen Tarifverträge der **Schriftform** (§ 126 BGB). Bei Nichteinhaltung der Schriftform ist der Tarifvertrag nichtig (§ 125 Satz 1 BGB)[125]. Die Schriftform dient hauptsächlich der Klarstellung des Inhalts des Tarifvertrages gegenüber den Normunterworfenen. Sie ersetzt den Verkündungszwang, der für sonstige Rechtsnormen besteht. Die Parteien sollen sich über den Tarifinhalt unterrichten können[126].

38 In der Tarifpraxis spielen **Protokollnotizen** eine wichtige Rolle. Sie können – wenn die Schriftform (§ 126 BGB) gewahrt ist und der Wille der Parteien dahingeht, Bestandteil des Tarifvertrags sein. Ein entsprechender Wille wird im Zweifelsfall angenommen[127]. Protokollnotizen, die nicht in den Tarifvertragstext inte-

---

122 BAG v. 17.2.1970 – 1 ABR 114/69 –, AP Nr. 2 zu § 2 TVG Tarifzuständigkeit.
123 *Zöllner/Loritz*, § 34 V, S. 384.
124 BAG v. 1.2.1983 – 1 ABR 33/78 –, AP Nr. 14 zu § 322 ZPO.
125 BAG v. 13.6.1958 – 1 AZR 591/57 –, AP Nr. 2 zu § 4 TVG Effektivklausel.
126 BAG v. 19.10.1976 – 1 AZR 611/75 –, AP Nr. 6 zu § 1 TVG Form.
127 *Wiedemann*, § 1 Rn. 233.

griert sind, sind Bestandteil des Tarifvertrags, soweit im Tarifvertrag auf sie verwiesen wird[128]. Bei Fehlen der Schriftform können sie zumindest als Mittel authentischer Interpretation oder als Hinweis auf den Willen der Tarifvertragsparteien dienen[129].

Beispiel *für eine Protokollnotiz[130]:*
Protokollnotiz zu § 1: (persönlicher Geltungsbereich):
Als Redakteur gilt, wer – nicht nur zum Zweck der Vorbereitung auf diesen Beruf (gleichgültig in welchem Rechtsverhältnis) – kreativ an der Erstellung des redaktionellen Teils von Tageszeitungen regelmäßig mitwirkt, dass er
(1) Wort- und Bildmaterial sammelt, sichtet, ordnet, dieses auswählt oder veröffentlichungsreif bearbeitet und/oder
(2) mit eigenen Wort- und/oder Bildbeiträgen zur Berichterstattung und Kommentierung in der Zeitung beiträgt und/oder
(3) Die redaktionell-technische Ausgestaltung (insbesondere Anordnung und Umbruch) des Textteils besorgt und/oder
(4) diese Tätigkeit koordiniert.

Üblich ist es in Protokollnotizen Umstände zu umschreiben, die zu Neuverhandlungen von Einzelpunkten im Tarifvertrag verpflichten (sog. Revisionsklauseln). Dazu folgende

Beispiele[131]:
Protokollnotiz zu § 10 Abs. 1 (Bemessungsgrundlage):
Sollten wesentliche gesetzliche Änderungen eintreten, werden die Tarifparteien unverzüglich Verhandlungen über die Neufestsetzung der tariflichen Beitragsbemessungsgrenze aufnehmen.

Ein weiteres Beispiel für eine Protokollnotiz aus dem Tarifvertrag zur Förderung der Altersteilzeit vom 30.11.1998[132]:

„Ändern sich während der Laufzeit des Tarifvertrages die Bestimmungen des Altersteilzeitgesetzes oder die für die Berechnung der tariflichen Leistungen maßgebende sonstige Vorschriften, werden die Tarifvertragsparteien auf

---

128 BAG v. 5.9.1995 – 3 AZR 216/95 –, NZA 1996, 261; BAG v. 4.4.2001 – 4 AZR 237/00 –, BB 2001, 1636.
129 Vgl. hierzu *Wiedemann*, § 1 Rn. 233; BAG v. 9.12.1997 – 1 AZR 330/97 –, NZA 1998, 609; BAG v. 4.4.2001 – 4 AZR 237/00 –, BB 2001, 1636.
130 Vgl. Tarifvertrag über die Altersversorgung für Redakteurinnen und Redakteure an Tageszeitungen gültig seit 1. Januar 1999.
131 Vgl. Tarifvertrag über die Altersversorgung für Redakteurinnen und Redakteure an Tageszeitungen gültig ab 1. Januar 1999.
132 Abgeschlossen zwischen dem Arbeitgeberverband der Verlage und Buchhandlungen in Nordrhein-Westfalen e.V., dem Verein der Zeitschriftenverlage in Nordrhein-Westfalen e.V. einerseits und der IG Medien, Druck und Papier, Publizistik und Kunst, Landesbezirk Nordrhein-Westfalen, der DAG, Landesverband NRW andererseits.

Antrag einer Seite in Verhandlungen über die Anpassung der tariflichen Bestimmungen eintreten."

Niederschrifterklärungen oder Ergebnisniederschriften erfüllen nicht die Voraussetzungen eines Tarifvertrags[133]. Auch **bloße Empfehlungen** haben nicht den Charakter einer Tarifnorm.[134]

Beispiel[135]:
Gegenstand der Entscheidung des BAG war eine Empfehlung der Tarifvertragsparteien zu § 8 Ziff. 6 MTV der Eisen-, Metall- und Elektroindustrie vom 4.3.1965.
In § 8 MTV hieß es:
5. In die Urlaubszeit fallende arbeitsfreie Werktage zählen unabhängig von der Dauer der wöchentlichen Arbeitszeit als Urlaubstage; gesetzliche Feiertage gelten nicht als Urlaubstage.
6. Wenn der Urlaub aus besonderen Gründen geteilt genommen wird, so zählt von je 6 Tagen Urlaub jeweils ein Werktag, sofern an ihm nicht oder nur halbtägig gearbeitet wird, als Urlaubstag, den der Teilurlaub mit zu umfassen hat."

Der Kläger war der Auffassung ihm stünde ein weiterer Urlaubstag zu, der sich aus folgender Empfehlung ergeben soll:
„Die Tarifvertragsparteien empfehlen, § 8 Ziff. 6 MTV folgenderweise anzuwenden: „Sofern an 5 Tagen in der Woche gearbeitet wird, sind bei einem Urlaubsanspruch im Kalenderjahre von 1–5 Werktagen Urlaub 9 arbeitsfreie Tage, von 6–11 Werktagen Urlaub 1 arbeitsfreier Tag, (...) von über 30 Werktagen Urlaub 5 arbeitsfreie Tage als Urlaubstage anzurechnen, die in diesem Falle nicht zu bezahlen sind."
Das BAG war der Ansicht, die Erklärung sei nicht in der Form einer Protokollnotiz erfolgt und habe damit nicht den für den Richter verbindlichen Charakter einer Rechtsnorm.

Vorverträge, in denen sich die Tarifvertragspartner zum Abschluss eines Tarifvertrags verpflichten, sind formlos gültig[136].

39   Umstritten ist die Frage, inwieweit **Bezugnahmen** und **Verweisungen** auf andere Tarifverträge oder staatliches Recht im Hinblick auf § 1 Abs. 2 TVG rechtlich zu beurteilen sind[137]. Ein Verweis auf bestehende Tarifverträge bzw.

---

133 BAG v. 27.8.1986 – 8 AZR 397/83 –, DB 1987, 696; v. 3.12.1986 – 4 AZR 19/86 –, DB 1987, 1693.
134 BAG v. 16.1.1969 – 5 AZR 314/68 –, DB 1969, 710.
135 BAG v. 16.1.1969 – 5 AZR 314/68 –, DB 1969, 710.
136 BAG v. 19.10.1976 – 1 AZR 611/75 –, AP Nr. 6 zu § 1 TVG Form: LAG Thür. v. 24.10.1994 – 8 Sa 242/94 –, BB 1995, 1085.
137 Umfassend hierzu *Kempen/Zachert*, § 1 Rn. 376 ff.

Gesetze/Verordnungen wird heute überwiegend als zulässig angesehen (**sog. statische Verweisung**)[138].

Beispiel[139]:
„§ 4 Ausbildungsvergütung bei Anrechnung anderer Ausbildungszeiten:
(1) Hat der Auszubildende eine berufsbildende Schule besucht, so ist ihm die Ausbildungsvergütung für dasjenige Ausbildungsjahr zu zahlen, das sich aufgrund der Anrechnung dieser Ausbildungszeit nach der Anrechnungsverordnung vom 17. Juli 1978 (...) ergibt. Das gleiche gilt, wenn der Auszubildende eine andere Ausbildungsstätte besucht hat und daher seine Ausbildungszeit verkürzt wird. (...).“

Beispiel für eine dynamische Verweisung[140]:
„§ 15 Geltungsbereich der Rahmentarifverträge.
(1) Für gewerbliche Auszubildende gelten neben den gesetzlichen Vorschriften die Bestimmungen des Bundesrahmentarifvertrages für das Baugewerbe (BRTV) in der jeweils geltenden Fassung, soweit dieser Tarifvertrag nicht ausdrücklich etwas anderes bestimmt. (...).“

Strittig ist die rechtliche Behandlung von tarifvertraglichen Verweisungen auf die jeweils gültigen Bestimmungen eines anderen Tarifvertrages oder staatlicher Normen (sog. **dynamische** oder **Blankettverweisung**)[141]. Die frühere Rechtsprechung des BAG sah diese als unzulässig an[142]. Diese Rechtsprechung ist mittlerweile aufgegeben worden[143]. Danach gilt: die Bezugnahme verstößt dann nicht gegen § 1 Abs. 2 TVG, wenn die in Bezug genommene tarifliche Regelung anderweitig schriftlich abgefasst ist und in dem verweisenden Tarifvertrag so genau bezeichnet wird, dass Irrtümer über Art und Ausmaß der in Bezug genommenen Regelung ausgeschlossen sind[144]. Im Hinblick auf mögliche Bedenken bezüglich einer (unzulässigen) Übertragung der tariflichen Rechtsetzungsbefugnis auf Dritte[145] verlangt das BAG bei der Blankettverweisung, dass die in Bezug genommenen Tarifnormen mit dem Geltungsbereich der

138 Vgl. BAG v. 9.6.1982 – 4 AZR 274/81 –, AP Nr. 1 zu § 1 TVG Durchführungspflicht.
139 In Anlehnung an den Tarifvertrag über die Berufsbildung im Baugewerbe vom 29. Januar 1987.
140 Tarifvertrag über die Berufsbildung im Baugewerbe (BBTV) vom 29. Januar 1987
141 Eingehend zur Entwicklung des Verweisungsproblems *Wiedemann*, Anm. zu BAG AP Nr. 7 zu § 1 TVG Form.
142 BAG v. 27.7.1956 – 1 AZR 430/54 –, BAGE 3, 303; v. 16.2.1962 – 1 AZR 167/61 –, AP Nr. 12 zu § 3 TVG Verbandszugehörigkeit.
143 BAG v. 9.7.1980 – 4 AZR 564/78 –, AP Nr. 7 zu § 1 TVG Form.
144 Die gleichen Grundsätze gelten bei Verweisung eines Tarifvertrages auf die für Beamte geltenden Gesetze, Verordnungen und Verwaltungsvorschriften, vgl. BAG v. 20.10.1993 – 4 AZR 26/93 –, NZA 1994, 707; v. 24.11.1993 – 4 AZR 16/93 –, ZTR 1994, 159.
145 Das waren die wesentlichen Gründe der ablehnenden Haltung der früheren Rspr., vgl. BAG v. 27.7.1956 – 1 AZR 430/54 –, BAGE 3, 303.

verweisenden Tarifnormen in einem engen sachlichen Zusammenhang stehen müssen[146]. Denn nur dann kann davon ausgegangen werden, dass die Bestimmungen des in Bezug genommenen Tarifvertrages auch im Bereich des verweisenden Tarifvertrages die Vermutung der Sachgerechtigkeit für sich haben[147]. Zulässige Blankettverweisungen erstrecken sich auch auf **sog. Überraschungsklauseln**, mit denen neue Arten und Formen der Regelung von Arbeitsbedingungen eingeführt werden[148].

5.   Tarifregister und Bekanntgabe des Tarifvertrages

40   Das Tarifrecht verzichtet auf Formen der Veröffentlichung wie sie für andere Rechtsnormen üblich sind[149]. Ein gewisser Ersatz hierfür besteht einmal in dem gemäß § 6 TVG zu führenden **Tarifregister**[150], durch das sich jedermann ohne Nachweis eines besonderen Interesses einen Einblick[151] in bestehende Tarifverträge verschaffen kann[152]. Der Einsichtnehmende hat einen Anspruch darauf, sich Notizen machen zu dürfen und Tarifverträge vorort zu kopieren.[153] Leider besteht – selbst für Rechtsanwälte – kein Anspruch auf Übersendung von Abschriften.[154] Der Komplettierung und Aktualisierung dieses Tarifregisters dient die in § 7 TVG angeordnete Übersendungs- und Mitteilungspflicht der Tarifvertragsparteien. Die Erfüllung dieser Publizitätserfordernisse hat aber auf die Wirksamkeit von Tarifverträgen keinen Einfluss[155].

41   § 8 TVG verpflichtet die **Arbeitgeber**, die für ihren Betrieb maßgebenden Tarifverträge an geeigneter Stelle im Betrieb **auszulegen**. § 8 TVG wird vom BAG und der h.M. als reine Ordnungsvorschrift angesehen, sodass ein Arbeitnehmer nicht etwa über § 823 Abs. 2 BGB i.V.m. § 8 TVG Schadensersatz wegen unterbliebener Bekanntmachung fordern kann[156].

---

146 Bestätigt von BAG v. 10.11.1982 – 4 AZR 1203/79 –, AP Nr. 8 zu § 1 TVG Form; BAG v. 8.3.1995 – 10 AZR 27/95 –, NZA 1995, 947; BAG v. 29.8.2001 – 4 AZR 332/00 –, NZA 2002, 513.
147 BAG v. 10.11.1993 – 4 AZR 316/93 –, NZA 1994, 622, 625.
148 BAG v. 10.11.1982 – 4 AZR 1203/79 –, AP Nr. 8 zu § 1 TVG Form; BAG v. 8.3.1995 – 10 AZR 27/95 –, NZA 1995, 947.
149 Zur Publizität von Tarifverträgen vgl. *Lindena*, DB 1988, 1114 ff.
150 Das Tarifregister enthält rund 57.600 gültig eingetragene Tarifverträge (Stand Januar 2003). Zum aktuellsten Stand s. Bundesministerium für Wirtschaft und Arbeit, Verzeichnis der für allgemeinverbindlich erklärten Tarifverträge, S. 3.
151 Die Einsichtnahme ist nur vor Ort in Bonn beim Bundesministerium für Wirtschaft und Arbeit möglich.
152 *Schaub*, § 209 Rn. 4 f..
153 MünchArbR/*Löwisch/Rieble*, § 257 Rn. 21.
154 Tschöpe/*Wisskirchen*, Teil 4 C, Rn. 101; MünchArbR/*Löwisch/Rieble*, § 257 Rn. 21.
155 Zur Begründung dieses Rechtszustandes vgl. *Zöllner/Loritz*, § 33 III 7, S. 373.
156 BAG v. 8.1.1970 – 5 AZR 124/69 –, AP Nr. 43 zu § 4 TVG Ausschlussfristen; *Oetker* in *Wiedemann*, § 8 Rn. 16.

IV. Der Inhalt von Tarifverträgen

1. Obligatorischer (schuldrechtlicher) Teil

Als Gegenstand von Tarifverträgen sieht § 1 Abs. 1 TVG die Regelung der **42** Rechte und Pflichten der Tarifvertragsparteien einerseits und die Schaffung von Rechtsnormen andererseits vor. Diese Unterscheidung entspricht der in der Dogmatik seit langem vorgenommenen Aufteilung in einen obligatorischen (schuldrechtlichen) und einen normativen Teil des Tarifvertrages[157]. Der schuldrechtliche Teil eines Tarifvertrages ist grundsätzlich wie ein schuldrechtlicher Vertrag des bürgerlichen Rechts zu behandeln[158]. Deshalb kann sich jede Tarifvertragspartei bei Tarifverhandlungen und dem Abschluss eines Tarifvertrags nach den allgemeinen Regeln des Rechts der Stellvertretung (§§ 164 ff. BGB) vertreten lassen[159]. Dem BAG zufolge soll der obligatorische Teil eines Tarifvertrages mit der Auflösung eines eingetragenen Vereins, der gleichzeitig Tarifvertragspartei ist, entfallen, soweit er den aufgelösten Verein in seiner Eigenschaft als Tarifvertragspartei betrifft[160].

Es ist allgemein anerkannt, dass ein Tarifvertrag – auch als sog. **mehrgliedriger Tarifvertrag** – von mehreren auf einer Seite handelnden Tarifvertragsparteien, z.B. mehreren einzelnen Arbeitgebern abgeschlossen werden kann[161].

a) Friedenspflicht

Die Friedenspflicht entspricht der Friedensfunktion des Tarifvertrages[162]. Der **43** Tarifvertrag soll für einen bestimmten Zeitraum Mindestarbeitsbedingungen

---

157 Vgl. zur Begründung dieser Differenzierung *Hueck-Nipperdey*, Lehrbuch des Arbeitsrechts, Bd. 2, § 16 I 1 Fn. 1 und die dort zitierte Literatur; *Söllner*, § 16 III 1, S. 138; *Kempen/Zachert*, § 1 Rn. 26.

158 Ein Tarifvertrag ist in seinem schuldrechtlichen Teil auch als Vertrag zugunsten Dritter, nämlich zugunsten der Mitglieder der Tarifvertragsparteien, anzusehen, vgl. BAG v. 14.11.1958 – 1 AZR 247/57 –, AP Nr. 4 zu § 1 TVG Friedenspflicht. Bei schuldhafter Verletzung vertraglicher Pflichten tritt an die Stelle des nach bürgerlich-rechtlichen Vorschriften gegebenen Rücktrittsrechts (vgl. etwa §§ 325, 326) das Recht der Kündigung aus wichtigem Grunde (BAG in dieser Fn.).

159 Vgl. BAG v. 11.6.1975 – 4 AZR 395/74 – BAGE 27, 175, 180 f.; v. 10.11.1993 – 4 AZR 184/93 –, DB 1994, 1377; v. 24.11.1993 – 4 AZR 407/92 –, DB 1994, 1293; BAG v. 11.7.1995 – 3 AZR 154/95 –, NZA 1996, 208.

160 Vgl. BAG v. 11.11.1970 – 4 AZR 522/69 –, AP Nr. 28 zu § 2 TVG m. abl. Anm. von *Wiedemann*. Kritisch dazu auch *Lobscheid*, AuR 1972, 289.

161 Vgl. BAG v. 10.11.1993 – 4 AZR 184/93 –, DB 1994, 1377; v. 24.11.1993 – 4 AZR 407/92 –, DB 1994, 1293. Zu den rechtlichen Problemen des mehrgliedrigen Tarifvertrags s. *Löwisch/Rieble*, § 1 Rn. 341 ff.; BAG v. 11.7.1995 – 3 AZR 154/95 –, NZA 1996, 207.

162 Vgl. *Söllner*, § 12 II 3 a, S. 91.

festlegen und diesem Ziel würde es widersprechen, wenn während dieses Zeitraums die Tarifvertragsparteien die Geltung dieser Bedingungen wieder in Frage stellten[163].

Der Gesetzgeber hat die Friedenspflicht bewusst nicht in das TVG aufgenommen[164]. Das Bestehen einer Friedenspflicht wird aber heute einhellig angenommen[165]. Die überwiegende Meinung sieht die Friedenspflicht als etwas dem Tarifvertrag immanentes an, leitet sie im Hinblick auf ihre Funktion aus dem Wesen des Tarifvertrages ab[166]. Die Friedenspflicht kann explizit in den Tarifvertrag aufgenommen werden, dies hat jedoch keinen konstitutiven Charakter.

Beispiel[167]:
„Bis zum (...) verpflichten sich die Gewerkschaften, keine Arbeitskampfmaßnahmen zu führen."

44   Grundsätzlich besteht **keine absolute Friedenspflicht**, d. h. während der Laufzeit eines Tarifvertrages unter keinen Umständen einen Arbeitskampf zu führen. Eine absolute Friedenspflicht würde nur dann bestehen, wenn dies von den Tarifvertragsparteien ausdrücklich vereinbart wäre[168]. Der Normalfall ist das Bestehen einer **relativen Friedenspflicht**. Diese verbietet den Tarifvertragsparteien, einen bestehenden Tarifvertrag inhaltlich dadurch in Frage zu stellen, dass sie Änderungen oder Verbesserungen der vertraglich geregelten Gegenstände mit Mitteln des Arbeitskampfes erreichen wollen[169]. Nach h.M. wird ein Verstoß gegen die tarifliche Friedenspflicht nicht nur dann angenommen, wenn eine Änderung des Vereinbarten durch einen Tarifvertrag[170] kampfweise erstrebt wird, sondern auch wenn durch Streik geänderte Arbeitsbedingungen auf dem Weg einer Betriebsvereinbarung oder von Einzelarbeitsverträgen durchgesetzt werden sollen[171].

---

163 *Hromadka/Maschmann*, § 14 Rn. 48.
164 Vgl. dazu *Herschel*, ZfA 1973, 186: ihre Behandlung hätte das ganze Gesetzeswerk gefährden können.
165 Zu den verschiedenen Positionen der Begründung der Friedenspflicht vgl. *Kempen/Zachert*, § 1 Rn. 339 f.
166 *Wiedemann*, § 1 Rn. 665; *Stein*, Rn. 667; *Söllner*, § 16 III 1, S. 138; BAG v. 21.12.1982 – 1 AZR 411/80 –, NJW 1983, 1750.
167 Beispiel nach BAG v. 27.6.1989 – 1 AZR 404/88 –, NZA 1989, 969.
168 Vgl. *Schaub*, § 201 III 2 a, Rn 10.
169 Vgl. BAG v. 21.12.1982 – 1 AZR 411/80 –, NJW 1983, 1750; v. 27.6.1989 – 1 AZR 404/88 – NZA 1989, 969. *Wiedemann*, § 1 Rn. 681.
170 Zur Unzulässigkeit eines Streiks zur Durchsetzung eines Firmentarifvertrages mit dem Ziel der Standortsicherung des Betriebes, s. LAG Hamm NZA-RR 2000, 535; dazu *Wolter*, RdA 2002, 218, 223 ff.
171 Vgl. BAG v. 8.2.1957 – 1 AZR 169/55 –, AP Nr. 1 zu § 1 TVG Friedenspflicht m. Anm. von *Tophoven* (betreffend übertarifliche Arbeitsbedingungen). A.A. *Kempen/Zachert*, § 1 Rn. 344. Zu weiteren Verstößen *Wiedemann*, § 1 Rn. 686 f.

Über den Umfang der Friedenspflicht entscheidet der Inhalt eines Tarifvertra- **45** ges, der im Wege der Auslegung zu ermitteln ist[172]. Nur soweit ein Tarifvertrag eine konkrete Frage regelt, ist der Weg für eine kampfweise Durchsetzung im Hinblick auf das Bestehen einer Friedenspflicht versperrt[173]. Die Grundregel lautet dementsprechend: Alles was im Tarifvertrag geregelt ist, ist durch Arbeitskampfmaßnahmen während dessen Laufzeit unabänderbar.

Beispiel[174]:
Die Klägerin ist als Kaufhausunternehmen und als Mitglied des Gesamtverbandes des Einzelhandels e. V. an den Manteltarifvertrag für den Berliner Einzelhandel (MTV) vom 2.4.1985 an folgende Arbeitszeitbestimmung gebunden:
„5.(1) Die regelmäßige wöchentliche Arbeitszeit einschließlich der Pausen beträgt 38,5 Stunden, und zwar auch für Jugendliche. Abweichend hiervon kann durch Betriebsvereinbarung, in Betrieben ohne Betriebsrat durch Einzelarbeitsvertrag, eine regelmäßige wöchentliche Arbeitszeit bis 40 Stunden vereinbart werden. (...)
(5)Sind bei Ladenschluss noch Kunden anwesend, so muss zum Zu Ende-Bedienen dieser Kunden und für das damit verbundene Wegräumen der Ware Arbeit geleistet werden. (...)"
Noch während der Laufzeit des Tarifvertrages legte die Gewerkschaft Handel Banken und Versicherungen (HBV) einen Entwurf für folgende Regelung vor:
„§ 2. Arbeitszeitrahmen im Verkauf. Die regelmäßige tägliche Arbeitszeit an den Tagen Montag bis Freitag endet um 18.30 Uhr. Am Sonnabend endet die Arbeitszeit um 14.00 Uhr; (...)
Die Verhandlungen blieben erfolglos, sodass die HBV den Gesamtverband des Einzelhandels schriftlich davon in Kenntnis setzte, dass sie sich nicht mehr an „eine – wie auch immer geartete – Friedenspflicht" gebunden sehe. In der Folgezeit kam es zur Vorbereitung von Arbeitskampfmaßnahmen. Die Unterlassungsklage des Verbandes hatte keinen Erfolg, denn es bestand bezüglich der Frage des Endes der Arbeitszeit keine tarifliche Regelung, die einer Durchsetzung mit Mitteln des Arbeitskampfes entgegenstand. Die §§ 5 bis 7 MTV enthalten lediglich Bestimmungen welche die Dauer der wöchentlichen Arbeitszeit, deren Verteilung, und deren Vergütung u.a. regeln. Die Frage, ob die so ihrer Dauer nach bestimmte Arbeitszeit an den einzelnen Wochentagen spätestens zu einem bestimmten Zeitpunkt enden muss, ist damit nicht geregelt worden. Arbeitskämpfe um einen Tarifvertrag zur Regelung des Arbeitszeitendes verstießen nicht gegen die Friedenspflicht aus dem MTV.

---

172 Vgl. *Söllner*, § 12 II 3 a, S. 91.
173 BAG v. 27.6.1989 – 1 AZR 404/88 –, NZA 1989, 969, 970.
174 Nach BAG v. 27. 6.1989 – 1 AZR 404/88 –, NZA 1989, 969.

Bei Fehlen einer eindeutigen Regelung hinsichtlich einer bestimmten Forderung wird grundsätzlich eine Friedenspflicht zu verneinen sein[175]. Etwas anderes kann nur gelten, wenn gerade der Verzicht auf die Regelung zum Vertragsinhalt gemacht worden ist[176]. Ein solcher Verzicht ist nicht schon in dem Überlassen einer nur gesetzliche Mitbestimmungsvorschriften berücksichtigenden Regelung an die Betriebspartner zu sehen. Verweist ein Tarifvertrag lediglich auf eine gesetzliche Regelung, so macht er diese im Zweifel nicht zum Inhalt des Tarifvertrags und damit zu einer eigenständigen tariflichen Regelung. An dieser Ansicht hält das BAG auch nach Kritik aus der Literatur weiterhin fest[177]. Eine Friedenspflicht besteht auch nicht hinsichtlich einer Forderung, die im Laufe der Tarifverhandlungen erhoben wurde, aber nicht durchgesetzt werden konnte[178].

46   Schwierige Fragen ergeben sich, wenn mehrere Tarifverträge mit unterschiedlichen Laufzeiten bestehen und die Ersetzung des abgelaufenen Tarifvertrages Auswirkungen auf den noch laufenden Tarifvertrag hätte[179]. Zuletzt hatte diese Problematik Aktualität in der Metallrunde 1987 erlangt, als die IG Metall nach Ablauf des Manteltarifvertrages Verkürzungen der Arbeitszeit bei vollem Lohnausgleich verlangte, der Lohn- und Gehaltstarifvertrag aber noch nicht abgelaufen war. Soweit man die Auffassung vertritt, dass ein sachlicher Zusammenhang zwischen Regelungen auch verschiedener Tarifverträge ausreicht, wird man wegen der Identität des Regelungsgegenstandes zu einer Bejahung eines Verstoßes gegen die Friedenspflicht kommen müssen[180]. Überwiegend wurde diese Auffassung aber von den Gerichten abgelehnt[181].

47   Nach allgemeiner Auffassung kann die Friedenspflicht durch Vereinbarung erweitert werden[182]. Unterschiedlich beantwortet wird demgegenüber die Frage, ob die Friedenspflicht ausgeschlossen oder zumindest eingeschränkt werden kann[183].

---

175 *Däubler*, Rn. 512.

176 *Söllner*, § 12 II 3 a, S. 91 f.

177 BAG v. 27.6.1989 – 1 AZR 404/88 –, NZA 1989, 969, 971. S. auch BAG v. 26.3.1981 – 2 AZR 410/80 –, BAGE 35, 185, 189; BAG v. 5.10.1995 – 2 AZR 353/95 –, NZA 1996, 325; a. A. LAG Thür. v. 20.2.1995 – 8 Sa 443/94 –, DB 1995, 1030 (Rev. eingel. AZ 2 AZR 340/95).

178 *Wiedemann*, § 1 Rn. 682.

179 Vgl. zur Problematik *Wiedemann*, § 1 Rn. 688: die Entscheidung soll an Hand der Auslegung des gesamten Tarifwerkes erfolgen.

180 So LAG Niedersachsen v. 25.3.1987 – 4 Sa 398/87 – NZA Beil. 2/1988, 35; *Löwisch*, NZA Beil. 2/1988, 5; *Schaub*, § 201 III 2 c, S. 1505 verweist auf BAG v. 14.11.1958 – 1 AZR 247/57 –, AP Nr. 4 zu § 1 TVG Friedenspflicht. Aus dieser Entscheidung lässt sich aber keine grundsätzliche Aussage über die Problematik ableiten, weil sich in dem dort entschiedenen Fall aus dem tariflichen Zusatzabkommen ein Kampfverbot während der vereinbarten Verhandlungen ergab.

181 Vgl. LAG Hamm v. 24.3.1987 – 8 Sa 25/87 –, NZA Beil. 2/1988, 27; LAG Schleswig-Holstein v. 25.3.1987 – 6 Sa 172/87 –, DB 1987, 1308. S. auch *Blank*, NZA Beil. 2/1988, 11 ff.; *Kempen/Zachert*, § 1 Rn. 216.

182 *Wiedemann*, § 1 Rn. 685; *Löwisch*, NZA Beil. 2/1988, 5.

183 Verneinend *Wiedemann*, § 1 Rn. 683, bejahend *Kempen/Zachert*, § 1 Rn. 347; *Däubler*, Rn. 535.

Mit dem Ende der Geltungsdauer des Tarifvertrages endet grundsätzlich auch **48** die Friedenspflicht. Durch kollektivvertragliche Vereinbarungen kann die Friedenspflicht aber über das Ende des Tarifvertrages hinaus verlängert werden[184].

b) *Durchführungspflicht*

Die **Durchführungspflicht** legt die Tarifpartner darauf fest, das Tarifwerk **49** nach Kräften in die Wirklichkeit umzusetzen[185]. Sie ist eine Ausprägung des Prinzips „pacta sunt servanda" und ist – wie die Friedenspflicht – dem Tarifvertrag immanent[186]. Die Durchführungspflicht kann – muss aber nicht – ausdrücklich in den Tarifvertrag aufgenommen werden.

Im Hinblick auf ihre Funktion kann man im Wesentlichen zwei Elemente der **50** Durchführungspflicht unterscheiden: Die Tariferfüllungspflicht und die Einwirkungspflicht[187]. Die Tariferfüllungspflicht ist die – auch sonstigen schuldrechtlichen Verträgen – eigene Pflicht, alles zu tun, was den Vertragszweck verwirklichen hilft und alles zu unterlassen, was ihn gefährdet[188]. Kommen die Tarifvertragsparteien dieser Pflicht nach, so ist ein wesentliches Moment der Realisierung des Tarifvertrages gewährleistet. Aber eine vollständige Umsetzung eines Tarifwerkes kann letztlich nur gelingen, wenn auch die Mitglieder der Tarifvertragsparteien sich tarifvertragskonform verhalten. Der Verwirklichung dieser Aufgabe dient die **Einwirkungspflicht**. Sie gebietet den Tarifvertragsparteien, auf ihre Mitglieder einzuwirken, dass der Tarifvertrag tatsächlich erfüllt werde. Sie dient deshalb der Effektivität der tariflichen Rechtsordnung[189]. Bezüglich des Inhalts der Einwirkungspflicht lässt sich kein abschließender Katalog von Maßnahmen statuieren. Die Palette möglicher Aktivitäten der tarifvertragsschließenden Verbände reicht von der Information und Aufklärung über den Tarifvertrag, über die Beratung in Einzelfragen bis hin zu Aufforderungen zu tariftreuem Verhalten und gegebenenfalls zu Sanktionen bei tarifwidrigem Verhalten.

Die Tarifpartner können gegenseitig die Erfüllung der Durchführungspflicht **51** verlangen. Allerdings ist ein solcher Anspruch nicht schon bei jeder Verletzung des Tarifvertrags durch ein Verbandsmitglied gegeben, vielmehr müssen kollektive Interessen berührt sein[190]. Verletzungen müssen ein gewisses Gewicht und eine gewisse Intensität haben, um eine Intervention der Tarifvertragspartei ver-

---

184 BAG v. 14.11.1958 – 1 AZR 247/57 –, AP Nr. 4 zu § 1 TVG Friedenspflicht. Zu solchen Vereinbarungen *Löwisch*, Rn. 315.
185 *Wiedemann*, § 1 Rn. 705 f.
186 *Söllner*, § 16 III 1, S. 138; *Kempen/Zachert*, § 1 Rn. 352.
187 So *Wiedemann*, § 1 Rn. 711 f. In der Terminologie, nicht aber in der Sache anders *Schaub*, der gleichrangig neben die Friedenspflicht die **Einwirkungspflicht** stellt, die in eine Innehaltungs- und Durchführungspflicht zerfällt, vgl. *Schaub*, § 201 Rn. 15.
188 Vgl. *Hanau/Adomeit*, Rn. 239.
189 *Wiedemann*, § 1 Rn. 663.
190 Vgl. *Schaub*, § 201 Rn. 16.

langen zu können. Der Hauptfall wird bei planmäßigen Durchbrechungen gegeben sein, wenn also eine Tarifnorm in einem Betrieb im Wesentlichen nicht verwirklicht oder in einer Art und Weise verletzt wird, dass nicht nur der Einzelarbeitsvertrag, sondern die typische Ordnung als solche auf dem Spiel steht[191].

Beispiel:
§ 36 des Tarifvertrags über die Berufsbildung im Baugewerbe (BBTV)[192]:
„Die Tarifvertragsparteien verpflichten sich, ihren Einfluss zur Durchführung dieses Tarifvertrages einzusetzen und bei Meinungsverschiedenheiten über die Auslegung unverzüglich in Verhandlungen einzutreten. Ist eine Einigung nicht zu erzielen, so kann jede der Tarifvertragsparteien das aufgrund des Bundesrahmentarifvertrages für das Baugewerbe gebildete Haupttarifamt zur Entscheidung anrufen."

52   Sehr umstritten ist, wie die **Durchführungspflicht** notfalls **gerichtlich durchgesetzt** werden kann. Die Frage ist deshalb von besonderer Bedeutung, weil im Gegensatz zu manchen ausländischen Rechtsordnungen nach deutschem Recht den Gewerkschaften nicht das Recht zusteht, die im normativen Teil festgelegten Ansprüche gegen den einzelnen Arbeitgeber gerichtlich geltend zu machen[193].

53   Das BAG hatte zunächst den Anschein erweckt, als ob nur eine Feststellungsklage über Einwirkungspflichten einer Tarifvertragspartei auf ihre Mitglieder in Betracht käme, weil die Gegenpartei keine bestimmten verbandsrechtlichen Maßnahmen der Einwirkung vorschreiben und damit keine Leistungsklage erheben könne[194]. In einer weiteren Entscheidung erkannte das BAG dahingehend, dass der materiellrechtliche Anspruch auf Durchführung des Tarifvertrages auch im Wege der Leistungsklage verfolgt werden könne[195]. Eine solche Leistungsklage müsse aber den prozessualen Erfordernissen des § 253 Abs. 2 Nr. 2 ZPO entsprechen. Aus dem Klageantrag müsse deshalb gegebenenfalls unter Heranziehung der Klagebegründung die Art und der Umfang der begehrten Leistung bestimmt werden können. Daran fehle es, wenn eine Tarifvertragspartei von der anderen nur „Einwirkung" auf ihre Mitglieder zu tarifgemäßem Verhalten begehrt. Aus einem auf „Einwirkung" gerichteten Klageantrag lasse

---

191 In diesem Sinne *Wiedemann*, § 1 Rn. 663 f.
192 Vgl. Tarifvertrag über die Berufsausbildung im Baugewerbe (BBTV) vom 29. Januar 1987 in der Fassung vom 1. Januar 2003.
193 *Wiedemann*, § 1 Rn. 719; *Feudner*, DB 1991, 1119.
194 Vgl. BAG v. 9.6.1982 – 4 AZR 274/81 –, AP Nr. 1 zu § 1 TVG Durchführungspflicht m. abl. Anm. von *Grunsky*. In diesem Sinne wurde das Urteil weitgehend verstanden, vgl. *Feudner*, DB 1991, 1118.
195 BAG v. 3.2.1988 – 4 AZR 513/87 –, AP Nr. 20 zu § 1 TVG Tarifverträge: Druckindustrie = DB 1988/1171.

sich nicht bestimmen, welche Maßnahmen begehrt werden und gegebenenfalls nach § 888 ZPO zu vollstrecken sind. Zur hinreichenden Bestimmtheit des Klageantrags gemäß § 253 Abs. 2 Nr. 2 ZPO sei deshalb die Angabe erforderlich, durch welche Maßnahmen die Tarifvertragspartei auf ihre Mitglieder einwirken soll. Aus Art. 19 Abs. 4 GG könne kein anderes Ergebnis hergeleitet werden. Erfüllt ein Klageantrag diese Voraussetzungen, so ist die Klage zulässig. Sie ist aber immer dann unbegründet, wenn die beklagte Tarifvertragspartei satzungsmäßig in der Wahl ihrer Einwirkungsmittel frei ist.

Die Rspr. der LAGe war uneinheitlich. Das LAG Baden-Württemberg lehnte **54** sowohl die Möglichkeit einer Feststellungs- wie einer Leistungsklage ab, vielmehr solle nur der Weg über eine Feststellungsklage nach § 256 ZPO i. V. m. § 9 TVG beschritten werden können[196]. Demgegenüber vertrat das LAG Frankfurt in bewusster Abkehr von der oben zitierten Rechtsprechung des BAG die Auffassung, dass an die Bestimmtheit des Leistungsantrages gem. § 253 Abs. 2 Nr. 2 ZPO keine allzu strengen Anforderungen gestellt werden dürfen, wenn der beklagten Tarifpartei nach ihrer Satzung mehrere Möglichkeiten eröffnet sind, auf ihre nachgeordneten Verbandsmitglieder einzuwirken[197]. Art. 9 Abs. 3 GG gebiete einerseits die Möglichkeit der klagenden Tarifpartei zur Leistungsklage, andererseits müsse der beklagten Tarifpartei ein Spielraum für die Wahrnehmung der Satzungsautonomie zur Bestimmung des angemessenen und effektiv erscheinenden Mittels erhalten bleiben. Im Schrifttum wurde ebenfalls ganz überwiegend die Zulässigkeit einer Leistungsklage bejaht, wobei es nicht darauf ankommen soll, dass der klagende Verband einen Anspruch auf eine ganz konkrete Maßnahme des Gegners hat[198]. Das BAG hat seine bisherige Rechtsprechung jetzt aufgegeben und hält **Einwirkungsklagen** im Wege von **Leistungsklagen** auch ohne Bezeichnung eines bestimmten Einwirkungsmittels für zulässig und bestimmt genug[199].

Beispiel[200]:
Zwischen der klagenden Gewerkschaft und dem beklagten Arbeitgeberverband bestand ein Manteltarifvertrag für Arbeiter und Angestellte. Die tarifgebundene I-GmbH, die Mikrochips herstellt, schloss mit dem Betriebsrat eine Betriebsvereinbarung über einen kontinuierlichen Schichtbetrieb. Dieser Drei-Schicht-Betrieb hat zur Folge, dass u. a. auch drei volle Schichten an

---

196 LAG Baden-Württemberg v. 12.7.1991 – 1 Sa 2/91 –, DB 1991, 2089. Ebenso *Feudner*, DB 1991, 1119.
197 LAG Frankfurt/M. v. 27.6.1991 – 12 Sa 1067/90 –, DB 1991, 2390.
198 *Grunsky*, Anm. zu BAG v. 9.6.1982 – 4 AZR 274/81 –, AP Nr. 1 zu § 1 TVG Durchführungspflicht; S. 140; *Löwisch*, Rn. 317. Dem BAG folgend *Schaub*, § 201 IV 1, S. 1506 f. Neben *Feudner*, der sowohl die Möglichkeit einer Feststellungs- als auch einer Leistungsklage verneint, s. *Buchner*, DB 1992, 572, der seine ablehnende Haltung vor allem auch mit der fehlenden Durchsetzbarkeit in der Praxis begründet.
199 Vgl. BAG v. 29.4.1992 – 4 AZR 432/91 –, DB 1992, 1684.
200 Nach BAG v. 29.4.1992 – 4 AZR 432/91 –, DB 1992, 1684.

den Sonntagen gefahren werden. Diese Betriebsvereinbarung verstieß nach Ansicht des Klägers gegen den Manteltarifvertrag, der eine regelmäßige Sonn- und Feiertagsarbeit nicht zulässt. Deshalb habe der beklagte Arbeitgeberverband auf sein Mitglied (I-GmbH) einzuwirken, dass im Werk S die Produktion von Mikrochips im Rahmen regelmäßiger Arbeitszeit nicht unter Einbeziehung von Sonn- und Feiertagen in die Schichtpläne betrieben werde. Auch die Regelung der Betriebsvereinbarung, dass zuschlagspflichtige Mehrarbeit erst dann vorliege, wenn die individuelle regelmäßige Arbeitszeit von 37 Stunden im Durchschnitt von fünf Wochen überschritten werde, verstoße gegen den Manteltarifvertrag. Danach liege eine zuschlagspflichtige Mehrarbeit stets vor, wenn die vereinbarte tägliche und wöchentliche Arbeitszeit überschritten werde.

Das BAG hat folgenden Klageantrag als dem Bestimmtheitsgrundsatz (§ 253 Abs. 2 Nr. 2 ZPO) genügend angesehen:
„1. den Beklagten zu verurteilen, auf die Firma I-GmbH durch entsprechende Aufforderung einzuwirken, dass die Produktion von Mikrochips im Rahmen der regelmäßigen Arbeitszeit (§ 7 MTV) nicht unter Einbeziehung von Sonn- und Feiertagen in die Schichtpläne betrieben wird;
2.   hilfsweise zu 1. den Beklagten zur Einwirkung in der Weise zu verurteilen, dass der Schichtbetrieb so zu gestalten ist, dass die Überschreitung der individuellen täglichen und individuellen regelmäßigen wöchentlichen Arbeitszeit für Arbeitnehmer, die Mitglied der Klägerin sind, Mehrarbeitszuschläge auslöst. (...)"

Beachte: Soweit im Tarifvertrag nicht explizit eine bestimmte Einwirkungspflicht vereinbart wurde, ist dringend davon abzuraten, im Klageantrag die Art der Einwirkung genauer zu bezeichnen. Die Klage ist dann zwar zulässig, wird aber als unbegründet abgewiesen, weil eine Tarifvertragspartei keinen materiellen Anspruch auf ein bestimmtes Vorgehen gegen dessen Mitglied hat.[201]

c)   *Verhandlungspflicht*

55   Ein Teil des Schrifttums vertritt die Auffassung, dass die Tarifvertragsparteien gegenseitig zu Verhandlungen verpflichtet sind[202]. Das BAG lehnt in ständiger Rechtsprechung einen gesetzlichen Verhandlungsanspruch ab[203]. Das BAG befürchtet eine indirekte gerichtliche Inhaltskontrolle des Ergebnisses von Tarifverhandlungen, wenn bei Bejahung eines gerichtlich durchsetzbaren Ver-

---

201 So auch BAG v. 29.4.1992 – 4 AZR 432/91–, DB 1992, 1684 ff.
202 *Wiedemann*, § 1 Rn. 183 m.w. N.
203 BAG v. 14.7.1981 – 1 AZR 159/78 –, BAGE 36, 131 = AP Nr. 1 zu § 1 TVG Verhandlungspflicht; v. 14.2.1989 – 1 AZR 142/88 –, NZA 1989, 601.

handlungsanspruchs im Rechtsstreit über den Verhandlungsanspruch oder gar im Zwangsvollstreckungsverfahren aus einer Verurteilung zur Führung von Tarifverhandlungen die Zulässigkeit der strikten Ablehnung einer bestimmten Forderung geprüft würde[204]. Das Gericht ist der Auffassung, dass weder aus dem ultima ratio – Prinzip des Arbeitskampfrechts noch aus Art. 9 Abs. 3 GG ein Verhandlungsanspruch folge[205]. Im Falle der außerordentlichen Kündigung eines Tarifvertrags bejahte das BAG hingegen die Pflicht zur Verhandlung aus dem ultima ratio – Prinzip, das die außerordentliche Kündigung von Dauerrechtsverhältnissen prägt. Demnach sei die fristlose Kündigung des Tarifvertrags nur wirksam, wenn keine andere Möglichkeit besteht, die Unzumutbarkeit zu beseitigen. Es obliegt der dadurch belasteten Partei, die Möglichkeit der tarifautonomen Anpassung als milderes Mittel auszuschöpfen. Daraus ergibt sich die Verpflichtung, mit der anderen Seite Verhandlungen zur Anpassung des Tarifvertrags aufzunehmen.[206]

Den Tarifpartnern steht es selbstverständlich frei, eine Verpflichtung zur Verhandlung zu vereinbaren[207].

Beispiel[208]:

„Ändern sich während der Laufzeit des Tarifvertrages die Bestimmungen des Altersteilzeitgesetzes oder die für die Berechnung der tariflichen Leistungen maßgebende sonstige Vorschriften, werden die Tarifvertragsparteien auf Antrag einer Seite in Verhandlungen über die Anpassung der tariflichen Bestimmungen eintreten."

d) *Weitere Pflichten*

Über die dem Tarifvertrag immanenten Pflichten (Friedens-, Durchführungspflicht) können die Tarifvertragsparteien weitere schuldrechtliche Verpflichtungen eingehen[209].

56

---

204 BAG v. 14.7.1981 – 1 AZR 159/78 –, BAGE 36, 131, 134 f.
205 BAG v. 14.2.1989 – 1 AZR 142/88 –, NZA 1989, 601 f. Zustimmend *Konzen*, Anm. zu EzA Art. 9 GG Nr. 33; *Waas*, AuR 1991, 334. Ablehnend *Wiedemann*, Anm. zu BAG AP Nr. 1 zu § 1 TVG Verhandlungspflicht; *Seiter*, SAE 1984, 100.
206 BAG v. 18.12.1996 – 4 AZR 129/96 –, NZA 1997, 830; BAG v. 18.6.1997 – 4 AZR 710/95 –, NZA 1997, 1234.
207 Zu einem Beispiel dafür vgl. den Sachverhalt in BAG v. 14.11.1958 – 1 AZR 247/57 –, AP Nr.4 zu § 1 TVG Friedenspflicht.
208 Vgl. Tarifvertrag zur Förderung der Altersteilzeit vom 30. November 1998, abgeschlossen zwischen dem Arbeitgeberverband der Verlage und Buchhandlungen in Nordrhein-Westfalen e.V., dem Verein der Zeitschriftenverlage in Nordrhein-Westfalen e.V. einerseits und der IG Medien, Druck und Papier, Publizistik und Kunst, Landesbezirk Nordrhein-Westfalen, der DAG, Landesverband NRW andererseits.
209 Zum Spektrum der Regelungen vgl. *Wiedemann*, § 1 Rn. 359 ff.

Regelungsgegenstand des schuldrechtlichen Teils eines Tarifvertrages sind üblicherweise neben der Friedens- und Durchführungspflicht, das In-Kraft-Treten, die Laufzeit und Kündigung, Regelungen über Sozialeinrichtungen, die Mitwirkungspflicht bei der Beantragung von Allgemeinverbindlicherklärungen.[210] Sehr häufig werden auch Schlichtungs- und Schiedsverfahren vereinbart,[211] in denen die Tarifvertragsparteien im Wesentlichen „Selbstpflichten"[212] eingehen. Insgesamt können auch sämtliche vorvertraglichen, vertraglichen und nachvertraglichen Verpflichtungen wie bei anderen Dauerschuldverhältnissen in den schuldrechtlichen Teil des Tarifvertrages aufgenommen werden[213]. Es mehren sich die Beispiele schuldrechtlicher Vereinbarungen, die Ausdruck einer sozialpartnerschaftlichen Beziehung sind. Dialog und Informationsaustausch erhalten einen hohen Stellenwert, vgl. dazu nachstehendes

Beispiel[214]:
„Abschnitt II – Schuldrechtlicher Teil
§ 5 – Dialog
Zwischen der Deutschen Telekom AG/der T-Mobile und der Deutschen Postgewerkschaft finden während der Laufzeit dieses Tarifvertrages Gespräche statt, in denen Erfahrungen und Probleme, die im Zusammenhang mit der Telearbeit stehen, erörtert werden. Im Rahmen dieser Gespräche soll auch ein Informationsaustausch über die für alternierende Telearbeit vorgesehene Bereiche erfolgen. Der Dialog zwischen den Tarifvertragsparteien erfolgt im ersten Jahr nach dem In-Kraft-Treten dieses Tarifvertrages vierteljährlich und im zweiten Jahr halbjährlich"

Da im Fall der Telearbeit die Mitarbeiter für die Gewerkschaft nicht zentral im Betrieb ansprechbar sind, wurde noch folgende Klausel in den Tarifvertrag aufgenommen:

„§ 6 – Gewerkschaftliche Informationen
(1) Zum Ausgleich der verminderten Möglichkeiten der Telearbeiter gewerkschaftliche Informationsangebote im Betrieb zu nutzen (z.B. Aushänge), erfolgt eine Kompensation durch elektronisches Medium.
(2) Die DPG erhält im Rahmen der technischen Realisierbarkeit die Möglichkeit, in autonomer inhaltlicher Verantwortung gewerkschaftliche Informationen im Intranet der Telekom/T-Mobile zu hinterlegen, auf die die Telearbeiter zugreifen können, soweit entsprechende Kommunikationssysteme vorhanden sind.

---

210 Zum Ganzen s. *Hromadka/Maschmann*, § 13 Rn. 6.
211 *Hromadka/Maschmann*, § 13 Rn. 6.
212 Vgl. *Schaub*, § 201 Rn 18.
213 *Hromadka/Maschmann*, § 13 Rn. 7.
214 Tarifvertrag zwischen T-Mobile und der Deutschen Postgewerkschaft (DPG) über die Telearbeit vom 25. September 1998.

(3) Das Leistungsangebot nach Absatz 2 umfasst die Möglichkeit, dass Tele-arbeiter ihre eMail-Adresse hinterlegen können, um damit spezifische und weitergehende Informationen von der Deutschen Postgewerkschaft zu erhalten. (...)."

Der weite Spielraum, den die Tarifvertragsparteien im Rahmen ihrer schuldrechtlichen Vereinbarungen haben, zeigt sich auch dadurch, dass es ihnen sogar unbenommen ist, Verträge abzuschließen, die nur schuldrechtlichen Charakter haben.[215] Diese verbergen sich hinter Bezeichnungen, wie etwa Schlichtungsabkommen, Koalitionsverträge, soft agreements, Kollektivverträge[216], oder **Sozialpartner-Vereinbarungen**[217], vgl. für letztere etwa die im Jahr 1989 geschlossene Vereinbarung „Frauenförderung in der chemischen Industrie" der Industriegewerkschaft Chemie und des Bundesarbeitgeberverbandes Chemie.[218] Dort werden u.a. gemeinsame Grundsatzpositionen festgeschrieben, die dazu führen sollten die Frauenbeschäftigung in der chemischen Industrie zu fördern. Hierzu ein Auszug aus den **Grundsatzthesen**[219]:

„§ 5 Personalentwicklung
Zur Chancengleichheit gehört, dass in den Betrieben Arbeitsbedingungen bestehen, unter denen alle Mitarbeiter, Männer wie Frauen, ihre Leistungen voll entfalten können. Verbesserungen von Arbeitsbedingungen sollen den Frauen ebenso zugute kommen wie den Männern.
Nach der Berufsausbildung sind den Frauen bei der Zurverfügungstellung von ausbildungsadäquaten Arbeitsplätzen die gleichen Chancen wie Männern einzuräumen. Ebenso sind Frauen wie Männer bei Maßnahmen der Personalentwicklung auf den unterschiedlichen betrieblichen Ebenen zu berücksichtigen. Besonders wichtig ist zur Verbesserung der Aufstiegschancen der Frauen ihre gleichberechtigte Einbeziehung in Fortbildungsmaßnahmen, sowohl zu einzelnen spezifischen Fach- und Führungsthemen als auch im Rahmen breiterer Fortbildung mit anerkannten Berufsabschlüssen, z.B. Meister, Fachwirten, Technikern."

---

215 *Hromadka/Maschmann,* § 13 Rn. 7.
216 Zum Ganzen *Hromadka/Maschmann,* § 13 Rn. 7 mit weiteren Rechtsprechungs- und Literaturnachweisen.
217 *Hromadka/Maschmann,* § 13 Rn. 7; *Grub,* Außertarifliche Sozialpartner – Vereinbarungen im System des kollektiven Arbeitsrechts, 2001; Bundesarbeitgeberverband Chemie e.V. (BAVC), IG Bergbau, Chemie, Energie (Hrsg.), 10 Jahre Sozialpartner-Vereinbarung Chancengleichheit in der chemischen Industrie, 1999.
218 Bundesarbeitgeberverband Chemie e.V. (BAVC), IG Bergbau, Chemie, Energie (Hrsg.), 10 Jahre Sozialpartner-Vereinbarung Chancengleichheit in der chemischen Industrie, 1999.
219 Bundesarbeitgeberverband Chemie e.V. (BAVC), IG Bergbau, Chemie, Energie (Hrsg.), 10 Jahre Sozialpartner-Vereinbarung Chancengleichheit in der chemischen Industrie, 1999, S. 44 ff, S. 46.

Umstritten ist, ob im obligatorischen Teil eines Tarifvertrages **Differenzie-rungs- und Außenseiterklauseln** vereinbart werden können[220]. Diese Klauseln dienen dem Zweck, die von den Gewerkschaften erkämpften Rechte ihren Mitgliedern vorzubehalten, um so ihre Attraktivität und Schlagkraft beizubehalten.[221] Zum einen wird versucht, bei Leistungen aus Tarifverträgen zwischen organisierten und nichtorganisierten Arbeitnehmern zu differenzieren. Im Wesentlichen gibt es zwei Formen von Differenzierungsklauseln, nämlich die Tarifausschlussklausel und die Spannenklausel.[222]Tarifausschlussklauseln verbieten es dem Arbeitgeber, tarifliche Leistungen auch nicht gewerkschaftlich organisierte Arbeitnehmer zuzubilligen. Bei Spannen(sicherungs)klauseln wird versucht, Gewerkschaftsmitgliedern tarifvertraglich einen Vorteil gegenüber den übrigen Arbeitnehmern zu sichern.[223]

Beispiel[224]:
Eine Tarifausschlussklausel verbirgt sich etwa hinter der Vereinbarung, die die Zahlung eines zusätzlichen Urlaubsgeldes nur an Gewerkschaftsmitglieder vorsieht. Eine Spannenklausel liegt dann vor, wenn in einem Tarifvertrag etwa vereinbart wird, dass der Lohn von Gewerkschaftsmitgliedern immer 10 % über dem der übrigen Nichtmitglieder liegen muss.[225]

Überwiegend wird die Zulässigkeit solcher Klauseln abgelehnt, da sie der negativen Koalitionsfreiheit widersprechen.[226]

2.   Normativer Teil

a)   Inhaltsnormen

57   § 1 Abs. 1 TVG erwähnt an erster Stelle der Aufzählung der verschiedenen Rechtsnormen die Inhaltsnormen. Sie stellen nach wie vor den wichtigsten Teil von Tarifnormen dar. Zu den Inhaltsnormen rechnen alle diejenigen tarifvertraglichen Bestimmungen, die sich auf die inhaltliche Ausgestaltung der Arbeitsverhältnisse beziehen[227]. In **Inhaltsnormen** kann grundsätzlich alles aufgenommen werden, was auch im Arbeitsvertrag regelbar ist.[228] Da Inhaltsnormen von Tarif-

---

220   Zur Vereinbarung solcher Klauseln im normativen Teil s. unten V 2.a) cc).
221   *Kempen/Zachert*, § 3 Rn. 116 f.; *Meier-Krenz*, Der Tarifvertrag,1989, S. 69.
222   *Kempen/Zachert*, § 3 Rn. 116 f.; *Meier- Krenz*, Der Tarifvertrag,1989, S. 69.
223   *Kempen/Zachert*, § 3 Rn. 116.
224   BAG v. 29.11.1967 – GS 1/67–, AP Nr. 13 zu Art. 9 GG.
225   Beispiel nach *Meier-Krenz*, Der Tarifvertrag, 1989, S. 70.
226   *Schaub*, § 201 Rn. 17; *Hanau/Adomeit*, Rn. 244; *Zöllner/Loritz*, § 35 V 3, S. 393 f.
227   Zum Spektrum von Inhaltsnormen vgl. *Wiedemann*, § 1 Rn. 314 ff.; *Gamillscheg*, § 15 V, S. 577 ff.
228   BAG GS v. 16.9.1986 AP Nr. 17 zu § 77 BetrVG; Tschöpe/*Wieland*, Teil 4 C, Rn. 123 ff; *Schaub*, § 202 Rn. 5.

verträgen Rechte und Pflichten nur für tarifgebundene Parteien begründen können (§ 4 Abs. 1 TVG), ist die Abgrenzung zu den ebenfalls in § 1 genannten Betriebsnormen bedeutsam, deren Geltung lediglich die Tarifgebundenheit des Arbeitgebers voraussetzt (§ 3 Abs. 2 TVG). Zur Abgrenzung s. unten d.

Beispiele dafür sind[229] etwa allgemeine Arbeitsbedingungen, wie die Arbeitszeit (betriebsübliche Arbeitszeit, Sonn- und Feiertagsarbeit, Schichtbetriebszeiten, etc.) Ruhepausen, Lohngruppeneinteilungen, Ausbildungsvergütung, Urlaubsregelungen, Gratifikationen (Urlaubs-/Weihnachtsgeld), Beschäftigungsverbote. In letzter Zeit häufen sich Inhaltsnormen, die den Zweck verfolgen, den Betriebsparteien eine flexiblere Handhabung der Entlohnungsgrundsätze[230] zu ermöglichen, s. dazu folgendes

Beispiel[231]:
„§ 2 Grundmodell
1. Variabilisierungsvolumen
Ein Teil der Jahres-Tarifgehälter (12 tarifliche Monatsgehälter ohne Zulagen/Zuschläge = Variabilisierungsbasis) kann durch eine betriebliche Regelung gem. § 1 Abs. 2, die auf individuellen und/oder teambezogenen Leistungs- und/oder Erfolgskriterien beruht, nach Maßgabe der folgenden Bestimmungen variabel ausgestaltet werden. Dieser Anteil (Variabilisierungsvolumen) beträgt max. 4 %.
Das Variablisierungsvolumen kann auch in den ersten sechs Monaten des Folgejahres ausgezahlt werden.
2. Dotierung/Ausschüttung
In der Betriebs-/Dienstvereinbarung ist zu regeln, für welche Organisationseinheiten (grundsätzlich der Betrieb) das Budget zu einem festzulegenden Stichtag zu ermitteln und auszuschütten ist. Dabei sind Neueintritte, die individuelle Gehaltsentwicklung sowie Zeiten ohne Gehaltsanspruch entsprechend zu berücksichtigen. In Ausnahmefällen ist eine betriebsübergreifende Regelung durch den Gesamtbetriebsrat zulässig, wenn er gem. § 50 BetrVG für die Aufgabe der Ausgestaltung eines betriebsübergreifenden Budgets, der Festlegung der Kriterien für die Ausschüttung sowie der Bildung der Budgeteinheiten legitimiert ist (PersVG analog). Auch in diesem Fall sind die Budgeteinheiten grundsätzlich die Betriebe oder die nächst höheren Organisationseinheiten. Der Arbeitgeber stellt ein zusätzliches Budget zur Verfügung. Die für die Bemessung dieses Budgets anzuwendenden Kennziffern sind in den freiwilli-

229 So u.a. auch Tschöpe/*Wieland*, Teil 4 C, Rn. 125.
230 S. dazu *Reichhold*, RdA 2002, 321, 325.
231 Tarifvertrag zur leistungs- und/oder erfolgsorientierten variablen Vergütung für das private Bankgewerbe, die öffentlichen Banken, Bausparkassen und die Sparkassen Saar, Stand Januar 2003.

gen Betriebs-/Dienstvereinbarungen für deren Laufzeit festzuschreiben, soweit nicht ein fester Arbeitgeberanteil vereinbart ist. Auf dieses Zusatzbudget sind die Regelungen dieses Tarifvertrages entsprechend anzuwenden. Übertarifliche Leistungen können einfließen. Für Arbeitnehmer, die durch Eigenkündigung ausgeschieden sind oder ausscheiden werden, erfolgt keine anteilige Aufstockung des zusätzlichen Budgets.

Das Gesamtbudget ist zu 100 % auszuschütten (Budget- und Auszahlungsgarantie). Ein- und Austritte erhalten die variable Vergütung anteilig. Die Höhe der individuellen variablen Vergütung ist dem Mitarbeiter schriftlich mitzuteilen. Der örtlich zuständige Betriebs-/ Personalrat ist über die Höhe, die Verteilung und die vollständige Ausschüttung des Budgets zeitnah anhand entsprechender Unterlagen zu informieren. Das individuelle Jahres-Tarifgehalt auf der Basis der geltenden Eingruppierung und des vereinbarten Arbeitszeitvolumens darf das hier korrespondierende Jahres-Tarifgehalt des Arbeitnehmers auf Gehaltsbasis April 2002 nicht unterschreiten."

b)   Abschlussnormen

58   Abschlussnormen sind Regeln, die das Zustandekommen neuer Arbeitsverhältnisse regeln[232]. Zu Abschlussnormen rechnen auch Formvorschriften über den Abschluss oder die Änderung von Arbeitsverträgen[233]. Üblich ist es, im Hinblick auf die Begründung eines Arbeitsverhältnisses die Modalitäten der Einstellung und Arbeitsaufnahme festzulegen, siehe dazu folgendes

Beispiel[234]:

„§ 2 Beginn des Arbeitsverhältnisses

1. Arbeitspapiere

Der Arbeitnehmer hat bei seiner Einstellung die üblichen Arbeitspapiere, zu denen auch die Lohnnachweiskarte für Urlaub, Lohnausgleich und Zusatzversorgung im Baugewerbe sowie die Unterlagen über vermögenswirksame Leistungen gehören, dem Arbeitgeber zu übergeben.

2. (...)

3. Schriftliche Vereinbarung der Einstellungsbedingungen. Die wesentlichen Bedingungen des Arbeitsverhältnisses sind bei der Einstellung schriftlich festzuhalten. Dafür soll der im Anhang aufgeführte Einstellungsbogen verwendet werden.

---

232 *Wiedemann*, § 1 Rn. 479.
233 Vgl. dazu *Kempen/Zachert*, § 1 Rn. 31.
234 Bundesrahmentarifvertrag für das Baugewerbe (BRTV) vom 3. Februar 1981 in der Fassung des Änderungs-Tarifvertrags vom 15. Mai 2001.

Zu den wesentlichen Vertragsbedingungen gehören:
Name und Anschrift des Arbeitgebers, die Personalangaben des Arbeitneh-
mers, dessen Staatsangehörigkeit, erlernter Beruf, letzte Tätigkeit, vorgese-
hene Tätigkeit, Einstellungstag, Arbeitsbeginn, bei befristeten Arbeitsverträ-
gen die vorgesehene Dauer des Arbeitsverhältnisses, der Einstellungsort und
die maßgebliche Berufsgruppe. Der Einstellungsbogen enthält auch einen
Hinweis auf die anzuwendenden Tarifverträge und Betriebsvereinbarungen.
In dem Einstellungsbogen sind auch die vom Arbeitnehmer abgegebenen bzw.
vorgelegten Arbeitspapiere, wie Zwischenbescheinigung, Lohnsteuerkarte,
Versicherungsnachweisheft der Rentenversicherung, Lohnnachweiskarte,
Unterlagen für vermögenswirksame Leistungen, Nachweis über die Kranken-
kassenzugehörigkeit, Schwerbehindertenausweis sowie Bescheinigungen
über den Bildungsgang (Facharbeiterbrief, Gesellenbrief, Fähigkeits- und
Fertigkeitsnachweise, Zeugnisse, Werkpolierprüfungsurkunde, Einstellungs-
bescheinigung, bei Arbeitnehmern, deren Heimatland nicht zur Europäischen
Union gehört, auch die Aufenthalts- und Arbeitserlaubnis aufzunehmen. Die
Einstellungsbedingungen sind innerhalb eines Monats nach dem Beginn des
Arbeitsverhältnisses vom Arbeitgeber und Arbeitnehmer zu unterzeichnen
und in einem Exemplar dem Arbeitnehmer auszuhändigen."

Eine wichtige Gruppe von Abschlussnormen stellen **Abschlussgebote** dar.
Gängig sind **Wiedereinstellungsklauseln** bei saisonbedingter Unterbrechung
des Arbeitsverhältnisses oder im Anschluss an Arbeitskämpfe[235].

Beispiel[236]:
„§ 3. Arbeitsausfall infolge Schlechtwetters
3.1. Wird die Fortsetzung von Arbeiten am Bau oder bei Tätigkeiten, die
ausschließlich im Freien ausgeübt werden, aus zwingenden Witterungsgrün-
den in der Zeit vom 15. November bis 15. März unmöglich, so kann das
Arbeitsverhältnis des Arbeitnehmers, der überwiegend am Bau oder im
Freien beschäftigt war, mit Zustimmung des Betriebsrates bei Einhaltung
einer Kündigungsfrist von 1 Tag beendet werden, wenn in der Werkstatt
keine produktiven Arbeitsmöglichkeiten vorhanden sind. Über die Frage, ob
die Arbeit mit Rücksicht auf die Witterung einzustellen, fortzusetzen oder
wiederaufzunehmen ist, entscheidet der Arbeitgeber nach pflichtgemäßem
Ermessen und Beratung mit dem Betriebsrat. Eine witterungsbedingte Kün-
digung kann erst ausgesprochen werden, wenn das Guthaben auf dem
Arbeitszeitkonto erschöpft ist. (...)

---

235 S. dazu *Kempen/Zachert,* § 1 Rn. 29; *Wiedemann,* § 1 Rn. 479.
236 Nach dem Rahmentarifvertrag für gewerbliche Arbeitnehmer im Steinmetz- und Steinbildhauerhandwerk vom 24. Mai 2000 im Rahmen der Schlechtwetterregelung:

3.3.   Ist das Arbeitsverhältnis gemäß Ziffer 3.1. beendet worden, hat der Arbeitnehmer einen Rechtsanspruch auf Wiedereinstellung, sobald die Witterungsverhältnisse dies zulassen.
3.4.   Das Arbeitsverhältnis gilt als nicht unterbrochen. Arbeitsvertragliche Regelungen bestehen uneingeschränkt fort. "

Das Pendant zu Abschlussgeboten bilden **Abschlussverbote**. Wichtigstes Beispiel in der Vergangenheit waren Lehrlingsskalen, also Bestimmungen, durch die die Zahl von Lehrlingen (Auszubildenden), die von einem Arbeitgeber beschäftigt werden, beschränkt wird[237]. Die Nichtigkeitsfolge (§ 134 BGB) bei Verstößen gegen ein Abschlussverbot bezieht sich im Zweifel nicht auf bestehende Verträge. Falls ein Tarifvertrag dies aber regelt, muss eine entsprechende Klausel dahin ausgelegt werden, dass ein Recht und eine Verpflichtung der Arbeitsvertragsparteien zur Lösung des Einzelarbeitsvertrages begründet wird[238].
    Ähnlich wie bei Inhaltsnormen stellt sich auch bei Abschlussnormen das Problem der Abgrenzung zu den betrieblichen Normen (s. dazu unten d.).

c)   Beendigungsnormen

59   Hierzu gehören Bestimmungen über die Dauer, Befristung und die Kündigung von Arbeitsverhältnissen, insbesondere Auslegungshilfen für das Vorliegen eines wichtigen Grundes i.S.d. § 626 BGB[239]. Typischerweise werden in Tarifverträgen auch Form und Fristen von Kündigungen geregelt. Bedingt durch die wirtschaftlich schwierige Lage in manchen Branchen tauchen verstärkt **sog. Notfallklauseln**[240] auf, die es ermöglichen sollen, einzelne tarifliche Regelungen im Fall der Existenzbedrohung eines Betriebes vorzeitig enden zu lassen.
    Zahlreiche Beendigungsnormen in Tarifverträgen haben Anlass zu Rechtsstreitigkeiten gegeben, weil ihre Vereinbarkeit mit Verfassungs- und Gesetzesrecht sowie tarifdispositivem Richterrecht zweifelhaft war[241]. Umstritten war zuletzt vor allem die Festlegung von Altersgrenzen für die Beendigung von Arbeitsverhältnissen[242], die tarifvertragliche Fixierung der sachlichen Rechtfertigungsgründe für die Befristung von Arbeitsverhältnissen[243] sowie tariflich unterschiedlich gestaltete Kündigungsfristen von Arbeitern und Angestellten[244]. Zur Abgrenzung von Beendigungsnormen und betrieblichen Normen siehe unten d.

---

237 Zur Zulässigkeit solcher Lehrlingsskalen vgl. LAG Düsseldorf v. 19.9.1960 – 1 Sa 300/60 –, AP Nr. 1 zu § 4 TVG Lehrlingsskalen.
238 *Wiedemann,* § 1 Rn. 502 f.
239 *Tschöpe/Wieland,* Teil 4 C, Rn. 135.
240 Zu den Einzelheiten, s. *Ruoff,* Die Flexibilisierung der Tarifverträge, 1999, S. 232; NZA 1996, 749.
241 Vgl. zur Struktur der Probleme *Wiedemann,* § 1 Rn. 511 ff. S. auch *Kempen/Zachert,* § 1 Rn. 32 f.
242 S. dazu unten V 2.a) cc).
243 Vgl. dazu V 3.c.
244 S. dazu V 2.a) cc).

d) *Betriebliche Normen*[245]

Die dogmatische Konzeption der **betrieblichen Normen** geht ursprünglich **60** zurück auf die von *Sinzheimer* getroffene Unterscheidung von Individual- und Solidarbeziehungen des Arbeitsverhältnisses[246]. Letztere beinhalten Regelungsgegenstände, die die Belegschaft nur in ihrer Gesamtheit in Anspruch nehmen kann. Typische Beispiele sind die Einrichtung und Benutzung betrieblicher Räume, Kantinen, etc. Daher wird üblicherweise formuliert, Betriebsnormen betreffen die Arbeitnehmer nicht als einzelne, sondern als Mitglieder der Belegschaft[247].

Die Qualifizierung als Betriebnorm ist von großer Bedeutung. Denn gemäß **61** § 3 Abs. 2 TVG ist für die Geltung von Betriebsnormen lediglich die Tarifbindung des Arbeitgebers erforderlich. Die Erstreckung der Rechtsnormen über betriebliche Fragen auf Außenseiter ohne Allgemeinverbindlicherklärung lässt sich nur damit sachlich rechtfertigen, dass die entsprechenden Bestimmungen in der sozialen Wirklichkeit aus tatsächlichen oder rechtlichen Gründen nur einheitlich gelten können[248].

Bezüglich der dogmatischen Konzeption der betrieblichen Normen lassen **62** sich Auffassungen unterscheiden, die im Hinblick auf § 3 Abs. 2 TVG für eine enge Auslegung des Begriffs eintreten[249] und solchen, die über den Bereich der betrieblichen Organisation hinaus im Wege der Analogie oder Rechtsfortbildung auch die Regelung einheitlicher Entlohnungssysteme, Urlaubs- und Versorgungsordnungen als betriebliche Normen (im weiteren Sinne) ansehen wollen[250]. Das BAG befürwortet eine einschränkende Auslegung. Nur wenn aus tatsächlichen oder rechtlichen Gründen das Bedürfnis nach einer einheitlichen Regelung besteht, ist es aus verfassungsrechtlichen Gründen gerechtfertigt, Normen auf nichtorganisierte Arbeitnehmer ohne Allgemeinverbindlicherklärung zu erstrecken. Die Befugnis zur tarifautonomen Rechtsetzung müsse im Grundsatz auf Mitglieder der Tarifvertragsparteien beschränkt werden. Bei einer nicht durch Sachzwänge (z. B. einheitliche Organisation des Betriebes) gebotenen Ausdehnung der Tarifbindung auf nicht organisierte Arbeitnehmer verlören die Gewerkschaften als Träger der kollektiven Koalitionsfreiheit zwangsläufig an Attraktivität, was die Tarifautonomie schwächen würde[251].

---

245 Ausführlich dazu *Giesen,* Tarifvertragliche Rechtsgestaltung für den Betrieb, 2002.
246 Vgl. dazu bei *Richardi*, Kollektivgewalt, S. 226 ff.
247 *Kempen/Zachert*, § 1 Rn. 35.
248 BAG v. 21.1.1987 – 4 AZR 547/86 –, DB 1987, 487, 488.
249 In diesem Sinne *Kempen/Zachert*, § 1 Rn. 36.
250 *Wiedemann*, § 1 Rn. 566 f.
251 Mit dieser Argumentation sieht das BAG tarifliche Normen über die beschränkte Einstellung von Zeitangestellten nicht als Betriebs-, sondern als Abschlussnormen an, vgl. BAG v. 27.4.1988 – 7 AZR 593/87 –, DB 1988, 1803, 1804; *Wiedemann*, § 1 Rn. 562 unten.

63   In Tarifverträgen finden sich häufig **qualitative Besetzungsregeln**, mit deren Hilfe der Arbeitgeber zur Besetzung von Arbeitsplätzen mit bestimmten Fachkräften verpflichtet wird, vgl. dazu folgendes

Beispiel[252]:

„Die Tätigkeit des Korrektors umfasst alle erforderlichen Korrekturen. Jeder Korrektor ist verpflichtet, seine Korrekturen abzuzeichnen. Als Korrektoren werden geeignete Schriftsetzer oder vorzugsweise Fachkräfte der Druckindustrie beschäftigt. Wenn das zuständige Arbeitsamt nicht in der Lage ist, geeignete Schriftsetzer nachzuweisen, können andere nach ihrer Vorbildung geeignete Arbeitskräfte als Korrektor herangezogen werden. Sie sind als Korrektor zu entlohnen. Bei Stellenneubesetzung ist ein Vertreter der Korrektoren zur Feststellung der Eignung hinzuzuziehen. "

Das BAG betrachtet in Übereinstimmung mit der ganz h.M. im Schrifttum qualifizierte Besetzungsregeln als betriebliche Normen[253]. In der Begründung seiner Auffassung hat das BAG eine Präzisierung der begrifflichen Voraussetzungen betrieblicher Normen unternommen[254]. Das BAG meint, dass bisherige Versuche, den sachlich-gegenständlichen Anwendungsbereich betrieblicher Normen durch eine Aufspaltung in Solidar-, Ordnungs- und Zulassungsnormen zu konkretisieren[255], nicht zu einer inhaltlichen Präzisierung geführt hätten[256]. Einen wichtigen Hinweis zur Konkretisierung entnimmt das BAG der Begründung des Referentenentwurfs zum TVG (sog. Lemgoer Entwurf), in dem ausdrücklich hervorgehoben wird, dass auch solche Fragen einer tariflichen Normierung zugänglich seien, deren Bedeutung über das einzelne Arbeitsverhältnis hinausreiche. Das BAG betont aber die Notwendigkeit, im Hinblick auf die Koalitionsfreiheit der Außenseiter den sachlich-gegenständlichen Bereich weiter einzugrenzen. In Anknüpfung an eine Formulierung von *Wiedemann* und des 4. Senats[257] sagt das Gericht, immer dann, wenn eine Regelung nicht Inhalt eines Individualvertrages sein kann, handele es sich um Betriebnormen und nicht um Inhalts- oder Abschlussnormen. Dabei sei das Nichtkönnen nicht im Sinne einer naturwissenschaftlichen Unmöglichkeit zu verstehen, da theoretisch

---

252 Vgl. Manteltarifvertrag für die Druckindustrie in der Fassung vom 6.5.1987.
253 BAG v. 16.4.1990 – 1 ABR 84/87 –, NZA 1990, 850 mit umfangreichen Schrifttumsnachweisen.
254 BAG v. 16.4.1990 – 1 ABR 84/87 –, NZA 1990, 850, 853.
255 So etwa *Richardi*, Kollektivgewalt, S. 238 ff.
256 Vgl. BAG v. 16.4.1990 – 1 ABR 84/87 –, NZA 1990, 850, 853.
257 Vgl. *Wiedemann*, § 1 Rn. 568 m. w.N. und BAG v. 21.1.1987 – 4 AZR 547/86 –, NZA 1987, 233, wonach sich die Erstreckung der Rechtsnormen über betriebliche Fragen auf Außenseiter ohne Allgemeinverbindlicherklärung nur damit sachlich rechtfertigen lasse, dass die entsprechenden Bestimmungen in der sozialen Wirklichkeit aus tatsächlichen oder rechtlichen Gründen nur einheitlich gelten können. Kritisch dazu *Gamillscheg*, BB 1988, 555, der darin eine Tautologie sieht.

fast jede Sachmaterie als Arbeitsbedingung im Arbeitsvertrag geregelt werden könne. Es müsse für die Annahme von Betriebsnormen ausreichen, wenn eine individualvertragliche Regelung wegen evident sachlogischer Unzweckmäßigkeit ausscheide[258]. Das BAG betonte, dass quantitativen Besetzungsregeln insbesondere die Funktion zukomme, die betroffenen Fachkräfte vor einer psychischen bzw. physischen Überbelastung zu schützen und darüber hinaus vermieden werden soll, die erfassten Arbeitsplätze mit ungelernten Hilfskräften zu besetzen. Ein darüber hinausgehender Individualschutz könne durch solche Normen nicht begründet werden.[259] In jedem Fall kann eine Tarifvertragsbestimmung nur dann ein Betriebsnorm i.S.d. §§ 4 Abs. 1; 3 Abs. 2 TVG sein, wenn sie eine normative und nicht nur schuldrechtliche Regelung für alle oder bestimmte Arbeitsverhältnisse enthält.[260]

Beispiele für Betriebsnormen sind ferner auch Arbeitsschutzvorschriften, Organisation der Arbeit, Anforderung an den Arbeitsplatz, Lage der Arbeitszeit, Lohnzahlungszeiträume, Bestellung eines Werksarztes[261], Form von Anwesenheits- und Torkontrollen, Rauchverboten und Betriebsbußen[262].

Ob Rechtsnormen eines Tarifvertrags betriebliche Normen sind, darf nicht **64** pauschal für alle Normen eines Tarifvertrags entsprechend seiner Zielsetzung beantwortet werden, sondern ist für jede Tarifnorm unter Berücksichtigung des für die Tarifauslegung maßgebenden tariflichen Gesamtzusammenhangs getrennt zu prüfen[263].

Umstritten ist, ob tarifvertragliche Bestimmungen Doppelcharakter haben **65** können, also etwa gleichzeitig Inhalts- und Betriebsnorm sein können[264].

e) *Betriebsverfassungsrechtliche Normen*

Betriebsverfassungsrechtliche Normen sind solche, die sich mit der Rechts- **66** stellung der Arbeitnehmer im Betrieb und der ihrer Organe beschäftigen[265]. Wie betriebliche so gelten auch betriebsverfassungsrechtliche Normen in allen Betrieben, wenn zumindest der Arbeitgeber tarifgebunden ist (§ 3 Abs. 2 TVG).

258 BAG v. 16.4.1990 – 1 ABR 84/87 –, NZA 1990, 850, 853; BAG v. 17.6.1997 – 1 ABR 3/97 –, NZA 1998, 213.
259 BAG v. 17.6.1999 – 2 AZR 456/98 –, NZA 1999, 1157.
260 BAG v. 1.8.2001 – 4 AZR 388/99 –, DB 2001, 2609.
261 *Schaub*, § 202 Rn. 17, m. w. N.
262 *Tschöpe/Wieland*, Teil 4 C, Rn. 141.
263 In diesem Sinne BAG v. 21.1.1987 – 4 AZR 547/86 –, DB 1987, 487, 488: die Begrenzung des Vorruhestandes auf 2% der Arbeitnehmer des Betriebes in einem Vorruhestandtarifvertrag wurde danach nicht als Betriebs-, sondern als Beendigungsnorm angesehen.
264 Vgl. dazu *Dieterich*, S. 70. LAG Düsseldorf v. 19.9.1960 – 1 Sa 300/60 –, AP Nr. 1 zu § 4 TVG Lehrlingskalen schließt dies für Abschlussnormen aus; *Kempen/Zachert*, § 1 Rn. 37.
265 *Schaub*, § 202 Rn. 20.

f) Normen über gemeinsame Einrichtungen der Tarifvertragsparteien

Die **gemeinsamen Einrichtungen** der Tarifvertragsparteien sind nicht in § 1   **67**
TVG, sondern in § 4 Abs. 2 TVG erwähnt. Das TVG liefert keine Begriffsbestimmung. Gemeinsame Einrichtungen waren schon vor In-Kraft-Treten des
TVG in der Wissenschaft und in der Rechtsprechung anerkannt[268]. Wie damals
stellen sie auch heute ein begrenztes, aber wichtiges Instrument tariflicher Sozialpolitik dar[269]. Die wirtschaftliche Funktion gemeinsamer Einrichtungen
besteht darin, bestimmte Leistungen zu „vergemeinschaften", d.h. alle Arbeitgeber gleichmäßig zu belasten und alle Arbeitnehmer in gleichem Umfang mit
Rechten auszustatten[270], deren Gewährung einer zwar von den Tarifvertragsparteien abhängigen, aber gesonderten Einrichtung zu übertragen.

Insbesondere im Baugewerbe sind Vereinbarungen über Urlaubs- und Lohn-
ausgleichskassen als gemeinsame Einrichtungen weit verbreitet, vgl. dazu folgendes

Beispiel[271]:
„§ 18 Urlaubs- und Lohnausgleichskasse der Bauwirtschaft
Die als gemeinsame Einrichtung der Tarifvertragsparteien bestehende
„Urlaubs- und Lohnausgleichskasse der Bauwirtschaft" (ULAK) Wiesbaden
hat die Aufgabe, die Bereitstellung einer ausreichenden Anzahl von Ausbil-
dungsplätzen und die Durchführung einer qualifizierten, den besonderen
Anforderungen des Wirtschaftszweiges gerecht werdenden Berufsbildung für
die Auszubildenden im Baugewerbe dadurch zu sichern, dass sie Ausbil-
dungskosten nach Maßgabe dieses Tarifvertrages erstattet. An die Stelle der
ULAK tritt im Gebiet des Landes Berlin die „Sozialkasse des Berliner Bau-
gewerbes".

Bei der Wahl der Organisationsform sind die Tarifvertragsparteien nach h.M.   **68**
an die Rechtsformen des Zivilrechts gebunden[272], wobei bestimmte, vor allem
gesellschaftsrechtliche Formen schon im Hinblick auf deren Voraussetzungen
(z.B. erwerbswirtschaftlicher Zweck) ausscheiden[273].

Welche Voraussetzungen erfüllt sein müssen, damit eine gemeinsame Ein-   **69**
richtung der Tarifvertragsparteien vorliegt, ist nicht abschließend geklärt. Zum
Teil wird verlangt, dass die Tarifvertragsparteien bindende Weisungen erteilen

---

268 RAG v. 27.10.1928 – RAG 361/28 –, RAGE 2, 279 ff.
269 Zur Praxis gemeinsamer Einrichtungen vgl. *Zöllner*, 48. DJT G 13 ff.; vgl. auch *Otto/*
      Schwarze, ZfA 1995, 639 ff.
270 *Däubler*, Rn. 1126.
271 Tarifvertrag über die Berufsbildung im Baugewerbe (BBTV) vom 29. Januar 1987 in der
      zuletzt geänderten Fassung vom 1. Januar 2003.
272 Vgl. dazu *Kempen/Zachert*, § 4 Rn. 148.
273 *Oetker* in *Wiedemann*, § 1 Rn. 631.

können[274], andere verlangen eine paritätisch besetzte Verwaltung[275]. Das BAG hat dies offengelassen, aber als Minimum verlangt, dass den Tarifvertragsparteien eine hinreichende Einflussmöglichkeit auf die gemeinsame Einrichtung eingeräumt sein muss[276].

3.   Die Auslegung von Tarifverträgen

a)   Auslegungsgrundsätze

70   Bei der Auslegung von Tarifverträgen[277] ist zwischen dem schuldrechtlichen und dem normativen Teil zu unterscheiden[278]. Im schuldrechtlichen Teil stehen sich die Tarifvertragsparteien als gewöhnliche Vertragspartner gegenüber. Für die Auslegung kann deshalb nichts anderes gelten als für sonstige schuldrechtliche Verträge, insbesondere finden §§ 133, 157 BGB Anwendung[279].

Anderen Grundsätzen folgt die Auslegung von Rechtsnormen des normativen Teils. Wegen der normativen Wirkung nimmt die Rechtsprechung und die überwiegende Meinung im Schrifttum an, dass die Auslegung den für die Auslegung von Gesetzen geltenden Regeln folgt[280].

71   Auszugehen ist vom **Tarifwortlaut**[281], d.h. die Regeln des Sprachgebrauchs und der Grammatik sind zu beachten[282]. Über den allgemeinen Sprachgebrauch hinaus ist darauf abzustellen, ob der auszulegende Begriff bei den beteiligten Verkehrskreisen in einem bestimmten Sinne verstanden wird.[283] Verwendet ein Tarifvertrag Begriffe, die in der Rechtsterminologie einen bestimmten Inhalt haben, so ist davon auszugehen, dass die Tarifvertragsparteien diese Begriffe in ihrer allgemeinen rechtlichen Bedeutung haben wiedergeben und angewendet wissen wollen, soweit sich nicht aus dem Tarifwortlaut oder aus anderen aus dem Tarifvertrag selbst ersichtlichen Gründen etwas Gegenteiliges ergibt[284].

---

274 *Oetker* in *Wiedemann*, § 1 Rn. 612

275 Vgl. *Bötticher*, S. 130.

276 BAG v. 28.4.1981 – 3 AZR 225/80 –, AP Nr. 3 zu § 4 TVG Gemeinsame Einrichtungen.

277 Eingehend zur Auslegung von Tarifverträgen *Buchner*, AR-Blattei D, Tarifvertrag IX, Auslegung. S. auch *Neumann*, AuR 1985, 320 ff.; *Schaub*, NZA 1994, 597 ff.

278 Vgl. *Schaub*, § 198 Rn. 21.

279 Vgl. *Wank* in *Wiedemann*, § 1 Rn. 768.

280 Vgl. BAG v. 2.6.1961 – 1 AZR 573/59 –, BAGE 11, 135; BAG v. 9.3.1994 – 4 AZR 270/93 –, NZA 1995, 38; BAG v. 12.4.2000 – 5 AZR 372/98 –, NZA 2002, 226. **A.A.** (Auslegung wie Verträge) *Zöllner/Loritz*, § 33 V 5, S. 378. Zur Annäherung der beiden Positionen vgl. *Kempen/Zachert*, Grundlagen, Rn. 305; *Wank* in *Wiedemann*, § 1 Rn. 775.

281 BAG v. 7.12.1989 – 6 AZR 324/88 –, BB 1990, 925.

282 *Schaub*, § 198 Rn. 23.

283 BAG v. 21.3.2002 – 6 AZR 456/01 –, AP Nr. 17 zu § 1 TVG, Tarifverträge: Musiker.

284 Vgl. BAG v. 29.6.1976 – 4 AZR 381/75 –, AP Nr. 2 zu § 1 TVG Tarifverträge: Papierindustrie; v. 7.11.1991 – 6 AZR 496/89-, DB 1992, 691.

Beispiel[285]:

Die Parteien stritten darüber, ob dem Kläger eine besondere Vergütung zusteht, wenn er als Musiker in einem Kulturorchester statt der deutschen Trompete (sog. Konzerttrompete) die amerikanische Trompete (sog. Jazztrompete) spielt. Auf das Arbeitsverhältnis findet der Tarifvertrag für die Musiker in Kulturorchestern (TVK) vom 1.7.1971 i.d.F. vom 17.6.1998 Anwendung, der in § 6 Abs. 1 TVK den Musiker zum Spielen des im Arbeitsvertrag genannten Instruments in der ihm übertragenen Tätigkeit verpflichtet. In § 3 des Arbeitsvertrages hieß es:

„Herr S. ist zum Spielen des Instrumentes Trompete verpflichtet. Ihm wird die Tätigkeit eines koordinierten 1. (Solo-) Trompeters mit Verpflichtung zur 3. Trompete übertragen."

Der Kläger war der Ansicht, dieser Passus im Arbeitsvertrag sei so auszulegen, dass er nur zum Spielen der deutschen Trompete verpflichtet sei. Für die Einsätze an der amerikanischen Trompete habe ihm die Beklagte nach § 612 Abs. 1 und Abs. 2 BGB i. V. m. § 315 Abs. 1 BGB eine besondere Vergütung zu zahlen.

Da weder im Arbeitsvertrag noch im Tarifvertrag bestimmt war, was unter dem Begriff „Trompete" zu verstehen ist, ermittelte das BAG die Begriffsbedeutung anhand der Auslegung (§§ 133, 157 BGB). Es stellte zunächst auf den Wortlaut „Trompete" ab, und fragte danach, wie dieser Begriff bei Musikern verstanden wird. Das Gericht nahm Musiklexika[286] zu Hilfe, die folgende Definition für das Stichwort „Trompete" enthielten:

„Nach der einschlägigen Musikliteratur ist eine Trompete ein Blechblasinstrument aus Messing, Goldmessing oder Neusilber, seltener aus Silber oder Gold, mit enger zylindrisch-konischer, schlaufenförmig gebogener Röhre (Bügelform) und einem wenig ausladenden Schalltrichter, wobei die moderne Trompete drei Ventile mit verschieden langen, U-förmigen Ventilbogen hat, die beim Öffnen die Hauptröhre verlängern."

Das BAG kam zu dem Ergebnis, dass trotz der Unterschiede in der Bauart und im Klang sowohl die deutsche als auch die amerikanische Trompete unter diese Definition fallen, und der Kläger damit vertraglich auch zum Spielen der amerikanischen Trompete ohne zusätzliche Vergütung verpflichtet sei. Den Tarifvorschriften ist nicht zu entnehmen, dass die Tarifvertragsparteien bei der Nennung der Trompeten (§ 22 Abs. 2 und Abs. 7 TVK i. V. m. den Protokollnotizen) und der Bezeichnung von Orchestermusikern als Trompeter (§ 26 Abs. 3 TVK) eine vom allgemeinen Sprachgebrauch und der einschlägigen Musikliteratur abweichende Begriffsbestimmung vor Augen hatten.

---

285 Nach BAG v. 21.3.2002 – 6 AZR 456/01 –, AP Nr. 17 zu § 1 TVG, Tarifverträge: Musiker.
286 *Brockhaus/Riemann*, Musiklexikon Band 2, Stichwort „Trompete; BAG v. 21.3.2002 – 6 AZR 456/01 –, AP Nr. 17 zu § 1 TVG, Tarifverträge: Musiker, m. w. Nachw.

Werden einschlägige gesetzliche Vorschriften wörtlich oder inhaltlich unverändert in einen umfangreichen Tarifvertrag aufgenommen, so handelt es sich um deklaratorische Klauseln, wenn der Wille der Tarifvertragsparteien zu einer gesetzesunabhängigen eigenständigen Tarifregelung keinen hinreichend erkennbaren Ausdruck gefunden hat[287].

72   Ebenso wie bei der Gesetzesauslegung[288] muss bei Tarifverträgen die Frage nach der **Bedeutung** des **Willens** und der subjektiven Vorstellung der Tarifvertragsparteien entschieden werden[289]. Das BAG hat hierzu geäußert, dass dem Willen der Tarifvertragsparteien Rechnung zu tragen sei. Bei der Auslegung einer Tarifnorm als Willenserklärung der Tarifvertragsparteien sei nicht an dem buchstäblichen Sinne des Ausdrucks zu haften, sondern der wirkliche Wille zu erforschen. Notfalls sei der Tarifvertrag selbst gemäß § 157 BGB nach dem Erfordernis von Treu und Glauben mit Rücksicht auf die Verkehrssitte auszulegen[290]. Allerdings besteht in Rechtsprechung und Literatur Einigkeit, dass der Wille der Tarifvertragsparteien nur Berücksichtigung finden kann, wenn er im Wortlaut seinen Niederschlag gefunden hat[291]. Eine wichtige Bedeutung können hierbei **Protokollnotizen** erlangen. Protokollnotizen sind Bestandteil des Tarifvertrags, soweit im Tarifvertrag auf sie verwiesen wird[292]. Der Richter ist dann an den Inhalt der Protokollnotiz gebunden. Ist dem Schriftformerfordernis des § 1 Abs. 2 TVG nicht genügt, so kann die Protokollnotiz auch nicht zum Zwecke einer authentischen Interpretation benutzt werden[293]. Im Übrigen kommt es für die Frage, ob eine Protokollnotiz Tarifcharakter hat, nicht entscheidend darauf an, ob die Tarifvertragsparteien den Begriff Tarifvertrag verwendet haben. Es ist vielmehr darauf abzustellen, ob in der Protokollnotiz der Wille der Tarifvertragsparteien zur Normsetzung hinreichend deutlich zum Ausdruck kommt[294]. Bei Nichterfüllung des Schriftformerfordernisses kann es sich bei der Protokollnotiz lediglich um eine Auslegungshilfe für die Ermittlung des Tarifinhaltes handeln[295], die der Richter gemäß §§ 293, 273 b Abs. 2 Nr. 1 ZPO von Amts wegen ermitteln kann[296].

---

287 BAG v. 5.10.1995 – 2 AZR 1028/94 –, NZA 1996, 539 ff.
288 Zur objektiven und subjektiven Auslegungsmethode bei Gesetzen s. *Zippelius*, Juristische Methodenlehre, 7. Aufl. 1999, S. 18 ff.
289 Eingehend hierzu *Buchner*, SAE 1987, 45 ff; BAG v. 21.8.1997 – 5 AZR 517/96 –; NZA 1998, 211.
290 BAG v. 8.2.1961 – 4 AZR 14/59 –, AP Nr. 105 zu § 1 TVG Auslegung.
291 Vgl. BAG v. 12.9.1984 – 4 AZR 336/82 –, NZA 1985, 160; v. 7.12.1989 – 6 AZR 324/88 –, NZA 1990, 491; BAG v. 5.4.2000 – 10 AZR 257/99 –, NZA 2000, 1008; *Schaub*, § 198 Rn. 22.
292 BAG v. 5.9.1995 – 3 AZR 216/95 –, NZA 1996, 261; BAG v. 4.4.2001 – 4 AZR 237/00 –, BB 2001, 1636 = RdA 2002, 244.
293 BAG v. 21.3.1973 – 4 AZR 225/72 –, AP Nr. 12 zu § 4 TVG Geltungsbereich.
294 BAG v. 24.11.1993 – 4 AZR 402/93 –, NZA 1994, 669; BAG v. 4.4.2001 – 4 AZR 237/00 –, BB 2001, 1636.
295 BAG v. 27.8.1986 – 8 AZR 397/83 –, AP Nr. 28 zu § 7 BUrlG.
296 *Wank* in *Wiedemann*, § 1 Rn. 826.

Beispiel[297]:
Die Beklagte war bei der Klägerin als Angestellte beschäftigt und erhielt im November 1996 eine Zuwendung nach dem Tarifvertrag über eine Zuwendung für Angestellte (TV-ZuwAng-O) in Höhe von 4181,31 DM brutto. An die Beklagte wurde nach Abführung von Lohnsteuer, Solidaritätsbeitrag, Kirchensteuer und Sozialversicherungsbeiträgen ein Nettobetrag von 866,70 DM ausbezahlt. Nachdem die Parteien am 3.3.1997 einen Aufhebungsvertrag zum 31.3.1997 geschlossen hatten, machte die Klägerin ihren tariflichen Anspruch auf Rückzahlung der Zuwendung in Höhe von 3 317,86 DM geltend, dessen Höhe sich aus der Bruttozuwendung abzüglich der Sozialversicherungsbeiträge errechnet. § 1 des Tarifvertrages über eine Zuwendung für Angestellte (TV-ZuwAng-O) vom 10.12.1990 lautet:
„§ 1 Anspruchsvoraussetzungen.
(1) Der Angestellte erhält in jedem Kalenderjahr eine Zuwendung, wenn er
1. am 1. Dezember im Arbeitsverhältnis steht (...)
2. seit dem 1. Oktober ununterbrochen als Angestellter (...) im öffentlichen Dienst gestanden hat oder im laufenden Kalenderjahr insgesamt sechs Monate bei demselben Arbeitgeber im Arbeitsverhältnis gestanden hat oder steht und
3. nicht in der Zeit bis einschließlich 31. März des folgenden Kalenderjahres aus seinem Verschulden oder auf eigenen Wunsch ausscheidet (...)
(5) Hat der Angestellte in den Fällen des Abs. 1 Nr. 3 (...) die Zuwendung erhalten, so hat er sie in voller Höhe zurückzuzahlen, wenn nicht eine der Voraussetzungen des Abs. 4 vorliegen.

Die Parteien stritten darüber, ob gem. § 1 Abs. 5 TV-ZuwAng-O auch die auf den zu Grunde liegenden Bruttobetrag an das Finanzamt abgeführten Steuern zurückzuzahlen seien. Dies hängt davon ab, wie der Begriff „Zuwendung in voller Höhe" auszulegen ist. Die wörtliche Auslegung half nach Ansicht des BAG hier nicht weiter, sodass der wirkliche Wille der Tarifvertragsparteien zu ermitteln war. Die Auslegung ergebe, dass auch die vom Arbeitgeber abgeführten Steuern vom Arbeitnehmer zurückzuzahlen sind, denn der Arbeitnehmer hat all das zurückzuzahlen, was er erlangt hat. Dazu gehöre alles, was ihm im steuerlichen Sinne zugeflossen ist. Dies ist die gem. § 38 Abs. 3 EStG für Rechnung des Arbeitnehmers abgeführte Lohnsteuer, denn der geschuldete Bruttobetrag unterliegt der Einkommensteuerpflicht als Einkünfte aus nichtselbstständiger Arbeit (§ 2 Abs. 1 Nr. 4, 19 f EStG), wobei Steuerschuldner der Arbeitnehmer ist (§ 38 Abs. 2 S. 1 EStG). Mit der Abführung der Lohnsteuer, zu der der Arbeitgeber kraft öffentlichen Steuerrechts verpflichtet ist, tilgt er die zivilrechtliche Lohnforderung des Arbeitnehmers (§ 362 BGB). Auch diesen Teil der Bruttozuwendung hat der Arbeitnehmer „erhalten" im tarifrechtlichen Sinne und muss ihn dem zu Folge zurückzahlen.

---

297 Nach BAG v. 5.4.2000 – 10 AZR 257/99 –, NZA 2000, 1008.

73   Ebenso wie bei der Gesetzesauslegung ist auch bei Tarifvertragsnormen deren Sinn und Zweck zu beachten (**teleologische Auslegung**). Um diesen zu ermitteln, ist gegebenenfalls auf den tariflichen Gesamtzusammenhang abzustellen[298]. Dadurch können Korrekturen von Ergebnissen möglich werden, die sich aus der reinen Wortlautinterpretation ergeben[299]. Eine tarifliche Übung kann aber an einer vom Wortlaut her eindeutigen Auslegung nichts ändern[300].

74   Ist aufgrund einer am Wortlaut und am Sinn und Zweck einer Regelung unter Einbeziehung des tariflichen Gesamtzusammenhangs orientierten Auslegung ein eindeutiges Ergebnis nicht zu erreichen, so lässt das BAG in ständiger Rechtsprechung die Heranziehung **weiterer Kriterien** wie die Entstehungsgeschichte des jeweiligen Tarifvertrages, praktische Tarifübung usw. zu, wobei keine bestimmte Reihenfolge dieser Kriterien geboten ist[301]. Auch die Praktikabilität denkbarer Auslegungsergebnisse sollte berücksichtigt werden[302].

75   Im Zweifel soll derjenigen Tarifauslegung der Vorzug gebühren, die zu einer vernünftigen, sachgerechten, zweckorientierten und praktisch brauchbaren Regelung führt[303]. Dies kann bei tarifvertraglichen Begriffen, zu deren Konkretisierung auf die allgemeine Lebensanschauung abgestellt werden muss, zu einer Änderung des ursprünglichen, von den Tarifvertragsparteien verstandenen Bedeutungsgehalts führen, wenn sich die Verkehrsanschauung ändert. Mangels anderweitiger Anhaltspunkte im Tarifvertrag ist dann davon auszugehen, dass sich die Tarifvertragsparteien den wandelnden Verhältnissen anschließen wollen[304].

Bei der Auslegung von Tarifnormen ist im Zweifel davon auszugehen, dass die Tarifvertragsparteien Regelungen treffen wollten, die nicht wegen Unvereinbarkeit mit zwingendem höherrangigem Recht unwirksam sind[305]. Dies gilt auch, wenn sich die Unvereinbarkeit einer von verschiedenen möglichen Auslegungen einer Tarifnorm mit zwingendem höherrangigem Recht nur aus einer von der Rechtsprechung vorgenommenen, aber umstrittenen Auslegung dieses Rechts ergibt[306]. Nur ausnahmsweise kann in einem solchen Fall von der nach

---

298   BAG v. 26.4.1966 – 1 AZR 242/65 und v. 12.9.1984 – 4 AZR 336/82 –, AP Nr. 117 und 135 zu § 1 TVG Auslegung; BAG v. 22.9.1999 – 10 AZR 839/98 –, NZA 2000, 551; *Kohte*, AuR 1996, 124.

299   BAG v. 7.12.1989 – 6 AZR 324/88 –, NZA 1990, 490, 491.

300   BAG v. 11.10.1967 – 4 AZR 451/66 –, BAG AP Nr. 5 zu § 1 TVG Tarifverträge: Rundfunk; *Schaub*, § 198 Rn. 22.

301   BAG v. 12.9.1984 – 4 AZR 336/82 –, NZA 1985, 160; v. 24.11.1988 – 6 AZR 243/87 –, NZA 1989, 351; BAG v. 16.5.1995 – 3 AZR 395/94 –, NZA 1996, 548; BAG v. 24.4.1996 – 5 AZR 798/94 –, NZA 1997, 213.

302   BAG v. 7.12.1989 – 6 AZR 324/88 –, NZA 1990, 491. Zum Merkmal der Praktikabilität vgl. *Wank* in *Wiedemann*, § 1 Rn. 770; BAG v. 14.6.1995 – 4 AZR 915/93 –, NZA 1996, 43.

303   BAG v. 7.12.1989 – 6 AZR 324/88 –, NZA 1990, 491; kritisch: *Schaub*, § 198 Rn. 35.

304   BAG v. 27.4.1988 – 4 AZR 707/87 –, DB 1988, 1657.

305   BAG v. 21.7.1993 – 4 AZR 468/92 –, NZA 1994, 181.

306   Konkret ging es in der Entscheidung um die Wirksamkeit von Effektivklauseln, s. dazu unten Rn. 224.

der Rechtsprechung dem höherrangigem Recht widersprechenden Auslegung der Tarifnorm auszugehen sein, wenn im Tarifvertrag deutlich der Wille der Tarifvertragsparteien zum Ausdruck kommt, durch diese Tarifnorm die Rechtsprechung zur Überprüfung ihres Standpunktes zu veranlassen.

Redaktionsversehen können dann zu einer vom Tarifwortlaut abweichenden **76** Auslegung des Tarifvertrages führen, wenn die Tarifnorm nach dem tariflichen Gesamtzusammenhang unklar ist[307].

Beispiel[308]:
In der streitigen Entscheidung ging es primär um die Frage, wie die Gebiets-verkaufstrainer und Gebietsverkaufsförderer einzugruppieren waren. Ur-sprünglich war auf die Arbeitsverhältnisse der Haustarifvertrag (MTV) in der seit 1. Januar 1997 gültigen Fassung anwendbar, wonach diese Arbeit-nehmergruppen in Tarifgruppe (TG) 9 einzugruppieren waren. Neben dem Grundgehalt hatten die Gebietsverkaufstrainer laut Tarifvereinbarung vom 21. Dezember 1994 Anspruch auf eine sog. Seminarprämie. Am 29. Juni 2000 wurde eine neue Tarifvereinbarung abgeschlossen, wonach nach Ziffer 2 die-ser Vereinbarung über eine Vergütungsregelung für Gebietsverkaufstrainer und Gebietsverkaufsförderer diese in Tarifgruppe (TG) 8 einzugruppieren waren. Gleichzeitig vereinbarten die Tarifvertragsparteien eine Besitzstands-wahrung im Zusammenhang mit der neuen Vergütungsregelung:
„Für die am 30. Juni 2000 in einem Beschäftigungsverhältnis stehenden Gebietsverkaufstrainer und Gebietsverkaufsförderer gelten die bisherigen Regelungen zur variablen Vergütung bis zum 31. Dezember 2000 fort. Gebietsverkaufstrainer und Gebietsverkaufsförderer, die am 30. Juni 2000 in Tarifgruppe 9 eingruppiert sind, werden ab 1. Juni 2000 in Tarifgruppe 8 ein-gruppiert. Über das entsprechende Tarifgehalt erhalten sie eine versorgungs-fähige Ausgleichszulage, die sich bei künftigen Tariferhöhungen wie folgt aufzehrt: (...)"
In der Schlussbestimmung dieser Tarifvereinbarung heißt es schließlich u. a.:
„Sie ersetzt die Tarifvereinbarung über eine Vergütungsregelung für Gebiets-verkaufstrainer, (...), Gebietsverkaufsförderer der BHW Bausparkassen vom 21. Dezember 1994 in der Fassung der Tarifvereinbarung vom 17. November 1998 (...)"
Streitig war, ob die Gebietsverkaufstrainer und Gebietsverkaufsförderer in TG 8 oder in TG 9 einzugruppieren waren. Nach Auffassung des Gerichts war TG 8 maßgeblich. Denn es konnte sich nur um ein Redaktionsversehen der Tarif-vertragsparteien handeln, dass diese nicht gleichzeitig mit der Tarifvereinba-rung vom 29. Juni 2000 die Tätigkeitsbeispiele „Gebietsverkaufsförderer"

---

307 Vgl. BAG v. 31.10.1990 – 4 AZR 114/90 –, AP Nr. 11 zu § 1 TVG Tarifverträge: Presse; BAG v. 6.8.1998 – 6 AZR 166/97 –, NZA 1999, 600.
308 Nach LAG Hamburg v. 13.6.2001 – 8 TaBV 3/01 –, Bibliothek BAG (LT 1-4).

und „Gebietsverkaufstrainer" in § 6 Ziffer 1 Tarifgruppe 9 MTV gestrichen hatten. Dieses Unterlassen sei jedoch unschädlich, da die Tarifvereinbarung vom 29. Juni 2000 eindeutig eine Umgruppierung in TG 8 ergibt. (Eine reine Wortlautinterpretation hätte demgegenüber zur Annahme einer Eingruppierung in TG 9 geführt!).

77   Strittig ist, ob bei einem Tarifvertrag, der mehrere Auslegungen zulässt, im Zweifel die für die Arbeitnehmerseite günstigere Auslegung Vorrang haben soll[309].

Andere Tarifverträge können nicht zur Auslegung herangezogen werden, selbst wenn sie von denselben Tarifvertragsparteien abgeschlossen worden sind und vergleichbare Regelungen enthalten. Dies gilt erst recht für die Regelungswerke verschiedener Tarifvertragsparteien[310].

b) *Tariflücken*

78   Ähnlich wie bei der Gesetzesauslegung[311] wird im Tarifrecht zwischen **offenen** (bewussten) und **verdeckten** (unbewussten) **Tariflücken** unterschieden[312].

79   Bei bewussten Lücken, wenn also die Tarifvertragsparteien bewusst eine regelungsbedürftige Frage offenlassen (typischer Fall: die Tarifvertragsparteien haben sich nicht einigen können), ist eine Lückenausfüllung nicht möglich[313].

80   Bei unbewussten Lücken wird jedoch ein Schließen der Lücke im Wege der Rechtsfortbildung von der h.M. grundsätzlich als zulässig angesehen[314]. Die bewusste Nichtregelung ist noch nicht als Lücke anzusehen. Vielmehr ist in Anlehnung an die Grundsätze der Lückenfüllung bei der Gesetzesauslegung eine Rechtsfortbildung nur bei Lücken im Sinne einer planwidrigen Unvollständigkeit zulässig[315]. Anders als bei den Grundsätzen der Gesetzesauslegung hat das BAG aber zur Sicherung der Tarifautonomie und zur Vermeidung einer versteckten Inhaltskontrolle[316] zu einer weitergehenden Zurückhaltung gemahnt, indem es sagt[317]: „Jedoch besteht ein wesentlicher Unterschied zwischen der Feststellung gesetzlicher und tariflicher Regelungslücken: Während die staatli-

---

309 Vgl. zur Problematik *Wank* in *Wiedemann*, § 1 Rn. 780; *Kempen/Zachert*, Grundlagen, Rn. 320. In der Tendenz bejahend BAG v. 17.9.1957 – 1 AZR 312/56 –, AP Nr. 4 zu § 1 TVG Auslegung, a. A. LAG Hamm v. 26.6.1991 – 2 Sa 277/91 –, DB 1992, 848.

310 BAG v. 16.5.1995 – 3 AZR 627/94 –, NZA 1996, 153.

311 Vgl. dazu *Larenz*, Methodenlehre der Rechtswissenschaft, 6. Aufl. 1991, S. 370 ff.

312 Zum Meinungsstand *Kempen/Zachert*, Grundlagen, Rn. 332 f.

313 Einhellige Meinung, vgl. *Wank* in *Wiedemann*, § 1 Rn. 815.

314 Vgl. BAG v. 6.2.1957 – 4 AZR 142/55 –, BAGE 4, 17 st. Rspr; *Schaub*, § 198 Rn 42. Grundsätzlich ablehnend *Kempen/Zachert*, Grundlagen, Rn. 334, die darin einen unzulässigen Eingriff in die Tarifautonomie des Art. 9 Abs. 3 GG sehen.

315 Der Begriff der planwidrigen Unvollständigkeit geht zurück auf Elze, vgl. dazu *Larenz*, Methodenlehre der Rechtswissenschaft, S. 373.

316 Vgl. dazu *Schaub*, § 198 Rn. 42.

317 BAG v. 13.6.1973 – 4 AZR 445/72 –, AP Nr. 123 zu § 1 TVG Auslegung.

che Rechtsordnung als umfassend zu denken ist, der Richter also zu jeder auftretenden Rechtsfrage irgendeine Antwort zu finden hat, treten Tarifverträge von
vornherein nicht mit dem Anspruch auf, die Arbeitsbedingungen vollständig
und lückenlos zu regeln. Vielmehr bleiben zahlreiche Fragen bewusst oder auch
unbewusst der Regelung durch andere Gestaltungsmittel überlassen. Würde der
Richter solche tarifpolitischen Lücken schließen, erweiterte er den Bereich der
autonomen Rechtsetzung. Das ist ihm nicht gestattet".

Das BAG hat diesen Grundsatz im Bereich von Eingruppierungsstreitigkeiten
dahingehend umgesetzt, dass bei Fehlen einer passenden Lohn- oder Vergü-
tungsgruppe für eine bestimmte Tätigkeit eine Lückenausfüllung nur dann in
Betracht kommt, wenn dem jeweiligen Tarifvertrag der Wille der Tarifvertragsparteien zu entnehmen ist, für den angegebenen Geltungsbereich eine abschließende Regelung zu schaffen[318].

Ist eine ausfüllungsbedürftige und -fähige Lücke vorhanden, so muss die
Lückenfüllung ausgehend davon erfolgen, was die Tarifvertragsparteien unter
Berücksichtigung von Treu und Glauben sowie unter objektiver Einschätzung
der wirtschaftlichen und sozialen Zusammenhänge bei Vertragsschluss vereinbart hätten, wenn sie an den nichtgeregelten Fall gedacht hätten[319].

Beispiel[320]:
*Der Kläger war als Erzieher bei der Stadt B in einem Heim für schwererzieh-
bare Knaben und Lehrlinge beschäftigt. Eingestuft war der Kläger in Ver-
gütungsgruppe VII TO.A des auf das Arbeitsverhältnis anzuwendenden Tarifvertrages. Er war der Ansicht, dass ihm nach seiner Tätigkeit die Vergütungs-
gruppe VI b zustehe. Problematisch war, dass die Tätigkeit des Klägers in den
Vergütungsgruppen nicht aufgeführt war. Nach Ansicht des BAG[321] liegt hier
eine Regelungslücke vor, die im Wege einer sinngemäßen Lückenausfüllung zu
schließen ist. Dementsprechend müsse die Einstufung des Klägers danach vorgenommen werden, wie im Tarifgefüge der TO.A solche Tätigkeiten bewertet
sind, die der vom Kläger ausgeübten Erziehertätigkeit artverwandt und deshalb
vergleichbar sind. Dies führte im zu entscheidenden Fall jedoch zu keiner eindeutigen Eingruppierung, da die Tätigkeiten nicht mit der Erziehertätigkeit vergleichbar waren. Das BAG prüfte deshalb, ob eine Eingruppierung nach anderen Regelungswerken außerhalb des einschlägigen Tarifvertrages, wie etwa im
konkreten Fall nach der Dienstordnung in Betracht kam. Das BAG bejahte die*

---

318 BAG v. 13.6.1973 – 4 AZR 445/72 –, AP Nr. 123 zu § 1 TVG Auslegung.
319 Vgl. BAG v. 13.7.1956 – 1 AZR 492/54 –, AP Nr. 15 zu § 242 Ruhegeld; BAG v. 9.12.1998 –
     10 AZR 207/98 –, NZA 1999, 999; BAG v. 5.10.1999 – 3 AZR 230/98 –, NZA 2000, 839;
     ErfK/*Schaub*, § 1 TVG, Rn. 23.
320 Nach BAG v. 6.2. 1957 – 4 AZR 142/55 –, BAGE 4, 17 ff.
321 BAG v. 6.2. 1957 – 4 AZR 142/55 –, BAGE 4, 17, 18.

Möglichkeit der Lückenfüllung auf diese Weise, jedenfalls für den Fall, dass dort ähnliche Sachverhalte geregelt sind, und das einzugruppierende Arbeitsverhältnis in den räumlichen Geltungsbereich fällt.

81   Die Anwendung der Regeln über den **Dissens** lehnt das BAG ab. Bei einem Tarifvertrag, in dem für eine Eingruppierung der Begriff „einschlägige Lehrabschlussprüfung" umstritten war, war unklar, ob zwischen den Tarifvertragsparteien wirklich Einvernehmen erzielt worden war oder die Tarifvertragsparteien eine klare Regelung gescheut haben, d.h. eine Regelung getroffen haben, über deren Inhalt unterschiedliche Vorstellungen schon bei Tarifabschluss bestanden haben. Hierzu betont das BAG[322]: „Im allgemeinen bürgerlichen Rechtsverkehr könnte bei dieser Sachlage je nach den Umständen ein offener oder versteckter Dissens im Sinne von §§ 154, 155 vorliegen. Zwar mag ein derartiger Dissens wie ein sonstiger Willensmangel beim Abschluss eines Tarifvertrages die Tarifvertragsparteien zur vorzeitigen Beendigung des Tarifvertrags berechtigen. An der tariflichen Wirksamkeit einer gültig zustandegekommenen Tarifnorm vermag er jedoch wegen ihres Normencharakters nichts zu ändern[323].

c)   *Verfahrensrechtliches (§ 9 TVG)*

82   Üblicherweise werden Fragen der Auslegung eines Tarifvertrages im Wege der **Inzidentkontrolle** von den Arbeitsgerichten behandelt, typischerweise in Verfahren zwischen Arbeitnehmern und Arbeitgebern. Die Arbeitsgerichte sind nicht von Amts wegen zur Ermittlung und Nachprüfung darüber verpflichtet, ob ein zur Beurteilung anstehendes Arbeitsverhältnis tariflich geregelt ist, da es sich bei Tarifnormen nicht um staatliches Gesetzesrecht, sondern um autonomes Recht handelt. Ergibt sich aber aus dem Parteivortrag, dass tarifliche Normen für die Entscheidung erheblich sein können, so haben die Arbeitsgerichte den Inhalt dieser Rechtsnormen nach den Grundsätzen des § 293 ZPO zu ermitteln[324].

83   Daneben eröffnet aber § 9 TVG eine wichtige prozessuale Möglichkeit, Tarifvertragsstreitigkeiten in einem Verfahren zwischen den Tarifvertragsparteien klären zu lassen (**sog. Verbandsklage**[325]). § 9 TVG erfüllt zweierlei Funktionen[326]. Grundsätzlich muss für die allein in Betracht kommenden Feststellungsklagen[327] das Feststellungsinteresse gemäß § 256 ZPO gegeben sein[328]. § 9

---

322 BAG v. 9.3.1983 – 4 AZR 61/80 –, AP Nr. 128 zu § 1 TVG Auslegung. Ähnlich *Schaub*, NZA 1994, 602.
323 Ebenso *Schaub*, § 198 Rn. 44.
324 BAG v. 29.3.1957 – 1 AZR 208/55 –, AP Nr. 4 zu § 4 TVG Tarifkonkurrenz.
325 Zum rechtshistorischen Hintergrund der Vorschrift vgl. *Oetker* in *Wiedemann*, § 9 Rn. 1.
326 Eingehend zu § 9 TVG *Rieble*, NZA 92, 250 ff.
327 *Oetker* in *Wiedemann*, § 9 Rn. 3.
328 Vgl. BAG v. 28.9.1977 – 4 AZR 446/76 und v. 30.5.1984 – 4 AZR 512/81 –, AP Nr. 1 und 3 zu § 9 TVG 1969.

TVG dispensiert von den tatbestandlichen Voraussetzungen einer Feststellungsklage nach § 256 ZPO nur insoweit, als das nach dieser Vorschrift geforderte
konkrete Rechtsverhältnis im Streit zwischen Tarifvertragsparteien entbehrlich
ist[329]. Allerdings darf auch das Verfahren nach § 9 TVG nicht dazu benutzt werden, bloß abstrakte Fragen zur Entscheidung zu bringen. Vielmehr wird man
fordern müssen, dass Gültigkeit oder Inhalt des Tarifvertrags so umstritten sind,
dass das Verfahren im Hinblick auf Rechtssicherheit und Rechtsklarheit bei der
Anwendung des Tarifvertrags dies angebracht erscheinen lassen[330]. Anderweitig
anhängige Individualprozesse sowie die Möglichkeit der Führung von Muster-
prozessen, in denen die fragliche Tarifnorm streitig ist, stehen der Verbandsklage nach § 9 TVG nicht entgegen[331].

Die zweite Funktion des § 9 TVG besteht in der Anordnung einer **erweiter-
ten Rechtskraftwirkung**[332]. Die Rechtskraft eines Urteils wirkt gemäß § 325
ZPO grundsätzlich nur für und gegen die beteiligten Parteien und die in dieser
Vorschrift bezeichneten Rechtsnachfolger. § 9 TVG erstreckt diese Rechtskraft-
wirkung über die prozessierenden Tarifvertragsparteien hinaus auf Rechtsstrei-
tigkeiten zwischen tarifgebundenen Parteien sowie zwischen diesen und Dritten.
Die Bindung an die Rechtskraft ist nicht nur von Gerichten, sondern auch von
Schiedsgerichten und Schiedsgutachterstellen zu respektieren. Ein Teil des
Schrifttums will die Rechtskraftwirkung über den Wortlaut des § 9 TVG hinaus
auch auf Rechtsstreitigkeiten zwischen Außenseitern ausdehnen[333].

4. Der Geltungsbereich von Tarifverträgen

Im Gegensatz zur Frage der Tarifzuständigkeit[334] entscheidet der Geltungsbe- **84**
reich des Tarifvertrages[335] über die Anwendung eines Tarifvertrages auf das konkrete Arbeitsverhältnis. Die normative Wirkung eines Tarifvertrages erstreckt
sich grundsätzlich nur auf diejenigen Arbeitsverhältnisse, die unter den räumlichen, fachlich-betrieblichen, persönlichen und zeitlichen Geltungsbereich
eines Tarifvertrages fallen.

---

329 *Rieble*, NZA 92, 253.
330 So zu Recht *Rieble*, NZA 92, 253.
331 BAG v. 30.5.1984 – 4 AZR 512/81 –, AP Nr. 3 zu § 9 TVG; v. 25.9.1987 – 7 AZR 315/86 –,
    AP Nr. 1 zu § 1 BeschFG. Für den Individualprozess ist die Prüfung der Aussetzung gem.
    § 148 ZPO angebracht (*Wiedemann*, Anm. zu AP Nr. 3 zu § 9 TVG 1969).
332 Vgl. dazu *Oetker* in Wiedemann, § 9 Rn. 9.
333 Vgl. *Oetker* in Wiedemann, § 9 Rn. 39; *Kempen/Zachert*, § 9 Rn. 6; *Rieble*, NZA 92, 256.
334 S. dazu oben III 2.
335 Ausführlich dazu *Buchner*, AR-Blattei SD, Tarifvertrag IV, Geltungsbereich.

IV.   Der Inhalt von Tarifverträgen

a)   *Räumlicher Geltungsbereich*

85   Der räumliche Geltungsbereich betrifft die geographisch-gebietsmäßige Geltung eines Tarifvertrages (z. B. Geltung des Tarifvertrages in der gesamten Bundesrepublik Deutschland, in einem bestimmten Bundesland oder einem Teilgebiet eines Bundeslandes).

Beispiel[336]:
§ 1 Geltungsbereich:
„ 1. Der Tarifvertrag gilt:
räumlich für das Gebiet des Landes Nordrhein-Westfalen. (...) "

Vom räumlichen Geltungsbereich eines Tarifvertrages werden alle Unternehmen/Arbeitgeber erfasst, deren Betriebsstätten (einschließlich der Hilfs- und Nebenbetriebe) in dem vom Tarifvertrag bezeichneten Gebiet ihren Sitz haben[337]. Ob das jeweilige Arbeitsverhältnis unter den Tarifvertrag fällt, entscheidet sich nach dem Erfüllungsort, der regelmäßig mit dem Sitz des Betriebes identisch ist[338].

86   Bei vorübergehender Tätigkeit des Arbeitnehmers außerhalb des räumlichen Geltungsbereichs des Tarifvertrages kann der Tarifvertrag entscheiden, wie zu verfahren ist[339]. Fehlt eine tarifvertragliche Regelung, bleibt die tarifrechtliche Zugehörigkeit zum entsendenden Betrieb bestehen[340]. Bei nicht nur vorübergehender Entsendung außerhalb des Betriebssitzes ist jedoch der Tarifvertrag der neuen Arbeitsstätte einschlägig[341].

87   Ein Sonderproblem hat sich im Gefolge der deutschen Einigung ergeben. Nicht selten arbeiten Deutsche aus dem Beitrittsgebiet vorübergehend oder auf Dauer in einem alten Bundesland, s. dazu unten Rn. 274.

88   Beim Firmentarifvertrag erstreckt sich – soweit nichts anderes geregelt ist – der räumliche Geltungsbereich auf alle Betriebe des Unternehmens, die innerhalb der räumlichen Tarifzuständigkeit des Verbandes liegen[342].

89   Wird das Arbeitsverhältnis aus dem räumlichen Geltungsbereich des Tarifvertrages verlegt, endet die unmittelbare und zwingende Wirkung des Tarifvertrages, dieser entfaltet nur noch Nachwirkung (§ 4 Abs. 5 TVG)[343]. Das gleiche gilt bei Verlegung der Betriebsstätte außerhalb des räumlichen Geltungsbereichs[344].

---

336 Manteltarifvertrag Lokalfunk NRW vom 1. Januar 1997.
337 So auch *Stein*, Rn. 108.
338 BAG v. 3.12.1985 – 4 AZR 325/84 –, AP Nr. 5 zu § 1 TVG Tarifverträge: Großhandel; *Schaub*, § 203 Rn 22.
339 Vgl. *Buchner*, AR-Blattei SD, Tarifvertrag IV, Geltungsbereich, Rn. 69.
340 Vgl. LAG Hamm v. 6.2.1970 – 6 Sa 299/69 –, BB 1970, 753.
341 BAG v. 3.12.1985 – 4 AZR 325/84 –, AP Nr. 5 zu § 1 TVG Tarifverträge: Großhandel.
342 *Schaub*, § 203 Rn. 22.
343 *Schaub*, § 203 Rn. 30.
344 *Wank* in *Wiedemann*, § 4 Rn. 133; *Däubler*, Rn. 264, der § 3 Abs. 3 TVG entsprechend anwendet.

b) *Fachlich-betrieblicher Geltungsbereich*

Die fachliche Abgrenzung von Tarifverträgen ist vor dem Hintergrund der **90** industrieverbandlichen Organisierung von Gewerkschaften und Arbeitgeberverbänden zu sehen. Die Tarifparteien können im Rahmen ihrer Tarifzuständigkeit[345] entscheiden, welchen Geltungsbereich sie dem Tarifvertrag zukommen lassen wollen[346].

Beispiel[347]:

„2. fachlich für alle privaten Kreditinstitute oder Dienstleistungsunternehmen, die Leistungen auf dem Gebiet des Geld- und Kreditwesens oder bestimmungsgemäß für Kreditinstitute erbringen, für die in der Anlage aufgeführten öffentlichen Banken und sonstigen Einrichtungen.“

Ist der fachliche Geltungsbereich nicht eindeutig bestimmt, muss er im Wege der Auslegung ermittelt werden[348].

Als Kriterien hierfür wurden vom BAG die Art der Produktion im Betrieb **91** sowie der überwiegende Betriebszweck[349], aber auch das Gepräge der Tätigkeit im Betrieb[350] herangezogen. Werden die von den Tarifvertragsparteien verwendeten Begriffe nicht definiert, ist davon auszugehen, dass sie den Begriff nicht in einem Sinne gebraucht haben, der vom allgemeinen Sprachgebrauch und dem der beteiligten Kreise abweicht.[351]

Bei Mischbetrieben, also bei Betrieben, in denen unterschiedliche Betriebszwecke verfolgt werden, kommt es für die Tarifgeltung entscheidend darauf an, mit welchen Tätigkeiten die Arbeitnehmer des betreffenden Betriebes überwiegend beschäftigt werden, während wirtschaftliche Gesichtspunkte wie Umsatz und Verdienst, aber auch handels- und gewerberechtliche Kriterien wie Handelsregistereintragung, Firmierung, Gewerbeanmeldung und Registrierung bei der Industrie- und Handelskammer oder Handwerkskammer grundsätzlich

---

345 Falls diese überschritten ist, ist Nichtigkeit die Rechtsfolge, vgl. oben III 2.

346 *Wank* in *Wiedemann*, § 4 Rn. 107; zum branchenfremden TV vgl. *v. Hoyningen-Huene*, NZA 1996, 617 ff.

347 § 1 des Manteltarifvertrages für das private Bankgewerbe (Stand: Mai 2001).

348 BAG v. 3.2.1965 – 4 AZR 461/63 –, AP Nr. 11 zu § 4 TVG Geltungsbereich; BAG v. 14.9.1994 – 4 AZR 761/93 –, NZA 1994, 537 = DB 1996, 332.

349 BAG v. 17.2.1971 – 4 AZR 62/70 u. v. 27.11.1963 – 4 AZR 486/62 –, AP Nr. 3 und 8 zu § 1 TVG Tarifverträge: Bau; BAG v. 17.1.1996 – 10 AZR 138/95 –, DB 1996, 1346.

350 BAG v. 14.4.1971 – 4 AZR 201/70 –, AP Nr. 10 zu § 1 TVG Tarifverträge: Bau; LAG Brandenburg v. 19.1.1995 – 6 Sa 438/94 –, NZA-RR 1996, 178.

351 BAG v. 24.8.1999 – 9 AZR 529/97 –, NZA 2000, 724.

unmaßgeblich sind[352]. Die überwiegende Beschäftigung ist anhand der überwiegenden Arbeitszeit der Arbeitnehmer in einem Kalenderjahr zu bestimmen[353].

Inwieweit branchenfremde Nebenbetriebe vom Geltungsbereich des Tarifvertrages des Hauptbetriebes erfasst werden, ist durch Auslegung dieses Tarifvertrages zu ermitteln. Denn der für den Hauptbetrieb maßgebliche Tarifvertrag erfasst nicht ohne weiteres auch fachfremde Nebenbetriebe[354].

c) Persönlicher Geltungsbereich

92 Der persönliche Geltungsbereich meint die gruppenmäßige Erfassung von Arbeitsverhältnissen. Differenzierungskriterien können etwa solche zwischen Arbeitern und Angestellten oder zwischen diesen und Auszubildenden sein. Heimarbeiter fallen unter den persönlichen Geltungsbereich eines Tarifvertrages nur, wenn es besonders bestimmt ist[355].

Beispiel[356]:
„(...) persönlich für alle hauptberuflich fest angestellten Mitarbeiter.
2. Der Tarifvertrag findet keine Anwendung auf:
a) Vorstandsmitglieder, Geschäftsführer, Prokuristen, Generalbevollmächtigte und andere leitende Angestellte gemäß § 5 Abs. 3 BetrVG,
b) Mitarbeiter, die lediglich auf Produktionsdauer beschäftigt sind,
c) Angestellte mit einem Aufgabengebiet, das höhere Anforderungen stellt als die höchste tarifliche Beschäftigungsgruppe,
d) Arbeitnehmer, die zur Vertretung oder als Aushilfen beschäftigt werden, sofern die ununterbrochene Beschäftigung zwei Monate nicht überschreitet,
e) Aushilfen (Schüler und Studenten) auch wenn die ununterbrochene Beschäftigung zwei Monate überschreitet, (...).“

d) Zeitlicher Geltungsbereich

93 In der Regel deckt sich der zeitliche Geltungsbereich mit der Dauer des Tarifvertrages. Doch können in einem Tarifvertrag andere zeitliche Maßgaben erfolgen[357].

---

352 BAG v. 25.11.1987 – 4 AZR 361/87 –, NZA 1988, 317, 318; v. 25.2.1987 – 4 AZR 240/86 –, NZA 1988, 34; BAG v. 24.8.1994 – 10 AZR 980/93 –, DB 1995, 829.
353 BAG v. 22.4.1987 – 4 AZR 496/86 –, NZA 1988, 34; v. 25.11.1987 – 4 AZR 361/87 –, NZA 1988, 317, 318.
354 BAG v. 3.2.1965 – 4 AZR 461/63 –, AP Nr. 11 zu § 4 TVG Geltungsbereich.
355 Vgl. BAG v. 19.6.1957 – 2 AZR 84/55 –, AP Nr. 12 zu § 242 BGB Gleichbehandlung.
356 § 1 Nr. 1 a.E., Nr. 2 des Manteltarifvertrages Lokalfunk NRW vom 1. Januar 1997.
357 Vgl. dazu *Kempen/Zachert*, § 4 Rn. 41 ff.

Beispiel[358]:
„§ 37 In-Kraft-Treten und Laufdauer
Dieser Tarifvertrag tritt am 1. Januar 1987 in Kraft. Er kann mit einer Frist
von sechs Monaten jeweils zum 30. Juni, erstmals zum 30. Juni 1989 gekün-
digt werden."

Die größten Probleme bereiten Fälle der **Rückwirkung**. Ob ein Tarifvertrag **94**
sich auch auf Tatbestände erstreckt, die in der Vergangenheit liegen, ist durch
Auslegung der tariflichen Regelung zu ermitteln, s. dazu folgendes Beispiel:

Beispiel[359]:
In § 4 Abs. 5 des Änderungstarifvertrags über den Vorruhestand im Bauge-
werbe (ÄndTV), der am 1.1.1986 in Kraft trat, hieß es:
„In den letzten 3 Monaten vor dem beantragten Vorruhestandsbeginn und
während der Zeit, um die der Beginn hinausgeschoben wird, kann das
Arbeitsverhältnis vom Arbeitgeber nur aus wichtigem Grund gekündigt wer-
den."
Dem Kläger, der am 9.11.1985 schriftlich die Gewährung von Vorruhestand
ab dem 1.3.1986 beantragte, wurde im Laufe des Dezembers 1985 ordentlich
zum Jahreswechsel gekündigt. Das Gericht versagte dem Kläger einen
Anspruch auf Zahlung von Vorruhestandsgeld, weil das Arbeitsverhältnis
wirksam gekündigt wurde, und führte dazu aus:
„Der Wortlaut des § 4 Abs. 5 ÄndTV liefert ebenso wenig wie die Systematik
dieser zusätzlichen Regelung einen Anhaltspunkt dafür, dass die neu einge-
führte Kündigungsbeschränkung auch für Kündigungen wirken sollte, die vor
dem 1.1.1986 ausgesprochen worden sind, und zwar auch dann nicht, wenn
der Kündigungstermin nach dem In-Kraft-Treten der Neuregelung liegt. Die
Formulierung, das Arbeitsverhältnis könne nur unter bestimmten Vorausset-
zungen „vom Arbeitgeber ... gekündigt werden" deutet eher auf den künftigen
Ausspruch einer Kündigung hin."[360]

Im Interesse der Rechtssicherheit und der Rechtsklarheit ist für diese Art der
Rückwirkung eine klare und unmissverständliche Vereinbarung erforderlich[361],
denn Tarifnormen gelten ebenso wie Gesetze grundsätzlich nur für die
Zukunft[362].

---

358 Nach dem Tarifvertrag über die Berufsbildung im Baugewerbe (BBTV) vom 29. Januar 1987.
359 Nach BAG v. 21.7.1988 – 2 AZR 527/87 –, AP Nr. 10 zu § 1 TVG Rückwirkung.
360 BAG v. 21.7.1988 – 2 AZR 527/87 –, AP Nr. 10 zu § 1 TVG Rückwirkung.
361 BAG v. 5.3.1957 – 1 AZR 420/56 –, AP Nr. 1 zu § 1 TVG Rückwirkung; *Kempen/Zachert*, § 4
    Rn. 33.
362 BAG v. 1.12.1977 – 2 AZR 429/76 –, DB 1978, 701.

Beachte: Eine Rückwirkung hätten die Tarifvertragsparteien dadurch errei-chen können, wenn sie in die Klausel explizit aufgenommen hätten, dass die Kündigungsbeschränkung für alle Kündigungen gilt, durch die das Arbeits-verhältnis nach dem 1.1. 1986 beendet wird.[363] Es empfiehlt sich für die Pra-xis, dem Problem der Rückwirkung durch klare Regelungen in den Tarifver-trägen Rechnung zu tragen.

Von der Frage, ob tatsächlich Rückwirkung gewollt ist, ist die Frage der Zulässigkeit der Rückwirkung zu unterscheiden. Ähnlich wie Gesetze[364] können auch Tarifverträge nur in beschränktem Umfang ihre rückwirkende Geltung vor-sehen[365]. Einer uneingeschränkten Rückwirkung steht das Rechtsstaatsprinzip, die Rechtssicherheit und der Grundsatz des **Vertrauensschutzes** entgegen[366].

Eine rückwirkende Verschlechterung wird demnach grundsätzlich nicht in Frage kommen. In Anlehnung an die vom BVerfG zur Rückwirkung von Geset-zen entwickelte Rechtsprechung werden Ausnahmen nur zugelassen, wenn (1) der Betroffene im Zeitpunkt des In-Kraft-Tretens der Norm mit einer Regelung rechnen musste[367], (2) das geltende Recht unklar war, (3) aus sonstigen Gründen für den Betreffenden kein Rechtsschein bezüglich der Gültigkeit der Norm erzeugt war und schließlich (4) zwingende Gründe des Gemeinwohls dem Gebot der Rechtssicherheit ausnahmsweise vorgehen.[368]

Ein neuer Tarifvertrag darf grundsätzlich nicht in die Laufzeit des alten zurückwirken, da die für den Arbeitnehmer und Arbeitgeber gleichzeitig gege-bene Sicherheit und Kalkulationsbasis zerstört würde. Eine Rückwirkung kommt daher nur ab dem Zeitpunkt des Ablaufens des früheren Tarifvertrages in Betracht, weil in diesem Zeitpunkt kein Vertrauensschutz mehr bestand[369].

Eine Rückwirkung kann sich auch deshalb verbieten, weil das rückwirkend gebotene nachträglich nicht durchführbar oder vollziehbar ist[370]. Aus diesem Gesichtspunkt heraus, aber auch im Hinblick auf die Systematik des Kündi-gungsrechts, ist eine rückwirkende Anwendung von Kündigungsbeschränkun-gen nicht möglich[371].

Bei der Rückwirkung ist schließlich auf die verfassungsrechtlichen Grenzen des Eingriffs in sog. wohlerworbene Rechte zu achten[372].

---

363 BAG v. 21.7.1988 – 2 AZR 527/87 –, AP Nr. 10 zu § 1 TVG Rückwirkung.
364 Vgl. zur Rspr. des BVerfG zur Rückwirkung von Gesetzen *Jarass/Pieroth*, Grundgesetz; Art. 20 Rn. 67 ff.
365 Vgl. *Söllner*, § 17 III 1 u. 2; *Wank* in *Wiedemann*, § 4 Rn. 238.
366 Vgl. BAG v. 3.11.1982 – 4 AZR 1255/79 –, DB 1983, 722.
367 Zur Formulierung der nachstehenden Ausnahmen und Belegen aus der verfassungsgericht-lichen Rspr. *Wank* in *Wiedemann*, § 4 Rn. 244.
368 *Schaub*, § 199, Rn. 33.
369 *Söllner*, § 17 III 1, S. 151.
370 *Wank* in *Wiedemann*, § 4 Rn. 246.
371 Vgl. BAG v. 21.7.1988 – 2 AZR 527/87 –, NZA 89, 599, 560.
372 Siehe dazu unten Rn. 154.

Beachte: Bestehen Zweifel über die Wirksamkeit einer rückwirkenden Regelung, ist es ratsam, eine entsprechende Klausel in den Tarifvertrag aufzunehmen, vgl. dazu folgende Regelung[373]:
„Die Tarifvertragsparteien gehen davon aus, dass der rückwirkende Wechsel vom Gesamtversorgungssystem in ein Punktemodell zum 1.1.2001 verfassungsrechtlich zulässig ist. Dies gilt auch für den Transfer der am 31.12.2000 bestehenden Anwartschaften. (...) Sollte ein Bundesgericht abschließend feststellen, dass Arbeitnehmer oder Versorgungsempfänger (...) im neuen System im Hinblick auf den Beschluss des Bundesverfassungsgerichts vom 22.02.2000 (1 BvR 1136/96) höhere als die überführten Ansprüche zustehen, werden den Berechtigten diese Ansprüche auch dann rückwirkend erfüllt, wenn sie sie nicht vor der neuen Entscheidung geltend gemacht haben."

Zur Geltung der Rückwirkung von Tarifverträgen für ausgeschiedene Arbeitnehmer und zur Rückwirkung von Tarifverträgen, die für allgemeinverbindlich erklärt wurden, s. unten VI a) aa) und c) ff).

5. Tarifkonkurrenz

Die Grundsätze zur Tarifkonkurrenz sollen darüber entscheiden, welcher **95** konkrete Tarifvertrag zur Anwendung gelangt, wenn ein Arbeitsverhältnis unter den Geltungsbereich mehrerer Tarifverträge fällt[374]. Die Tarifkonkurrenz tritt bei folgenden Konstellationen auf:[375]
– Der Arbeitgeber wechselt zu einem anderen Arbeitgeberverband. In diesem Fall gilt der Tarifvertrag des neuen Verbandes nach § 3 Abs. 1 TVG, wobei gleichzeitig der Tarifvertrag des alten Verbandes nach § 3 Abs. 3 TVG weitergilt.
– Tarifverträge mehrerer Gewerkschaften über betriebliche oder betriebsverfassungsrechtliche Fragen. In diesem Fall gelten beide Tarifverträge nach § 3 Abs. 2 TVG.
– Nebeneinander eines Tarifvertrages und eines allgemeinverbindlich erklärten Tarifvertrages.
– Abschluss eines Haustarifvertrages durch ein bereits an einen Verbandstarifvertrag gebundenes Unternehmen.
– Abschluss eines Tarifvertrages durch eine Spitzenorganisation trotz Geltung von Tarifverträgen der Mitgliedsverbände und umgekehrt.

---

373 Tarifvertrag über die betriebliche Altersversorgung der Beschäftigten des öffentlichen Dienstes (ATV) vom 1.März 2002 (Anlage 1 zum Altersvorsorgeplan 2001).
374 Vgl. zur Tarifkonkurrenz *Schaub,* § 203 Rn.51 ff; *Müller,* NZA 1989, 449 ff; *Hanau,* NZA 2003, 128 ff.
375 *Löwisch,* § 7 Rn. 287; umfassend MünchArbR/*Löwisch/Rieble,* § 276 Rn. 1 ff.

Im Gegensatz zur Weimarer Zeit hat das Problem der Tarifkonkurrenz aufgrund der industrieverbandlichen Organisation der Berufsverbände an Bedeutung verloren[376]. Dazu hat auch beigetragen, dass Tarifvertragsparteien mit **sog. Selbstbeschränkungsklauseln** oftmals die Möglichkeit nutzen, Kollisionen schon im Vorfeld zu vermeiden, indem sie per Satzung anordnen, dass die von ihnen geschlossenen Tarifverträge in bestimmten Fällen hinter einen anderen zurücktreten sollen.[377]

Beispiel für eine Selbstbeschränkungsklausel[378]*:*
„Die AVE berührt nicht Tarifbindungen aufgrund anderer Tarifverträge mit entsprechenden Regelungsmaterien.“

96   Dem BAG zufolge liegt **Tarifkonkurrenz** vor, wenn *beide Parteien* eines Arbeitsverhältnisses gleichzeitig an mehrere von verschiedenen Tarifvertragsparteien abgeschlossene Tarifverträge gebunden sind und deshalb mehrere Tarifverträge auf das gleiche Arbeitsverhältnis Anwendung finden[379]. Keine Tarifkonkurrenz liegt vor, wenn einzelvertraglich ein spezieller Tarifvertrag vereinbart ist und der Verbandstarifvertrag allgemeinverbindlich erklärt ist, der Arbeitgeber aber nicht Mitglied des Verbandes und daher nicht tarifgebunden ist[380].

Demgegenüber wird von **Tarifpluralität** gesprochen, wenn der *Betrieb oder ein Teil des Betriebes* des Arbeitgebers vom Geltungsbereich zweier Tarifverträge, die von verschiedenen Gewerkschaften abgeschlossen worden sind, erfasst wird und der Arbeitgeber an beide Tarifverträge, sei es aufgrund einer Allgemeinverbindlicherklärung oder aufgrund von Organisationszugehörigkeit, gebunden ist, für die Arbeitnehmer aber nur einer dieser Tarifverträge kraft Tarifbindung gilt[381]. Kein Fall der Tarifpluralität ist gegeben, wenn ein gem. § 4 Abs. 5 TVG nachwirkender Tarifvertrag und ein Tarifvertrag, an den nur der Arbeitgeber einseitig gem. § 3 Abs. 1 TVG gebunden ist, aufeinander treffen.[382] In dem zugrunde liegenden Fall hatte der Arbeitgeber den Verband gewechselt, weshalb der Tarifvertrag gem. § 3 Abs. 3 TVG fortwirkte. Später wurde der Tarifvertrag gekündigt, der Arbeitgeberverband löste sich auf, der Tarifvertrag

---

376 Vgl. *Däubler*, Rn. 1483. Zu den Hauptfällen von Tarifkonkurrenz s. *Kempen/Zachert*, § 4 Rn. 117 ff. und *Bieback*, DB 1989, 477 (zum Wechsel des Arbeitgeberverbandes).

377 *Hromadka/Maschmann*, § 13 Rn. 265; MünchArbR/*Löwisch/Rieble*, § 276 Rn. 1 ff.

378 Nach BAG v. 20.3.1991 – 4 AZR 455/90 –, AP Nr. 20 zu § 4 TVG Tarifkonkurrenz. In diesem Fall enthält die Allgemeinverbindlichkeitserklärung die Selbstbeschränkung und nicht die Satzung. Nach Auffassung des BAG bestehen aber auch hier keine rechtlichen Bedenken bezüglich der rechtlichen Zulässigkeit.

379 Vgl. BAG v. 20.3.1991 – 4 AZR 455/90 –, DB 1991, 1779, 1780.

380 Vgl. BAG v. 22.9.1993 – 10 AZR 207/92 –, NZA 1994, 667, 668.

381 BAG v. 14.6.1989 – 4 AZR 200/89 –, AP Nr. 16 zu § 4 TVG Tarifkonkurrenz; BAG v. 5.9.1990 –, 4 AZR 59/90 –, DB 1990, 2527.

382 BAG v. 28.5.1997 – 4 AZR 546 / 95 –, NZA 1998, 40.

3. Ist weder nach den Grundsätzen von 1. und 2. eine Auflösung des Konkurrenzverhältnisses möglich, so gilt das **Spezialitätsprinzip**. D.h. der räumlich, fachlich und persönlich nähere Tarifvertrag geht dem entfernteren vor[395].

Beispiel:
Der Baurahmentarifvertrag gilt grundsätzlich für alle am Bau auftretenden Tätigkeiten. Parallel dazu gibt es aber auch Tarifverträge, die sich auf einzelne Tätigkeitsbereiche spezialisieren, z.B. auf Abbrucharbeiten oder Glasarbeiten. Letztere sind im Vergleich zum Bautarifvertrag spezieller und gehen damit dem Baurahmentarifvertrag vor.[396]

In der Konkurrenz zwischen Firmen- und Verbandstarifvertrag geht der Firmentarifvertrag[397], zwischen fachlich generellem und fachlich speziellem geht der speziellere Tarifvertrag vor[398]. Der räumlich engere hat auch dann Vorrang, wenn der räumlich weitere für allgemeinverbindlich erklärt ist[399]. Ein Firmentarif geht einem Flächentarif auch dann vor, wenn er Regelungen des Flächentarifvertrags zu Lasten der Arbeitnehmer verdrängt.[400] Wirksame Firmen- und Flächentarifverträge sind gleichrangige Normen, deren Kollision einzig nach den Grundsätzen der Tarifkonkurrenz zu lösen ist. Das Günstigkeitsprinzip aus § 4 Abs. 3 TVG findet hier keine Anwendung, da es nur das Verhältnis von schwächeren zu stärkeren Normen regeln soll. Ist danach noch immer kein Vorrang festzustellen, soll ausschlaggebend sein, welcher Tarifvertrag die größere Zahl von Arbeitsverhältnissen im Betrieb erfasst[401].

Das BAG wendet den Grundsatz der Tarifeinheit auch im Falle der **Tarifplu** **99** **ralität** an[402]. Bedenken gegen die Auffassung des 4. Senats hatte zwischenzeitlich der 10. Senat erhoben[403]. Trotz seiner ablehnenden Haltung ist der 10. Senat der Ansicht des 4. Senats aus Gründen der Praktibilität in einem Falle gefolgt, in

395 BAG AP Nr. 2, 4, 8, 11, 12, 16 zu § 4 TVG Tarifkonkurrenz; BAG v. 26.1.1994 -10 AZR 611/ 92 –, BAGE 75, 298; *Hromadka/Maschmann*, § 13 Rn. 266.
396 BAG v. 24.9.1975 – 4 AZR 471/74 –, SAE 1977, 60 ff.; v. 14.10.1987 – 4 AZR 342/87 –, BAGE 56, 227 ff; v. 14.6.1989 – 4 AZR 200/89 –, DB 1990, 129 ff; v. 22.9.1993 – 10 AZR 207/92 –, NZA 1994, 667 ff; v. 24.1.1990 – 4 AZR 561/89 –, AP Nr. 126 zu § 1 TVG Tarifverträge Bau.
397 Selbst wenn die Firma Betriebsstätten nicht nur in einem der Verbandstarifbezirke unterhält vgl. BAG v. 20.3.1991 – 4 AZR 455/90 –, DB 1991, 1779, 1782.
398 *Reuter*, JuS 1992, 736.
399 BAG v. 19.1.1962 – 1 AZR 147/61 –, AP Nr. 11 zu § 5 TVG.
400 BAG v. 24.1.2001 – 4 AZR 655/99 –, NZA 2001, 788.
401 BAG v. 22.2.1957 – 1 AZR 536/55 –, AP Nr. 2 zu § 4 TVG Tarifkonkurrenz; vgl. weitere Nachweise und Vorschläge bei *Reuter*, JuS 1992, 736.
402 Vgl. BAG v. 14.6.1989 – 4 AZR 200/89 –, AP Nr. 16 zu § 4 TVG Tarifkonkurrenz; v. 5.9.1990 – 4 AZR 59/90 –, DB 1990, 2527; v. 20.3.1991 – 4 AZR 455/90 –, DB 1991, 1779; *Kempen/ Zachert*, § 4 Rn. 118.
403 BAG v. 22.9.1993 – 10 AZR 207/92 –, NZA 1994, 667.

dem es um einen Tarifvertrag über gemeinsame Einrichtungen der Tarifvertragsparteien ging und hat diese Rechtsprechung mittlerweile bestätigt[404].

Im Schrifttum hat die Auffassung des BAG erheblichen Widerspruch erfahren[405]. *Zöllner/Loritz* sehen sie im Widerspruch zu Art. 9 Abs. 3 GG, insbesondere im Hinblick auf kleinere Gewerkschaften, deren Betätigungsmöglichkeit erheblich beschnitten wird[406]. Dazu wird angeführt, dass die Mitglieder der Organisationen, deren Tarifvertrag verdrängt wird, auf den Status von Nichtorganisierten zurückfielen . Da für sie kein Tarifvertrag gilt, seien sie gezwungen, die Organisation zu wechseln oder ohne tariflichen Schutz auszukommen[407]. *Konzen* kritisiert, dass bei der Auffassung des BAG der Ordnungszweck über den Tarifschutz dominiere[408]. Diese Argumente überzeugen. Die Rechtsprechung des BAG steht im Widerspruch zu § 4 Abs. 1 TVG. Mit dem gezeigten Verständnis des Grundsatzes der Tarifeinheit nimmt das BAG den betroffenen Arbeitnehmern die tarifvertraglichen Rechte, die ihnen aufgrund der Tarifbindung gemäß § 4 Abs. 1 TVG zukommen[409].

Merten will die Fälle der Tarifpluralität durch eine Differenzierung zwischen Betriebsnormen und Inhaltsnormen lösen[410]. Bezüglich der Inhaltsnormen gebe es dann keine Konkurrenz, wenn allein auf das Arbeitsverhältnis abgestellt werde, da dann der Tarifvertrag gelte, an den beide Parteien gebunden seien. Bezüglich der Betriebsnormen müsse die Konkurrenzsituation mit den üblicherweise herangezogenen Grundsätzen der Tarifkonkurrenz gelöst werden, da es Sinn und Zweck der Betriebsnormen sei, eine einheitliche Geltung von Betriebsnormen in dem Betrieb zu schaffen[411]. In einer umfangreichen Analyse der Problematik kommen *Wiedemann/Arnold*[412] zu dem Ergebnis, dass langfristig eine legislative Lösung gefordert ist.

---

404 BAG v. 26.1.1994 – 10 AZR 611/92 –, NZA 1994, 1038; BAG v. 25.7.2001 – 10 AZR 599/00 –, AP Nr. 242 zu § 1 TVG Tarifverträge: Bau; dazu auch *Schaub*, AuA 1998, 44, 46.
405 Zu den kritischen Stimmen *Reuter*, JuS 1992, 736.
406 *Zöllner/Loritz*, § 37 V 2, S. 422. Dagegen BAG v. 20.3.1991 – 4 AZR 455/90 –, DB 1991, 1779, 1781 f.
407 ErfK/*Schaub*, § 4 TVG Rn. 113.
408 *Konzen*, RdA 1978, 149. Ähnlich Reuter, JuS 1992, 109 f., der zusätzlich der Verhinderung einer wünschenswerten Konkurrenz zwischen den Gewerkschaften beklagt.
409 Ebenso *Kempen/Zachert*, § 4 Rn. 130, die äußern, das BAG habe aus Praktikabilitätsüberlegungen am Gesetz vorbeientschieden.
410 Vgl. *Merten*, BB 1993, 572.
411 *Merten*, BB 1993, 572, 576.
412 *Wiedemann/Arnold*, ZTR 1994, 399 ff.; 433 ff.

V. Grenzen der tarifvertraglichen Normsetzungsbefugnis

1. *Bindung an supranationales Recht*

Als Prüfungsmaßstab des supranationalen Rechts kommt vor allem das Euro- **100** päische Arbeitsrecht zur Geltung. Darunter ist das arbeitsrechtlich relevante Recht der Europäischen Gemeinschaft und das vom Europarat geschaffene internationale Arbeitsrecht zu verstehen[413].

a) *Art. 141 EGV*

In der Rechtsprechung der zurückliegenden Jahre hat vor allem die Überprü- **101** fung tariflicher Bestimmungen anhand des Diskriminierungsverbotes des Art. 141 EGV (Art. 119 EGV a. F.) im Vordergrund gestanden[414]. Der Grundsatz des gleichen Entgelts für Männer und Frauen bei gleicher Arbeit, der in Art. 141 EGV verankert ist, ist eine unmittelbar geltende Gemeinschaftsnorm, auf die sich die Betroffenen vor den innerstaatlichen Gerichten berufen können, sodass er auch von den Tarifvertragsparteien zu respektieren ist[415]. Beim Begriff der Diskriminierung muss differenziert werden.[416] So wird als Verstoß gegen den Gleichbehandlungsgrundsatz des Art. 141 EGV und die Gleichbehandlungs- richtlinie 1976/207/EWG[417] nicht nur die unmittelbare Benachteiligung einer Person wegen ihres Geschlechts gewertet, sondern auch mittelbare Diskriminierun- gen. Das Kennzeichen der mittelbaren Diskriminierung besteht darin, dass eine Regelung zwar neutral gefasst ist, jedoch tatsächlich prozentual erheblich mehr Mitglieder des einen Geschlechts als des anderen Geschlechts benachteiligt.[418]

Der Aspekt der mittelbaren Diskriminierung hat zu weitreichenden Folgen im Bereich der **Teilzeitbeschäftigung** geführt. Der **EuGH**[419] vertritt in ständi- ger Rspr., dass eine tarifvertragliche Regelung, die es den Arbeitgebern gestat- tet, Teilzeitbeschäftigte von der Zahlung eines Übergangsgeldes beim Ausschei-

---

413 Zum Begriff vgl. *Birk (Hrsg.)*, Europäisches Arbeitsrecht, 1990, S. 1; s. ferner *Fuchs/Mar- hold*. Als weiteres internationales Recht kommen die internationalen Abkommen der Interna- tionalen Arbeitsorganisation in Betracht, vgl. dazu *Kempen/Zachert*, Grundlagen, Rn. 245.

414 Vgl. dazu *Schlachter*, NZA 1995, 393 ff; *Wiedemann*, Einl. Rn. 154 ff.

415 Grundlegend hierzu EuGH v. 8.4.1976 – RS 43/75 (Defrenne II) –, Slg. 1976, I-455.

416 *Wank* in *Hanau/Steinmeyer/Wank*, § 16 Rn. 22 ff.

417 Abl. L 39 v. 14.2.1976, S. 40, geändert durch RL 2002/73/EG, ABl. L 269 v. 5.10.2002, S. 15.

418 *Bamberger/Roth/Fuchs*, BGB, 2003, § 611a BGB, Rn. 17. Ausführlich dazu *Fuchs/Marhold*, S. 71 ff.; *Wiedemann*, Einl. Rn. 166, der die arbeits- und sozialrechtlichen Urteile des EuGH zur mit- telbaren Diskriminierung zu dessen Markenzeichen erklärt; *Wissmann*, FS für Wlotzke, 807 ff.

419 EuGH v. 27.6.1990 – Rs. C-33/89 (Kowalska) –, EuZW 1990, S. 316 = AP Nr. 21 zu Art. 119 EGV.

den aus dem Arbeitsverhältnis auszunehmen, jedenfalls dann im Widerspruch zu Art. 141 EGV steht, wenn sich herausstellt, dass prozentual erheblich weniger Männer als Frauen teilzeitbeschäftigt sind, es sei denn, der Arbeitgeber legt dar, dass diese Bestimmung durch objektive Faktoren gerechtfertigt ist, die nichts mit einer Diskriminierung aufgrund des Geschlechts zu tun haben. Mittlerweile hat der Rat der EU den Begriff der mittelbaren bzw. unmittelbaren Diskriminierung im Rahmen der Richtlinie 2000/78/EG definiert.[420] Zum Begriff der mittelbaren und unmittelbaren Diskriminierung liegt eine umfangreiche Kasuistik in der Rspr. des EuGH vor,[421] die sich vor allem auf die diskriminierende Entlohnung von Mann und Frau bezieht.

Eine Regelung verstößt gegen Art. 141 EGV, wenn Arbeitnehmer nach ihrem Wechsel von einem Teilzeit- auf einen Vollzeitarbeitsplatz in eine niedrigere Gehaltsklasse als während ihrer Teilzeitbeschäftigung eingruppiert werden. Auch in dieser Entscheidung zieht der EuGH als wesentliche Kriterien die Tatsache heran, dass ein wesentlich höherer Anteil weiblicher als männlicher Beschäftigter in Teilzeit arbeiten und dass die Regelung nicht durch objektive Kriterien sachlich gerechtfertigt ist.[422]

Nimmt ein Tarifvertrag geringfügigbeschäftigte Mitarbeiter (§ 8 SGB IV) unabhängig vom Geschlecht von einer tariflichen Jahressonderzuwendung aus, so liegt im Ergebnis ebenfalls eine mittelbare Diskriminierung aufgrund des Geschlechts vor, da prozentual erheblich mehr Frauen als Männer von dieser Regelung betroffen sind[423].

Diese Grundsätze haben auch die Rspr. zur Frage von Ansprüchen von Teilzeitarbeitnehmern auf **betriebliche Altersversorgung** geprägt. In der **Rechtssache Bilka** wurde betont, dass ein Verstoß gegen den Gleichbehandlungsgrundsatz vorliegt, wenn Teilzeitbeschäftigte von der betrieblichen Altersversorgung ausgenommen werden, sofern erheblich weniger Frauen als Männer vollzeitbeschäftigt sind und diese Maßnahme nicht durch Umstände zu erklären ist, die eine Diskriminierung auf Grund des Geschlechts ausschließen.[424] Im zugrunde liegenden Fall gewährte der Arbeitgeber seiner Belegschaft eine Betriebsrente, Teilzeitbeschäftigte hatten aber nur einen Anspruch auf Leistungen, wenn sie von 20 Dienstjahren mindestens 15 Jahre vollzeitbeschäftigt waren. Somit waren die Versorgungsleistungen überwiegend weiblichen Mitarbeitern verwehrt. Die Entscheidung ist nicht zuletzt deshalb von Bedeutung, da der EuGH hier erstmals klarstellt, dass es für das Vorliegen einer mittelbaren Diskriminierung nur auf objektive Kriterien im Hinblick auf die betroffenen Vergleichsgruppen ankommt,

---

420 ABl. L 303 v. 2.12.2000 S. 16; vgl. auch RL 1976/207/EWG, Abl. L 39 v. 14.2.1976, S. 40, geändert durch RL 2002/73/EG, ABl. L 269 v. 5.10.2002, S. 15.
421 Vgl. *Fuchs/Marhold*, S. 71 ff.; *Hanau/Steinmeyer/Wank*, § 16.
422 EuGH v. 17.6.1998 – Rs. C-243/95 (Hill und Stapleton) –, Slg. 1998, I – 3739.
423 EuGH v. 9.9.1999 – Rs. C-281/97 (Krüger) –, AP Nr. 11 zu Art. 119 EGV.
424 EuGH v. 13.5.1986 – Rs. C-170/84 (Bilka) –, Slg. 1986, I – 1607.

hingegen nicht auf die Absicht des Arbeitgebers, eine Geschlechtergruppe zu benachteiligen.[425]

Ein häufig anzutreffendes Problem betrifft die **tarifrechtliche Behandlung ähnlicher Berufstätigkeiten**. Wichtige Aussagen hierzu finden sich in der **Rechtssache Enderby**.[426] Die Klägerin fühlte sich dadurch diskriminiert, dass sie als Logopädin weniger verdiente als die beim selben Arbeitgeber beschäftigten Apotheker. Sie berief sich deshalb darauf, dass ihre schlechter bezahlte Tätigkeit überwiegend von Frauen, die besser bezahlte Tätigkeit des Apothekers vorwiegend von Männern ausgeübt werde. Die einschlägigen Tarifverträge waren jeweils geschlechtsneutral von den selben Tarifparteien geschlossen worden. Der Gerichtshof bejahte zwar den ersten Anschein einer Diskriminierung, wies aber das nationale Gericht an, die beiden Tätigkeiten auf das Merkmal der Vergleichbarkeit hin zu überprüfen. Des Weiteren betonte der EuGH auch den ersten Anschein einer Diskriminierung aufgrund der getrennten Tarifabschlüsse durch dieselben Tarifparteien mit dem Argument, der Arbeitgeber könne sich ansonsten durch separate Abschlüsse für verschiedene Berufsgruppen dem Grundsatz des gleichen Entgelts für Männer und Frauen entziehen.[427].

Die Grundsätze der Entscheidung Enderby sind in der **Rechtssache Royal Copenhagen**[428] fortentwickelt worden. Dieses Urteil, das zunächst einmal deshalb bedeutsam ist, weil es die Anwendbarkeit des Art. 141 EGV auch für Stücklohnsysteme betont[429], vertritt in Fortsetzung der bisherigen Linie die Auffassung, dass Art. 141 EGV auch dann zu beachten ist, wenn die Entgeltbestandteile in Kollektivverhandlungen, auch auf lokaler Ebene festgelegt werden. Bedeutsam ist aber der Hinweis des Gerichts, dass das nationale Gericht im Rahmen der Prüfung der objektiven Rechtfertigung die Tatsache, dass die Lohnfestlegung in Kollektivverhandlungen erfolgte, als einen Faktor berücksichtigen kann.

In einem ähnlichen Fall ging es um die tarifliche Einstufung von Diplompsychologen und Psychotherapeuten in unterschiedliche Gehaltsklassen[430]. Die

---

425 *Wank* in *Hanau/Steinmeyer/Wank*, § 16 Rn. 39. Zu weiteren Entscheidungen betreffend Betriebsrentensystemen s. EuGH v. 11.12.1997 – Rs. C-246/96 (Magorrian und Cunningham) –, AP Nr. 8 zu Art. 119 EGV; EuGH v. 10.2.2000 – Rs. C-50/96 (Lili Schröder) –, NZA 2000, 313. In einem anderen Fall machte der Kläger einen unmittelbaren Verstoß gegen Art. 141 EGV im Zusammenhang mit einer tariflich gewährten Hinterbliebenenrente geltend. Die fragliche Klausel sah vor, dass ein Witwer die Rente wegen des Todes der Ehefrau ab dem 65. Lebensjahr, eine Witwe im entsprechenden Fall aber schon ab dem 60. Lebensjahr beziehen könnte. Der Witwer sah darin eine Verletzung des Grundsatzes des gleichen Entgelts von Männern und Frauen. Der EuGH folgte dieser Ansicht, vgl. EuGH v. 25.5.2000 – Rs. C-50/99 (Podesta) –, AP Nr. 2 zu Art. 141 EGV.

426 EuGH v. 27.10. 1993 – Rs. C-127/92 (Enderby) –, Slg. 1993 I, S. 5535, = EuZW 1994, 505.

427 *Wank* in *Hanau/Steinmeyer/Wank*, § 16 Rn. 66 f.

428 EuGH v. 31.5.1995 – Rs. C-400/93 (Royal Copenhagen) –, SAE 1996, 265 m. Anm. *Fuchs*.

429 Hierzu hat das Gericht wichtige Aspekte der Beurteilung entwickelt, insbesondere auch zur Transparenz des Lohnsystems.

430 EuGH v. 11.5.1999 – Rs. C-309/97 (Betriebsrat) –, NZA 1999, 699.

Klägerin verlangte eine Gleichstellung unter Hinweis darauf, dass beide Gruppen dieselbe Tätigkeit ausübten und von der schlechteren Eingruppierung überwiegend Frauen betroffen sein. Der EuGH nahm Bezug auf die unterschiedliche Ausbildung und den daraus resultierenden unterschiedlichen Umfang der Berufsberechtigung. Das Gericht stellte fest, dass eine gleiche Arbeit i. S. d. Art 141 EGV nicht vorliege, wenn eine gleiche Tätigkeit über einen erheblichen Zeitraum von Arbeitnehmern mit unterschiedlicher Berufsberechtigung ausgeübt wird.

Das BAG ist der Rspr. des EuGH gefolgt. Auch nach der **Rechtsprechung des BAG** liegt eine **mittelbare Diskriminierung** dann vor, wenn eine geschlechtsneutrale Regelung zur erheblichen Benachteiligung eines Geschlechts ohne sachliche Rechtfertigung führt.[431] Dabei präzisiert das BAG die Voraussetzungen einer mittelbaren Diskriminierung, soweit für die Beurteilung eine zahlenmäßige Erfassung der betroffenen Gruppen erforderlich ist[432]. Es genüge nicht, dass der Anteil der betroffenen Frauen festgestellt werde. Eine mittelbare Diskriminierung wegen des Geschlechts folge nämlich nicht schon daraus, dass unter den von einer Rechtsnorm nachteilig Betroffenen erheblich mehr Angehörige eines Geschlechts seien. Hinzukommen müsse vielmehr, dass zugleich das zahlenmäßige Verhältnis der Geschlechter unter den von dieser Rechtsnorm Begünstigten wesentlich anders sei. Wäre zum Beispiel der Anteil der Frauen unter den von einer Vorschrift begünstigten Vollzeitbeschäftigten ebenso groß wie unter den von ihr benachteiligten Teilzeitarbeitnehmern, so würde es schon an der Grundvoraussetzung eines Verstoßes gegen den Lohngleichheitssatz des Art. 119 EGV a. F. (Art. 141 EGV n. F.) fehlen. Nach Auffassung des BAG bestehen Ansprüche aus Art. 141 EGV für Angehörige einer benachteiligten Gruppe auch dann, wenn sie nicht gegenüber der gesamten Gruppe der von einer Norm Begünstigten benachteiligt werden, sondern lediglich gegenüber einer Teilgruppe, soweit diese nach objektiven Kriterien bestimmbar ist[433].

Eine mittelbare Diskriminierung kann auch darin liegen, dass ein Arbeitgeber fast die Hälfte der Männer, aber nur ein Zehntel der Frauen übertariflich entlohnt[434]. Keinen Verstoß gegen Art. 141 EGV sieht das BAG in einer tariflichen Regelung, die den Anspruch auf Sonderzahlungen für Zeiten ausschließt, in denen das Arbeitsverhältnis kraft Gesetzes ruht (z. B. bei Inanspruchnahme von Erziehungsurlaub). Zwar wird der Erziehungsurlaub ganz überwiegend von Frauen in Anspruch genommen, die Anknüpfung der tariflichen Bestimmung erfolgt jedoch unterschiedslos für Männer und Frauen an das Ruhen des Arbeits-

---

431 Ausführlich zur Rspr. des BAG *Wank* in *Hanau/Steinmeyer/Wank*, § 16 Rn. 96 ff.
432 BAG v. 2.12.1992 – 4 AZR 152/92 –, DB 1993, 586, 587.
433 BAG v. 23.2.1994 – 4 AZR 219/93 –, DB 1995, 226. In diesem Verfahren war die Klägerin Lehrkraft für geistig Behinderte mit einer abgeschlossenen sozialpädagogischen Zusatzausbildung. Ihre Tätigkeit war nicht der aller Sonderschullehrer gleichwertig, sondern lediglich der Teilgruppe der an Schulen für geistig Behinderte eingesetzten Sonderschullehrer.
434 BAG v. 23.9.1992 – 4 AZR 30/92 –, NZA 1993, 891.

verhältnisses (Männer sind deshalb etwa betroffen, wenn sie Wehrdienst oder Zivildienst leisten)[435].

Im Gegensatz zur früheren Rspr. des BAG zu Art. 3 GG bejaht das BAG jetzt bei unterschiedlichen Altersgrenzen in betrieblichen Altersversorgungssystemen einen Verstoß gegen Art. 141 EGV.[436]

Kein Diskriminierungstatbestand ist gegeben, wenn verschiedene Bedienstete für dieselbe Tätigkeit in unterschiedliche Vergütungsgruppen eingeordnet werden, sofern diese Differenzierung anhand unterschiedlicher Schulabschlüsse und Berufsausbildungen erfolgt. So hat das BAG die vergütungsrechtliche Ungleichbehandlung einer staatlich anerkannten Erzieherin gegenüber einer diplomierten Sozialpädagogin bei gleicher Tätigkeit als Leiterin eines Schulkindergartens im Hinblick auf die höherwertige Ausbildung und der daraus resultierenden weiteren Einsatzmöglichkeiten als gerechtfertigt bewertet[437].

Als Prüfungsmaßstab von Teilzeitregelungen ist Art. 141 EGV zusehends in den Hintergrund getreten. Stattdessen wendet das BAG vorrangig § 2 Abs. 1 BeschFG a.F. bzw. seit dem 1. Januar 2001 § 4 Abs. 1 TzBfG an. Dies ist vor allem damit zu erklären, dass diese Vorschrift jede Ungleichbehandlung von Teilzeitbeschäftigten gegenüber Vollzeitbeschäftigten untersagt und es nicht auf die wesentlich stärkere Betroffenheit eines Geschlechts ankommt.[438]

Hinsichtlich der Frage, welche **Rechtsfolgen** sich **bei einem Verstoß gegen** **102** **Art. 141 EGV** ergeben, hat der EuGH in der **Rechtssache Ruzius-Wilbrink** entschieden, dass die aufgrund der Diskriminierung benachteiligte Gruppe Anspruch auf die gleiche Behandlung und auf die Anwendung der gleichen Regelung wie die anderen Leistungsempfänger hat[439]. Dies gilt dem EuGH zufolge auch für diskriminierende Regelungen in Tarifverträgen. Im Falle einer mittelbaren Diskriminierung durch eine Bestimmung eines Tarifvertrages haben die Angehörigen der dadurch benachteiligten Gruppe entsprechend dem Umfang ihrer Beschäftigung Anspruch auf die gleiche Behandlung und auf Anwendung der gleichen Regelung wie die übrigen Arbeitnehmer, wobei diese Regelung, solange Art. 119 EGV a.F. (Art. 141 n.F.) nicht ordnungsgemäß in das innerstaatliche Recht umgesetzt ist, das einzig gültige Bezugssystem bleibt[440]. Nicht ersichtlich sind bislang Urteile, durch die Tarifverträge, die gegen den Gleichbehandlungsgrundsatz verstoßen, für nichtig erklärt wurden.[441]

---

435 BAG v. 24.11.1993 – 10 AZR 704/92 –, NZA 1994, 423. Bestätigt in BAG v. 28.9.1994 – 10 AZR 697/93 –, NZA 1995, 176.
436 BAG v. 18.3.1997 – 3 AZR 759/95 –, NZA 1997, 824; BAG v. 3.6.1997 – 3 AZR 910/95 –, NZA 1997, 1778.
437 BAG v. 6.8.1997 – 10 AZR 638/96 –, ZTR 1998, 80.
438 ErfK/*Müller-Glöge*, § 4 TzBfG Rn. 14 f.
439 EuGH v. 31.12.1989 – Rs. 102/88 (Ruzius-Wilbrink) –, EuGH EuZW 1990, 189 – betreffend eine niederländische Regelung über Mindestrenten wegen Invalidität.
440 EuGH v. 27.6.1990 – Rs. C-33/89 (Kowalska) –, EuZW 1990, 316, 317.
441 *Wiedemann*, Einl. Rn 186.

In welchem Umfang die Tarifvertragsparteien betriebsverfassungsrechtliche Fragen regeln können, wird durch das Betriebsverfassungsgesetz bestimmt. In zahlreichen Vorschriften lässt das BetrVG abweichende betriebsverfassungsrechtliche Tarifnormen zu: § 3 Abs.1 (Errichtung eines unternehmenseinheitliche Betriebsrats, die Zusammenfassung von Betrieben, Spartenbetriebsräte, alternative Arbeitnehmervertretungsstrukturen, Arbeitsgemeinschaften), § 38 Abs. 1 S. 5 (Zahl der freigestellten Betriebsratsmitglieder), § 47 Abs. 4 (Mitgliederzahl des Betriebsrats), § 55 Abs. 4 (Mitgliederzahl des Konzernbetriebsrats), § 72 Abs. 4 (Mitgliederzahl der Gesamt-, Jugend-, Auszubildendenvertretung), § 76 Abs. 8 (Ersetzen der Einigungsstelle durch eine tarifliche Schlichtungsstelle), § 76 a Abs. 5 (Vergütungspflicht des Vorsitzenden und der Beisitzer der Einigungsstelle), § 117 Abs. 2 (besondere Vertretungsmöglichkeit für im Flugbetrieb beschäftigte Arbeitnehmer). Obwohl Tarifnormen bei allgemeinen personellen Angelegenheiten (§§ 92 ff), bei der Berufsbildung (§§ 96 ff), bei personellen Einzelmaßnahmen (§ 99) sowie bei der Anhörung des Betriebsrates im Fall der ordentlichen Kündigung (§ 102) durch das BetrVG nicht ausdrücklich erlaubt sind, werden solche Tarifnormen als zulässig betrachtet.[266]

Beispiel[267] für die Errichtung einer tariflichen Schlichtungsstelle:
„§ 9 Tarifliche Schlichtungsstelle
9.1. Bei Regelungsstreitigkeiten zwischen Betriebsrat und Arbeitgeber tritt an die Stelle der Einigungsstelle gemäß § 76 Abs. 8 Betriebsverfassungsgesetz die tarifliche Schlichtungsstelle.
9.2. Die tarifliche Schlichtungsstelle ist eine von Fall zu Fall zu bildende Einrichtung. Sie setzt sich aus je 2 von den Tarifvertragsparteien zu benennenden Beisitzern und einem unparteiischen Vorsitzenden zusammen. Bei Bedarf kann die Anzahl der Beisitzer einvernehmlich erhöht werden.
9.3. Die Beisitzer werden für jedes Jahr neu bestellt.
9.4. Für die Benennung des Vorsitzenden wird von jeder Tarifvertragspartei ein Vorschlag gemacht. Können sich die Tarifvertragsparteien nicht auf einen Vorsitzenden einigen, wird der Vorsitzende durch das Los bestimmt.
9.5. Die Schlichtungsstelle entscheidet durch Beschluss, der der Mehrheit der anwesenden Mitglieder bedarf.
9.6. Im Übrigen gelten die Bestimmungen des Betriebsverfassungsgesetzes.

---

266 *Schaub*, § 202 Rn. 20.
267 Entwurf des Projekttarifvertrages zwischen der VW AG, Auto 5000 GmbH und der IG-Metall, Verhandlungsergebnis zwischen der Verhandlungskommissionen der VW AG, der Auto 5000 GmbH und der IG-Metall vom 28. August 2001, Anlage 2 zum Projekttarifvertrag, S. 6.

In ständiger Rechtsprechung verfolgen sowohl der EuGH als auch das BAG mittlerweile durchweg die Tendenz, Verstöße tarifvertraglicher Bestimmungen gegen Art. 141 EGV dadurch zu bereinigen, dass die von der diskriminierenden Regelung benachteiligten Arbeitnehmer in gleicher Weise zu behandeln sind wie die übrigen Arbeitnehmer, wobei bis zu einer diskriminierungsfreien Neuregelung die für die begünstigte Gruppe geltende Regelung das einzig gültige Bezugssystem bleibe[442]. Der EuGH hat für Leistungen der betrieblichen Altersversorgung die Wirkung seines Urteils auf den Zeitpunkt des Urteilsspruchs (17.5.1990) beschränkt. Dies entspricht seither der ständigen Rechtsprechung des EuGH[443]. Dieser Rspr. folgt auch das dem Vertrag über die EU beigefügte **Protokoll Nr. 2 zu Art. 119** des Vertrags zur Gründung der EG. Zu beachten ist aber, dass im Einzelfall zeitliche Beschränkungen i.S.d. Rspr. des EuGH nach deutschem Recht nicht greifen, weil nationale, für den benachteiligten Arbeitnehmer günstigere Regelungen bestehen. Nach Auffassung des BAG können die zeitlichen Beschränkungen aufgrund der Rspr. des EuGH und der Protokollerklärung zu Art. 119 EGV nichts an der sich wegen Verstoßes gegen Art. 3 GG notwendigen rückwirkenden Gleichbehandlung von Arbeitnehmern ändern[444]. Das BVerfG hat diese Rechtsprechung für verfassungsgemäß erachtet[445]. Der EuGH hat diesen Standpunkt des BAG in Hinblick auf die zeitliche Beschränkung des Anspruchs auf rückwirkenden Anschluss an ein Betriebsrentensystem sowie auf eine Rente aus einem solchen System bestätigt[446].

b) Art. 39 EGV (Arbeitnehmerfreizügigkeit)

102a   Die Tarifvertragsparteien müssen das Verbot der unterschiedlichen Behandlung von in- und ausländischen Arbeitnehmern gem. Art. 39 Abs. 2 EGV beachten, das auf sekundärrechtlicher Ebene durch Art. 1 ff, 7 Abs. 4 VO (EWG) Nr. 1612/68 konkretisiert wird.[447] Danach ist jede unmittelbare, aber auch jede mittelbare Diskriminierung von EG-Ausländern verboten. Für die Anwendung tariflicher Vorschriften dürfen also weder die Staatsangehörigkeit noch indirekt Anknüpfungspunkte, die für EG-Ausländer schwerer zu erfüllen sind, eine Rolle spielen. Deshalb müssen beispielsweise Beschäftigungszeiten im Ausland in gleicher Weise wie inländische Beschäftigungszeiten berücksichtigt werden.

---

442 BAG v. 2.12.1992 – 4 AZR 152/92 –, DB 1993, 586, 589; ähnlich auch BAG v. 28.7.1992 – 3 AZR 173/92 –, NJW 1993, 874, 877; kritisch dazu *Wiedemann*, Einl. Rn. 187.
443 Vgl. EuGH Slg. 1993, I-4939, 4944 f. = AP EWG-Vertrag Art. 119, Nr. 49; Slg. 1993, I-6609, 6616 f. = NJW 1994, 165; Slg. 1993, I-6953, 6958 f. = DB 1994, 484; AP EWG-Vertrag – Richtlinie Nr. 96/71 Nr. 4.
444 BAG v. 7.3.1995 – 3 AZR 282/94 –, NZA 1996, 48, 54. Bestätigt in BAG v. 16.1.1996 – 3 AZR 767/94 –, NZA 1996, 607.
445 BVerfG v. 19.5.1999 – 1 BvR 263/98 –, NZA 1999, 815.
446 EuGH v. 10.2.2000 – Rs. C-50/96 (Deutsche Telekom AG) –, NZA 2000, 313, 315 f.; hierzu *Lörcher*, AuR 2000, 168.
447 Ausführlich dazu *Fuchs/Marhold*, S. 40 ff.

In diesem Sinne verlangte der EuGH, im Rahmen des Zeitaufstiegs nach dem BAT Dienstzeiten im Ausland genauso zu berücksichtigen wie inländische Dienstzeiten.[448]

c) *Verstoß gegen europäisches und nationales Wettbewerbsrecht*

Der EuGH hatte in den Urteilen zu den niederländischen Betriebsrentenfonds über das Verhältnis von nationalem Tarifrecht und **europäischem Wettbewerbsrecht** (Art 81 ff. EGV) zu entscheiden.[449] Gegenstand des Verfahrens war die Pflichtmitgliedschaft eines Arbeitgebers in einem Betriebsrentenfonds, der zunächst von den Tarifpartnern durch einen Kollektivvertrag begründet worden war, später durch das zuständige Ministerium als für alle Arbeitgeber verbindlich erklärt wurde. Die Fa. Albany sah in der Pflichtmitgliedschaft einen Verstoß gegen die Art. 81; 82; 86 EGV. Der EuGH führte in den Entscheidungsgründen aus, dass die Art. 118; 118b a.F. (Art. 137; 139 EGV n.F.) die Zielsetzung beinhalteten, den Dialog zwischen den Tarifpartnern zu fördern und Verhandlungen zur Verbesserung der Beschäftigungs- und Arbeitsbedingungen zu ermöglichen. Zwar sei mit Tarifverträgen stets eine den Wettbewerb beschränkende Wirkung verbunden. Jedoch könne der Intention der Art. 117 ff EGV a.F. (Art. 118 ff EGV n.F.) nicht Rechnung getragen werden, wenn die von Tarifpartnern geschlossenen Tarifverträge dem Anwendungsbereich des Art. 85 EGV a.F. (Art. 81 EGV n.F.) unterfielen.[450] Der EuGH beurteilt demnach Tarifverträge als normative Regelungen, deren Wirkung zwangsläufig den Wettbewerb beschränkt, für dessen Bestand aber die Durchbrechung des Wettbewerbsrechts zwingend erforderlich sei.[451] Somit ist auf europarechtlicher Ebene das Tarifrecht der Anwendung des Kartellverbots entzogen.[452]

Gleiches gilt auch für das **nationale Wettbewerbsrecht**. Nach h.M. findet das Gesetz gegen Wettbewerbsbeschränkungen (GWB) auf Tarifverträge keine Anwendung.[453] Zur Begründung führt das BAG aus, dass sich § 1 GWB nur gegen Abreden von Unternehmen und Unternehmensvereinigungen untereinander richtet. Beim Abschluss von Tarifverträgen gehe es hingegen um die Erfüllung der sich aus Art 9 Abs. 3 GG ergebenden verfassungsmäß vorgegebenen Aufgabe, Mindestarbeitsbedingungen für Arbeitnehmer zu schaffen.[454]

---

448 Vgl. EuGH v. 15.1.1998 – Rs. C-15/96 (Schöning-Kougebetopoulou) –, NZA 1998, 205.
449 EuGH v. 21.9.1999 – Rs. C-67/96 (Albany) –, Slg. 1999, I-5803; EuGH – Rs. C-219/97 (Drijvende Bokken), Slg. 1999, I-6125.
450 EuGH – Rs. C-67/96 (Albany), Slg. 1999, I-5803 Rn. 54-60.
451 *Blanke*, AuR 2000, 26 ff.
452 *Fleischer*, DB 2000, 821 ff.
453 *Gamillscheg*, § 16 S. 692; *Kempen/Zachert*, Grundl. Rn. 95.
454 BAG v. 10.11.1993 – 4 AZR 316/93 –, AP Nr. 169 zu § 1 TVG TV: Bau.

2. Bindung an das Grundgesetz

a) Bindung an die Grundrechte

103 Die Diskussion über die Geltung der Grundrechte im Rahmen tarifvertraglicher Regelungen war von Anfang an sehr kontrovers und so nimmt es nicht wunder, dass hierzu umfangreiches Rechtsprechungs- und Literaturmaterial vorliegt[455].

aa) Der Standpunkt der Rechtsprechung

104 Seit dem grundlegenden Urteil des BAG aus dem Jahre 1955[456] entspricht es ständiger Rechtsprechung, dass die Tarifvertragsparteien *unmittelbar* an die Grundrechte gebunden sind[457]. Das BAG folgert die Grundrechtsbindung aus Art. 1 Abs. 3 GG[458]. Unter Gesetzgebung im Sinne dieser Grundgesetzbestimmung fielen auch Gesetze im materiellen Sinne, wozu auch Tarifverträge rechnen, da sie autonomes Recht darstellen. Außerdem leiten die Tarifvertragsparteien ihre **Autonomie** zur Rechtsetzung aus ausdrücklicher staatlicher Übertragung im TVG her. Die normative Wirkung der Regeln des Tarifvertrages gehe also letztlich auf hoheitliche Gewalt zurück. Sei diese aber an die Verfassung gebunden, so müsse das gleiche für diejenigen gelten, die aufgrund staatlicher Delegation Rechtsetzungsbefugnisse haben. An anderer Stelle ist das BAG lediglich von einer mittelbaren Grundrechtsbindung von Tarifverträgen ausgegangen[459] und begründet diese Rechtsprechung mit der Ausstrahlungswirkung der Grundrechte als objektive Wertentscheidung auf das Zivilrecht. Zuletzt wurde die Frage nach der unmittelbaren bzw. mittelbaren Grundrechtsbindung offengelassen, da sich aufgrund der unterschiedlichen Argumentationen keine zwingende Auffassung ableiten lasse.[460] Auch das Bundesverfassungsgericht hat noch keine abschließende Entscheidung getroffen, für Betriebsvereinbarungen allerdings nur eine mittelbare Grundrechtsbindung anerkannt.[461]

---

455 Vgl. zu einem Überblick betreffend Rspr. und Literatur *Wiedemann*, Einl. vor Rn. 197; *Kempen/Zachert*, Grundlagen, vor Rn. 148; s. ferner *Dieterich*, FS für Schaub; *Schliemann*, FS für Hanau.

456 BAG v. 15.1.1955 – 1 AZR 305/54 –, BAGE 1, 258 = AP Nr. 4 zu Art. 3 GG.

457 BAG v. 17.10.1995 – 3 AZR 882/94 –, ZTR 1996, 265 = NZA 1996, 656.

458 Vgl. BAGE 1, 258, 262 ff.; BAG v. 23.1.1992 – 2 AZR 470/91 –, BAGE 69, 257; BAG v. 13.5.1997 – 3 AZR 66/96 –, AP Nr. 36 zu § 1 BetrAVG Gleichbehandlung; BAG v. 4.4.2000 – 3 AZR 729/98 –, RdA 2001, 110.

459 BAG v. 28.3.1996 – 6 AZR 501/95 –, BAGE 82, 344.

460 BAG v. 30.8.2000 – 4 AZR 563/99 –, NZA 2001, 613 = DB, 2001, 985.

461 BVerfG v. 23.4.1986 – 2 BvR 487/80 –, BVerfGE 73, 261.

bb) Die Auffassung der Literatur

Die h.M. in der Literatur folgt im Ergebnis dem BAG, weicht aber in der **105** Begründung z.T. wesentlich davon ab[462]. Es gibt allerdings zahlreiche Stimmen, die von einer nur beschränkten Geltung der Grundrechte ausgehen. Die einzelnen Autoren weichen in Ergebnis und Begründung ihrer Meinungen erheblich voneinander ab. Ein wesentliches Moment bei der Begründung einer abgeschwächten Geltung der Grundrechte ist die Nähe der Tarifnormen zur Privatautonomie[463]. *Richardi*[464] zufolge gelten die Grundrechte nicht in derselben Wirkungsstärke wie im Verhältnis zum Staat. Vielmehr sei jeweils aufgrund der tatsächlich bestehenden Abhängigkeit des Einzelnen von der Kollektivmacht nachzuprüfen, ob die tarifliche Bindung von ähnlicher Begründung sei wie die Abhängigkeit von der staatlichen Hoheitsgewalt. Nur in diesem Falle müsse die tarifliche Rechtsetzung die Grundrechte im vollen Umfang achten. *Käppler*[465] vertritt die Auffassung, dass die Tarifpartner an die Grundrechte nicht stärker gebunden sind als die Partner von Individualverträgen, wenn die tariflichen Abreden auch in einem privatautonom ausgehandelten Vertrag als Ergebnis konkret – individueller Interessendurchsetzung vereinbart werden können und die konkrete Legitimation der Geltung der tariflichen Regelung auf dem freien, grundrechtlich gewährleisteten Beitritt zu der Koalition beruhen[466]. Wesentlich zurückhaltender äußert sich *Canaris*[467]. Er lehnt eine unmittelbare Anwendung der Grundrechte auf die Parteien des Tarifvertrages ab, da es sich bei ihnen um Privatrechtssubjekte handele. Die Tätigkeit der Tarifvertragsparteien sei aufgrund des Beitrittsaktes gegenüber ihren Mitgliedern privatautonom legitimiert, sie sei demnach nicht auf staatliche Legitimation zurückzuführen. Eine Einwirkung üben die Grundrechte daher nur über ihre Schutzgebotsfunktion aus. Normadressat dieser Schutzfunktion seien aber nicht die Privatrechtssubjekte, sondern der Gesetzgeber, der von Verfassungs wegen zur Schaffung der erforderlichen Schutznorm verpflichtet sei. *Däubler*[468] zufolge dürfe die Frage der Grundrechtsbindung nicht nach formalen Kriterien (d.h. der Einstufung tariflicher Regeln als Normen) erfolgen, sondern nach der Funktion der Grundrechte, den einzelnen Bürger vor sozialer Übermacht zu schützen und seine Freiheit zu gewährleisten. Er hält im Ergebnis die h.M. gegenüber der Arbeitnehmerseite für richtig[469]. Da es an einer sozialen Abhän-

---

462 Vgl. zur Problematik *Wiedemann*, Einl. Rn. 198 ff.; *Kempen/Zachert*, Grundlagen Rn. 153 ff.; *Schwarze*, ZTR 1996, 1 ff.; zusammenfassend *Hromadka/Maschmann*, § 13 Rn. 155 ff.

463 *Zöllner*, Die Rechtsnatur, S. 37; ErfK/*Dieterich, GG* Einl. Rn. 46 ff; *Wiedemann*, Einl. Rn 198 ff.

464 *Richardi*, Kollektivgewalt, S. 165.

465 *Käppler*, NZA 1991, S. 749 f.

466 Ähnlich *Scholz* in *Maunz/Dürig*, Art. 9 Rn. 357.

467 *Canaris*, JuS 1989, S. 166.

468 *Däubler*, Rn. 414.

469 *Däubler*, Rn. 416.

gigkeit der Arbeitgeber fehle, komme für diese – außer dem Grundrecht auf Menschenwürde – eine Grundrechtsgeltung im Rahmen tariflicher Normsetzung nicht in Betracht[470].

cc) Rechtsprechung zu einzelnen Grundrechten

106 Die arbeitsgerichtliche Rechtsprechung hatte die Vereinbarkeit von Tarifnormen mit Grundrechten häufig zu prüfen, allerdings sind dabei die einzelnen Grundrechte mit unterschiedlichem Gewicht Gegenstand der Prüfung gewesen[471]. In der Vergangenheit lag der Schwerpunkt der Prüfung tariflicher Normen bei den Art. 3, 9 und 12 GG.

Art. 3 GG

107 Das BVerfG hat in ständiger Rechtsprechung als zentralen Aspekt des Gleichheitssatzes das Verbot hervorgehoben, wesentlich Gleiches willkürlich ungleich und wesentlich Ungleiches willkürlich gleich zu behandeln[472]. Willkür ist gegeben, wenn sich ein vernünftiger, aus der Natur der Sache ergebender oder sonst wie sachlich einleuchtender Grund für die Differenzierung oder Gleichbehandlung nicht finden lässt[473].

Das BAG hat deshalb tarifliche Bestimmungen unter dem Blickwinkel des Art. 3 Abs. 1 GG daraufhin zu untersuchen gehabt, ob sich eine sachliche Rechtfertigung für die unterschiedliche Behandlung von Adressaten der Regelung, aber auch von Dritten finden ließ.

Nach früherer Rechtsprechung unterlagen die Tarifvertragsparteien bei der Vereinbarung des persönlichen Geltungsbereichs eines Tarifvertrags keiner unmittelbaren Bindung an Art. 3 Abs. 1 GG. Der vierte Senat des BAG gestand den Tarifparteien zunächst einen grundsätzlichen Vorrang der Gestaltungsfreiheit aus Art. 9 Abs. 3 GG zu,[474] relativierte diese Aussage jedoch später bereits dahingehend, dass die Tarifparteien im Rahmen der Tarifautonomie bei der Gestaltung des Geltungsbereichs eines Tarifvertrags auch Differenzierungen vornehmen können, solange dafür sachliche Gründe existieren.[475]

Inzwischen hatte der dritte Senat entschieden, dass die Tarifpartner im Rahmen ihrer Tarifautonomie an höherrangiges Recht einschließlich des Art. 3 GG gebunden sind[476] und auch die weiteren Spruchkörper des BAG folgen seit Jahren konsequent der Ansicht, dass die Koalitionsfreiheit nicht ohne Berücksichti-

---

470 *Däubler*, Rn. 417 ff.
471 Eine gute Zusammenfassung der wichtigsten Rspr. findet sich bei ErfK/*Schaub*, § 1 TVG, Rn. 137 ff.
472 BVerfG v. 17.12.1953 – 1 BvR 147 –, BVerfGE 3, 58, 135.
473 BVerfG v. 12.10.1951 – 1 BvR 201/51 –, BVerfGE 1, 14, 52.
474 BAG v. 18.9.1985 – 4 AZR 75/84 –, BAGE 49, 360.
475 BAG v. 10.4.1991 – 4 AZR 479/90 –, NZA 1991, 857.
476 BAG v. 7.3.1995 – 3 AZR 282/94 –, NZA 1996, 48.

gung des allgemeinen verfassungsrechtlichen Gleichheitssatzes ausgeübt werden könne[477]. Zuletzt entschied der vierte Senat, dass die Tarifvertragsparteien – zumindest bei der Vereinbarung des persönlichen Geltungsbereichs eines Tarifvertrags – keiner unmittelbaren Bindung an Art. 3 Abs. 1 GG unterliegen. Im Rahmen der vorrangigen Koalitionsfreiheit aus Art. 9 Abs. 3 GG sind sie bis zur Grenze der Willkür frei, den Geltungsbereich eines Tarifvertrages festzulegen, wobei die Grenze der Willkür erst dann überschritten sein soll, wenn die gewählte Differenzierung unter keinem Aspekt plausibel erklärbar ist.[478] Im Ergebnis bedeutet dies, dass die Tarifparteien jedenfalls einer mittelbaren Grundrechtsbindung unterliegen. Ihre unmittelbare Bindung wäre auch dogmatisch schon deshalb nicht zu begründen, da sie weder Teil des Staates sind, noch die ihnen hoheitlich delegierte Normsetzungsbefugnis an Stelle des Staates, sondern autonom ausüben. Die Unterscheidung zwischen unmittelbarer und mittelbarer Bindung an Art. 9 Abs. 3 GG wird deutlich, wenn man die Schutzrichtung der Koalitionsfreiheit betrachtet: Bei der unmittelbaren Grundrechtsbindung ist ein Eingriff durch die Abwägung mit dem Gemeinwohl zu rechtfertigen. Dagegen erwachsen den mittelbar an die Grundrechte gebundenen Tarifparteien Schutzpflichten im Hinblick auf den Ausgleich privater Interessen. In diesem Sinne sind Ungleichbehandlungen der betroffenen Arbeitgeber und Arbeitnehmer mit den Regelungsinteressen der Tarifparteien, letztlich also anhand der Tarifautonomie aus Art. 9 Abs. 3 GG, abzuwägen[479].

In der Literatur wird überwiegend die Auffassung vertreten, dass die Tarifparteien zumindest bei der Regelung des Geltungsbereichs eines Tarifvertrages im Hinblick auf Art. 9 Abs. 3 GG weitestgehend frei sind[480].

Nach der bis zum 14.10.1993 geltenden Fassung des § 622 BGB waren für **108** Angestellte und Arbeiter unterschiedliche gesetzliche Kündigungsfristen vorgesehen. Die in § 622 Abs. 1 und 2 BGB a.F. festgelegten gesetzlichen Kündigungsfristen konnten durch Tarifvertrag verkürzt werden (§ 622 Abs. 3 BGB a.F.). Das BVerfG hatte § 622 BGB a.F. für mit dem allgemeinen Gleichheitssatz (Art. 3 Abs. 1 GG) unvereinbar erklärt, soweit hiernach die Kündigungsfristen für Arbeiter kürzer waren als für Angestellte[481]. Das BVerfG hatte in dieser Entscheidung offengelassen, ob und inwieweit Tarifverträge, die eine entsprechende zwischen Angestellten und Arbeitern differenzierende Regelung enthalten, von Verfassungs- wegen Beschränkungen unterliegen können[482].

---

477 BAG v. 18.6.1997 – 5 AZR 259/96 –, BAGE 86, 136; BAG v. 28.3.1996 – 6 AZR 501/95 –, NJW 1997, 965.
478 BAG v. 30.8.2000 – 4 AZR 563/99 –, NZA 2001, 613; BAG v. 29.8.2001 – 4 AZR 352/00 –, RdA 2002, 244 = SAE 2003, 7 m. Anm. *Rieble.*
479 *Rieble,* SAE 2003, 7, 13.
480 *Gamillscheg,* § 16 S. 676. Eingehend zum Meinungsstand *Wiedemann,* Einl. Rn. 198 ff, 214 ff.
481 BVerfG v. 30.5.1990 – 1 BvL 2/83 u.a. –, BVerfGE 82, 126 = NZA 1990, 721.
482 BVerfG v. 30.5.1990 – 1 BvL 2/83 u.a. –, NZA 1990, 721, 723.

Für die unterschiedliche Ausgestaltung der Kündigungsfristen für Angestellte und Arbeiter in Tarifverträgen galt nach dem bisherigen Recht aufgrund der Rechtsprechung des BAG Folgendes: soweit Tarifverträge die gesetzliche Regelung der Differenzierung zwischen Arbeitern und Angestellten in § 622 BGB a.F. lediglich übernommen haben, ohne eine eigenständige Regelung treffen zu wollen (sog. **deklaratorische Verweisungen**), sind diese tariflichen Regelungen ebenfalls verfassungswidrig und damit unwirksam. Ob eine bloß deklaratorische Übernahme der gesetzlichen Regelung vorliegt, ist durch Auslegung zu ermitteln[483]. Der Wille, eine eigenständige, d.h. in ihrer Geltung von der gesetzlichen Norm unabhängige tarifliche Regelung schaffen zu wollen, muss im Wortlaut des Tarifvertrags einen hinreichend erkennbaren Ausdruck gefunden haben. Für eine rein deklaratorische Regelung spricht es, wenn einschlägige gesetzliche Vorschriften wörtlich oder inhaltlich übernommen wurden.

Liegt dagegen eine eigenständige, **konstitutive** Fristenregelung durch die Tarifvertragsparteien vor, so ist die Zulässigkeit auf der einfachrechtlichen Ebene zu bejahen (§ 622 Abs. 3 BGB a.F.). Die Regelung muss aber dann im Hinblick auf ihre Übereinstimmung mit dem Gleichheitssatz des Art. 3 Abs. 1 GG geprüft werden. Hierzu hat das BAG folgende Grundsätze entwickelt[484]: An sachlichen Gründen für unterschiedliche Kündigungsfristen fehlt es, wenn eine schlechtere Rechtsstellung der Arbeiter nur auf einer pauschalen Differenzierung zwischen den Gruppen der Angestellten und der Arbeiter beruht. Sachlich gerechtfertigt sind hinreichend gruppenspezifisch ausgestaltete unterschiedliche Regelungen, die z.B. entweder nur eine verhältnismäßig kleine Gruppe nicht intensiv benachteiligen, oder funktions-, branchen- oder betriebsspezifischen Interessen im Geltungsbereich des Tarifvertrages mithilfe verkürzter Kündigungsfristen für Arbeiter entsprechen (z.B. überwiegende Beschäftigung von Arbeitern in der Produktion), oder gruppenspezifische Schwierigkeiten bestimmter Arbeitnehmer bei der Stellensuche mildern (Beispiel: die höher- und hochqualifizierten Arbeitnehmer gehören überwiegend zur Gruppe der Angestellten). Andere sachliche Differenzierungsgründe werden durch diese Beispiele nicht ausgeschlossen. Dieser Prüfungsmaßstab gilt sowohl für unterschiedliche Grundfristen als auch für ungleich verlängerte Fristen für Arbeiter und Angestellte mit längerer Betriebszugehörigkeit und höherem Lebensalter. Die Frage, ob die einschlägige tarifliche Kündigungsfrist verfassungsgemäß ist, kann nur unter Berücksichtigung des gesamten Tarifinhalts, soweit er einen Bezug zum Bestand des Arbeitsverhältnisses hat, beurteilt werden. Die Prüfung von tarifvertraglichen Kündigungsfristen

---

483 Zum folgenden BAG v. 28.1.1988 – 2 AZR 296/87 –, NZA 1989, 227, 228.
484 Vgl. BAG v. 21.3.1991 – 2 AZR 616/90 –, NZA 1991, 803 und zuletzt BAG v. 16.9.1993 – 2 AZR 697/92 –, NZA 1994, 221 (dort insbesondere auch zur Präzisierung des Bedarfs des Einsatzes von Arbeitern in der Produktion).

auf der Basis dieser Grundsätze hat zum Teil zur Bejahung, zum Teil zur Verneinung tarifvertraglicher Regelungen geführt[485].

Das BAG hat sich auch zu der Frage geäußert, ob die Beurteilung der tariflichen Kündigungsfristen im Hinblick auf den Gleichheitssatz an eine bestimmte Verteilung der Darlegungs- und Beweislast der Parteien gebunden ist. Das BAG[486] betrachtet Tarifvertragsnormen nicht als staatliches Gesetzesrecht, sondern als kraft des TVG von den Tarifvertragsparteien gesetztes autonomes Recht, das als statutarisches Recht nach den Grundsätzen des § 293 ZPO zu behandeln ist. Die Arbeitsgerichte müssen danach **von Amts wegen** die näheren für die unterschiedlichen Kündigungsfristen maßgeblichen Umstände, die für und gegen eine Verfassungswidrigkeit sprechen, ermitteln, sofern eine Partei oder das Gericht selbst an der Verfassungsmäßigkeit Zweifel hegt.

Mit Wirkung zum 15.10.1993 ist das **Kündigungsfristengesetz** in Kraft getreten, das die gesetzlichen Kündigungsfristen für Arbeiter und Angestellte vereinheitlicht hat[487]. Grund- und Verlängerungsfristen sind nunmehr für alle Arbeitnehmer gleich lang. Wie schon nach bisherigem Recht sind auch nach neuem Recht die gesetzlichen Kündigungsfristen tarifdispositiv (§ 622 Abs. 4 BGB).

Neue Tarifverträge, die von der gesetzlichen Regelung abweichen, werden auch in Zukunft an Art. 3 Abs. 1 GG zu messen sein. Insoweit hat die bisherige Rechtsprechung nach wie vor Bedeutung. Fraglich ist, wie alte Tarifverträge nach dem In-Kraft-Treten des Kündigungsfristengesetzes zu beurteilen sind. In der Gesetzesbegründung ist ausdrücklich hervorgehoben, dass in bestehende tarifliche Fristenregelungen nicht eingegriffen werden sollte[488].

Es scheint sinnvoll, anstelle bisheriger tariflicher Regelungen mit **deklaratorischem** Charakter die neue gesetzliche Regelung treten zu lassen[489]. Soweit differenzierende Regelungen bestehen und diese nicht wegen Verstoßes gegen den Gleichheitsgrundsatz unwirksam sind, haben sie auch nach neuem Recht Bestand. Strittig ist die Behandlung der Fälle, in denen die Verfassungsmäßigkeit zu verneinen ist. Hier bietet sich die Geltung der gesetzlichen Lösung oder die Ersetzung der bisherigen Regelung durch eine neue tarifvertragliche Regelung im Rahmen einer angemessenen Anpassungsfrist an[490]. Das BAG[491] hat sich für die erstgenannte Lösung entschieden: wenn die Tarifpartner bei einer Kündigungsfristenregel in nicht verfassungskonformer Weise von der in § 622 BGB a. F. enthaltenen Tariföffnungsklausel Gebrauch gemacht haben, ist die

---

485 Zu einer Übersicht über die Urteile des BAG s. *Hromadka*, BB 1993, 2372, 2377 ff.; *Worzalla*, NZA 1994, 1345, 148.
486 BAG v. 16.9.1993 – 2 AZR 697/92 –, NZA 1994, 221, 223.
487 BGBl. I S. 1665.
488 Vgl. BT-Drucks. 12/4902, S. 7.
489 So auch *Worzalla*, NZA 1994, 145, 147; ErfK/*Müller-Glöge*, § 622 BGB Rn. 77.
490 Für diese letztere Lösung plädieren *Hromadka*, BB 1993, 2379; *Knorr*, ZTR 1994, 267, 276.
491 BAG v. 10.3.1994 – 2 AZR 323/84 –, BB 1994, 1355; ErfK/*Müller-Glöge*, § 622 BGB Rn. 75.

dadurch entstandene Lücke durch Anwendung der tarifdispositiven Gesetzesnorm des KündFG zu lösen.

109 Angesichts der wachsenden Bedeutung der **Teilzeitbeschäftigungen** ist damit zu rechnen, dass tarifrechtliche Bestimmungen, die zwischen Vollzeit- und Teilzeitbeschäftigten differenzieren, in Zukunft noch stärker unter dem Aspekt des Gleichheitsgrundsatzes geprüft werden müssen. Die Rechtsprechung des EuGH zur unmittelbaren Diskriminierung[492] hat hierzu wichtige Anstöße gegeben.

110 In etlichen Urteilen hat das BAG tarifvertragliche Regelungen wegen Verstoßes gegen den Grundsatz der Gleichheit von Mann und Frau (Art. 3 Abs. 2 und 3 GG) für verfassungswidrig erklärt. Dabei überwogen in der Vergangenheit Fälle offener Diskriminierung wie die Vereinbarung von „Frauenlöhnen"[493], Abhängigkeit einer Kinderzulage vom Antrag der Arbeitnehmerin[494] oder Ehefrauenzulagen[495]. Mittlerweile ist der Aspekt der mittelbaren Diskriminierung in den Vordergrund gerückt[496]. Von besonderer praktischer Bedeutung ist dabei die mittelbare Diskriminierung von Teilzeitkräften von denen über 90% weiblich sind [497]. Für diese Fälle verbietet jedoch bereits die einfachgesetzliche Umsetzung der EU Richtlinie 99/70 EG durch § 4 Abs. 1 TzBfG jede Ungleichbehandlung ohne sachlichen Grund, sodass auf höherangiges Recht als Prüfungsmaßstab kaum noch zurückgegriffen werden braucht (vgl. dazu oben Rn. 101 f.).

110a Ein weiterer Anwendungsbereich für den allgemeinen Gleichheitssatz eröffnet sich durch **Fusionen, Umwandlungen oder sonstige Unternehmenszusammenführungen**. Gelten infolgedessen verschiedene tarifliche Regelungen, kann es zu Ungleichbehandlungen bei der Vergütung der Arbeitnehmer kommen. Für den Fall unterschiedlicher Vertragsregelungen in einem Betrieb, der durch die Übernahme zweier bestehender Betriebe gem. § 613a BGB gebildet worden war, sah das BAG die Ungleichbehandlung (abweichende Gratifikationsregelungen) als gerechtfertigt an.[498] Eine Differenzierung nach dem bei Betriebsübernahme erreichten sozialen Besitzstand sei in diesem Fall nicht sachwidrig. Außerdem bestehe für den Arbeitgeber keine Verpflichtung, die divergierenden Regelungen anzugleichen, da vorrangig der soziale Besitzstand beider Arbeitnehmergruppen garantiert werden müsse. Diese Grundsätze gelten auch bei ungleicher tariflicher Vergütung. Sieht ein Tarifvertrag die unterschiedliche Vergütung der Stammbelegschaft und der übernommenen Mitarbeiter vor, muss bei der Prüfung eines möglichen Verstoßes gegen den allgemeinen Gleichheitssatz nicht auf die Einzelfallgerechtigkeit abgestellt werden, sondern auf die

---

492 S. oben 1.
493 BAG v. 15.1.1955 – 1 AZR 305/54 –, BAGE 1, 258 = AP Nr. 4 zu Art. 3 GG.
494 BAG v. 15.1.1964 – 4 AZR 75/63 –, BAGE 15, 228.
495 BAG v. 13.11.1985 – 4 AZR 234/84 –, NJW 86, 1006.
496 Vgl. dazu ErfK/*Dieterich,* Art. 3 GG Rn. 88.
497 *Hromadka/Maschmann,* § 13 Rn. 169.
498 BAG v. 25.8.1976 – 5 AZR 788/75 –, AP Nr. 41 zu § 242 BGB Gleichbehandlung.

generellen Auswirkungen der Regelungen. Es ist nicht die Aufgabe der Gerichte zu prüfen, ob die Tarifvertragsparteien die gerechteste und zweckmäßigste Lösung für das Regelungsproblem gefunden haben. Die Differenzierung in der Vergütung ergibt sich in dieser Konstellation als Konsequenz aus dem legitimen Regelungsziel, den übernommenen Beschäftigten den Besitzstand zu gewährleisten, indem ihre bisherige Vergütung erhalten bleibt. Wird dieses allgemein anerkannte Regelungsziel durch einen Überleitungstarifvertrag gewahrt, bestehen dagegen keine rechtlichen Bedenken. Die Ungleichbehandlung ist damit nicht sachwidrig, sondern plausibel nachvollziehbar.[499]

Art. 9 Abs. 3 GG

Art. 9 Abs. 3 S. 2 GG beinhaltet das Recht des Einzelnen, einer Koalition **111** fernzubleiben (**negative Koalitionsfreiheit**[500]) Tarifliche Abmachungen, die eine Verbesserung der Rechtsposition der Mitglieder von Tarifvertragsparteien herbeiführen, stellen grundsätzlich keinen Verstoß gegen das Grundrecht der negativen Koalitionsfreiheit dar. Sie sind vielmehr das notwendige und sinnvolle Ergebnis des Tarifvertragsrechts (§ 4 Abs. 1 TVG!).

Fraglich ist aber, ob die Tarifvertragsparteien auch vereinbaren können, dass **112** tarifliche Rechte ausschließlich den Mitgliedern, nicht auch den Außenseitern zukommen dürfen. Das ist die Kontroverse um die Zulässigkeit von so genannten **Tarifausschluss-** und **Differenzierungsklauseln**[501].

Beispiel:
„Leading Case" in diesem Problembereich ist die Entscheidung des BAG zu einem Arbeitskampf der Gewerkschaft Textil/Bekleidung, die in einem Tarifvertrag von den Unternehmen ein zusätzliches Urlaubsgeld ausschließlich für Gewerkschaftsmitglieder forderte. Hierzu sollten die Unternehmen 2 % der Bruttolohnsumme an eine gemeinsame Einrichtung zahlen, die an jeden Arbeitnehmer ein Urlaubsgeld von DM 60.-, darüber hinaus einen Mehrbetrag nach Gewerkschaftszugehörigkeit leistete. Den Unternehmern sollte verboten sein, die Differenz durch zusätzliche Leistungen an die Nichtorganisierten auszugleichen[502]. Der GS des BAG sah darin einen Verstoß gegen das Individualgrundrecht der negativen Koalitionsfreiheit[503]. Nach Auffassung des GS muss das Recht der Koalitionsfreiheit nur legitimen und sozial adä-

---

499 BAG v. 29.8.2001 – 4 AZR 352/00 –, SAE 2003, 7, 10 m. Anm. *Rieble.*
500 Zur negativen Koalitionsfreiheit in der Rspr. des BVerfG und des BAG vgl. BVerfG v. 1.3.1979 – 1 BvR –, AP Nr. 1 zu § 1 MitbestG; BAG (GS) v. 29.11.1967 – GS 1/67 –, AP Nr. 13 zu Art. 9 GG und BAG v. 21.1.1987 – 4 AZR 486/86 –, AP Nr. 46 zu Art. 9 GG.
501 Zum Spektrum der Gestaltungsmöglichkeiten vgl. *Wiedemann*, Einl. Rn. 220 ff.; *Söllner*, § 9 III S. 64 ff.
502 Sachverhalt nach *Hanau/Adomeit*, Rn. 228.
503 BAG GS v. 29.11.1967 – GS 1/67 –, AP Nr. 13 zu Art. 9 GG.

*quaten Duck hinnehmen. Er sieht im Gegensatz zu einer im Schrifttum vertre-
tenen Auffassung nicht als entscheidend an, welche Intensität der Druck auf
die Nichtorganisierten erreicht hat. Die Differenzierungsklausel sei inadä-
quat, weil das Gerechtigkeitsempfinden gröblich verletzt sei, wenn die
Gewährung zusätzlicher Urlaubsleistungen von der Frage der organisierten
Zugehörigkeit abhängig gemacht werde.*

Die Entscheidung hat teils Zustimmung teils Ablehnung erfahren[504]. Die
Schwierigkeit der Problematik resultiert daraus, dass einerseits ein Interesse
der Gewerkschaften anzuerkennen ist, den Mitgliedern im Hinblick auf die
erbrachten Beitragszahlungen eine bessere Position zu verschaffen, um „Tritt-
brettfahren" zu verhindern. Dem steht auf der anderen Seite die negative Koalitionsfreiheit der Nichtorganisierten gegenüber[505]. Unter Abwägung dieses Inte-
ressenwiderstreites ist jedenfalls die Verfassungswidrigkeit dann zu verneinen,
wenn die den nicht- oder andersorganisierten Arbeitnehmern vorenthaltene Ver-
günstigung wertmäßig derart unter dem Gewerkschaftsbeitrag liegt, dass davon
die Entscheidungsfreiheit des Einzelnen nicht betroffen werden kann[506]. Aber
auch darüber hinausgehend muss jeweils abgewogen werden, welchen Interessen im Hinblick auf Art. 9 Abs. 3 GG der Vorzug gebührt. Der Begriff der
Sozialadäquanz enthält noch nicht die Lösung des Konflikts, zu begründen ist
vielmehr, warum das eine oder andere Interesse vorzugswürdig ist.

113   Ebenso stellt es einen Verstoß gegen die negative Koalitionsfreiheit dar, wenn
durch Tarifvertrag die Höchstzahl der in den Vorruhestand gehenden Arbeitnehmer kontingentiert wird. Im zugrunde liegenden Fall stellte die tarifliche Limi-
tierung bereits eine Höchstgrenze für die Belastbarkeit des Unternehmens dar.
Das BAG führte aus, dass somit die Gefahr bestünde, dass das Kontingent durch
Nichtgebundene bereits erschöpft sein könnte, bevor ein tarifgebundener Arbeitnehmer sein Recht in Anspruch nehmen könne. Die daraus resultierende Druck-
situation greift in die negative Koalitionsfreiheit der übrigen Belegschaft ein.[507]

Art. 12 GG

114   Das Grundrecht des Art. 12 GG steht zur Prüfung an, wenn tarifliche Regelungen die Berufsfreiheit von Arbeitnehmern[508] oder von Arbeitgebern[509] tangieren.

---

504 Vgl. zu den Schrifttumsäußerungen *Wiedemann*, Einl. Rn. 75; *Kempen/Zachert*, § 3 Rn. 96 ff.
505 Vgl. zu dieser Interessenkonstellation *Hanau /Adomeit*, Rn. 228.
506 So zu Recht *Wiedemann*, Einl. Rn. 304.
507 Vgl. BAG v. 21.1.1987 – 4 AZR 486/86 u. v. 21.1.1987 – 4 AZR 547/86 –, AP Nr. 46 u. 47 zu
     Art. 9 GG m. Anm. *Scholz.*
508 Vgl. dazu ausführlich *Kempen/Zachert*, Einl. Rn. 311.
509 Vgl. dazu BAG v. 22.1.1991 – 1 ABR 19/90 –, NZA 1991, 675, 679.

Unter dem Blickwinkel des Art. 12 GG waren etwa die Zulässigkeit tarifli- **115** cher Bestimmungen über **Nebentätigkeitsverbote**[510] und die **Rückzahlung** von Arbeitgeberleistungen bei Ausscheiden aus dem Arbeitsverhältnis[511] zu prüfen.

Seit langem war die tarifliche Festlegung von **Altersgrenzen** für die Beendi- **116** gung von Arbeitsverhältnissen kontrovers.

Beispiel[512]*:*

„§ 27:

(1) Das Arbeitsverhältnis des Cockpitpersonals endet, ohne dass es einer Kündigung bedarf, spätestens mit Ablauf des Monats, in dem das 60. Lebensjahr vollendet wird. Es kann im gegenseitigen Einvernehmen auch vor dem 60. Lebensjahr, aber nicht vor Vollendung des 55. Lebensjahres beendet werden. Der Arbeitgeber wird versuchen, einem auf Grund der Altersgrenze ausscheidenden Arbeitnehmer des Cockpitpersonals eine Tätigkeit am Boden anzubieten.

(2) (...)

(3) Arbeitnehmer können bei Erreichen der Altersgrenze bei Vorliegen voller Leistungsfähigkeit in einer anderen Tätigkeit innerhalb der Gesellschaft weiterbeschäftigt werden, sofern eine fliegerische Tätigkeit nicht mehr in Betracht kommt. In diesem Fall kann jedoch aus der vorangegangenen Tätigkeit als Angehöriger des Bordpersonals kein Anspruch auf Fortzahlung der bis dahin gezahlten Bezüge abgeleitet werden. Eine Verpflichtung zur Weiterbeschäftigung besteht weder auf Seiten des Arbeitgebers noch auf Seiten des Arbeitnehmers. "

Nach der Rechtsprechung des BAG stellen Höchstaltersgrenzen nicht bloß eine Berufsausübungs-, sondern eine Berufswahlregelung im Sinne der Rechtsprechung des Bundesverfassungsgerichts zu Art. 12 GG dar[513]. Demnach gilt das Prinzip der Verhältnismäßigkeit in dem Sinne, dass die Fixierung von Altersgrenzen zu dem angestrebten Zweck der ordnungsgemäßen Erfüllung der Berufstätigkeit nicht außer Verhältnis stehen und keine in sich schon verfassungswidrige, weil übermäßige, nicht mehr zumutbare Belastung enthalten darf[514]. Altersgrenzen müssen also ein verhältnismäßiges Mittel zum Schutz des Lebens, des Körpers oder der Gesundheit der Arbeitnehmer oder Dritter vor

---

510 Vgl. BAG v. 13.6.1958 – 1 AZR 491/57 –, AP NR. 6 zu Art. 12 GG.
511 Vgl. dazu BAG v. 18.2.1981 – 1 AZR 944/78 –, AP Nr. 6 zu Art. 12 GG.
512 Nach Firmen-Manteltarifvertrag für das Bordpersonal (MTV-Bord) vom 16.9.1983 i. d.F. des Änderungstarifvertrages vom 25.1/10.2.1988, abgedruckt in NZA 1993, 998.
513 BAG v. 6.3.1986 – 2 AZR 262/85, AP Nr. 1 zu § 620 BGB Altersgrenze; v. 31.7.2002 – 7 AZR 140/01 –, ZTR 2003, 23 ff.
514 BAG v. 6.3.1986 – 2 AZR 262/85, AP Nr. 1 zu § 620 BGB Altersgrenze; BAG v. 12.2.1992 – 7 AZR 100/91 –, DB 1993, 443.

unsachgemäßer Berufsausübung darstellen[515]. In diesem Sinne verstößt eine tarifliche Regelung, nach der das Arbeitsverhältnis von Cockpitpersonal mit Vollendung des 60. Lebensjahres endet, weder gegen das gesetzliche Kündigungsschutzrecht, noch gegen Art. 12 GG und § 41 Abs. 4 Satz 3 SGB VI (jetzt § 41 S. 2 SGB VI).[516]

Große Probleme hat der zum 1.1.1992 in Kraft getretene § 41 Abs. 4 S. 3 SGB VI aufgeworfen. Nach dieser Bestimmung ist eine Vereinbarung, wonach ein Arbeitsverhältnis zu einem Zeitpunkt enden soll, in dem der Arbeitnehmer Anspruch auf eine Rente wegen Alters hat, nur wirksam, wenn die Vereinbarung innerhalb der letzten drei Jahre vor diesem Zeitpunkt geschlossen oder von dem Arbeitnehmer bestätigt worden ist. Die Kontroverse ging dahin, ob unter Vereinbarung im Sinne dieser Bestimmung nur individualvertragliche Absprachen oder auch tarifvertragliche Regelungen zu verstehen sind.[517] Das BAG[518] sah in einer generellen tariflichen Altersgrenze von 65 Lebensjahren, mit deren Erreichen das Arbeitsverhältnis automatisch enden soll, einen Verstoß gegen § 41 Abs. 4 S. 3 SGB VI. Eine derartige Altersgrenzenregelung bedürfe einer einzelvertraglichen Vereinbarung zwischen Arbeitgeber und Arbeitnehmer, die innerhalb der letzten drei Jahre vor Erreichen der Altersgrenze geschlossen oder vom Arbeitnehmer bestätigt werden muss. § 41 Abs. 4 S. 3 SGB VI gelte nach § 300 Abs. 1 SGB VI seit dem 1.1.1992 für alle Arbeitsverhältnisse unabhängig davon, wann die Altersgrenze vereinbart wurde. In einer weiteren Entscheidung[519] hat das BAG seine Auffassung bestätigt.

Als Antwort auf die Urteile des BAG, die Kontroverse in der Literatur und um den Arbeitgebern wieder Planungssicherheit zu verschaffen[520] hat der Gesetzgeber durch Art. 1 des Gesetzes zur Änderung des Sechsten Buches Sozialgesetzbuch vom 26.7.1994[521] die Vorschrift des § 41 Abs. 4 S. 3 SGB VI mit Wirkung vom 1.8.1994 neu gefasst und mittlerweile in § 41 S. 2 SGB VI übernommen:

„Eine Vereinbarung, die die Beendigung des Arbeitsverhältnisses eines Arbeitnehmers ohne Kündigung zu einem Zeitpunkt vorsieht, zu dem der Arbeitnehmer vor Vollendung des 65. Lebensjahres eine Rente wegen Alters beantragen kann, gilt dem Arbeitnehmer gegenüber als auf die Vollendung des 65. Lebensjahres abgeschlossen, es sei denn, dass die Vereinbarung innerhalb der

---

515 Vgl. dazu *Boecken*, Wie sollte der Übergang vom Erwerbsleben in den Ruhestand rechtlich gestaltet werden ?, 1998, S. 32 ff.
516 BAG v. 25.2.1998 – 7 AZR 641/96 –, AP Nr. 11 zu § 1 TVG, Tarifverträge: Luftfahrt; BAG v. 20.2.2002 – 7 AZR 748/00 –, NZA 2002, 789; BAG v. 31.7.2002 – 7 AZR 140/01 –, NZA 2002, 1155.
517 Vgl. dazu *Moll*, DB 1992, S. 475 mit Literaturnachweisen.
518 BAG v. 20.10.1993 – 7 AZR 135/93 –, NZA 1994, 128.
519 BAG v. 1.12.1993 – 7 AZR 428/93 –, NZA 1994, 369.
520 ErfK/*Rolfs*, § 41 SGB VI Rn. 3.
521 BGBl. I S. 1797.

letzten drei Jahre vor diesem Zeitpunkt abgeschlossen oder von dem Arbeitnehmer bestätigt worden ist." Damit hat der Gesetzgeber im Wesentlichen wieder jene Rechtslage hergestellt, die bis zum 1.1.1992 galt.[522] Damit werden Vereinbarungen über Altersgrenzen in Tarifverträgen und Betriebsvereinbarungen sowie in Einzelarbeitsverträgen, soweit sie die Beendigung des Arbeitsverhältnisses für das 65. Lebensjahr vorsehen, wieder zulässig. Eine Befristung zu einem früheren Zeitpunkt ist gem. § 43 S. 2 SGB VI hingegen nur einzelvertraglich möglich.[523] Eine andere Frage ist es, ob diese Regelungen im Hinblick auf das Grundrecht der Berufsfreiheit (Art. 12 Abs. 1 GG) Bestand haben können.[524]

Die Problematik zeigt einen sehr grundsätzlichen Konflikt zwischen unternehmens- und arbeitsmarktpolitischen Vorstellungen einerseits und Interessen der älteren Arbeitnehmer, über die Dauer ihres Arbeitslebens zu entscheiden, andererseits[525]. Die Problematik erhält erneute Aktualität durch die RL 2000/78/EG vom 27.12.2000[526] zur Festlegung eines allgemeinen Rahmens für die Verwirklichung der Gleichbehandlung in Beschäftigung und Beruf, wonach die Mitgliedsstaaten spätestens bis zum 2.12. 2006 Altersdiskriminierung abzubauen haben.[527]

Eine weitere, heftige Kontroverse betrifft die verfassungsrechtliche Zulässigkeit so genannter **qualitativer Besetzungsregeln**.[528] Darunter versteht man tarifvertragliche Bestimmungen, durch die bestimmten Fachkräften eines Industriezweiges für einen bestimmten Zeitraum bei der Besetzung von Arbeitsplätzen der Vorrang vor anderen Bewerbern eingeräumt wird. Im Schrifttum ist teilweise ein Verstoß gegen Art. 12 GG bejaht worden. Die Vertreter dieser Meinung[529] haben sich dabei vor allem auf das Apotheken-Urteil des BVerfG berufen, das für die Zulässigkeit von Berufszulassungsbeschränkungen strenge Anforderungen postuliert hat[530]. Das BAG hat dagegen die Andersartigkeit des Zugangs zu abhängiger Beschäftigung gegenüber der selbstständigen Tätigkeit betont und das Regelungsproblem verfassungsrechtlich in der Parallele zur Zulassung zum Hochschulstudium gesehen[531]. Das BAG hat die vereinbarten qualitativen Besetzungsregeln im Rahmen der dazu entwickelten verfassungs- **117**

---

522 vgl. zum alten und neuen Recht *Ehrich*, BB 1994, 1633 ff., *Lehmann*, NJW 1994, 3054 ff.; *Waltermann*, NZA 1994, 822 ff.; *Hanau*, DB 1994, 2394 ff.; *Gitter*, SGb 1995, 5 ff.
523 ErfK/*Rolfs*, § 41 SGB VI Rn.12.
524 vgl. hierzu *Ehrich*, BB 1994, 1633, 1635 mit Literaturhinweisen zur Thematik.
525 Sehr treffend zu diesem Wertungskonflikt *Simitis*, RdA 1994, 258 ff.
526 ABlEG. Nr. L 303/18.
527 Eingehend dazu *Schmidt/Senne*, RdA 2002, 80 ff.
528 Zu ihrer Einordnung als Betriebsnorm s. oben Rn. 63.
529 Vgl. etwa *Reuter*, ZfA 1978, S. 1; *Bulla*, DB 1980, S. 158 f.; *Blomeyer*, ZfA 1980, 3 f.
530 Vgl. BVerfG v. 11.6.1958 – 1 BvR 596/56 –, BVerfGE 7, 377.
531 BAG v. 13.9.1983 – 1 ABR 69/81–, AP Nr. 1 zu § 1 TVG Tarifverträge: Druckindustrie m. abl. Anm. *Reuter*.

rechtlichen Grundsätze beurteilt[532]. Mittlerweile hat das BAG seine Rechtsprechung bestätigt und präzisiert[533].

118   Grundlegende Aussagen zu dem Verhältnis von – durch Art. 12 GG geschützter – **Unternehmensautonomie** und **Tarifautonomie** stellt das Urteil des BAG zur Zulässigkeit von Zeitzuschlägen innerhalb eines Personalbemessungssystems dar[534]. Das BAG betont die Notwendigkeit zu verhindern, dass die Ausübung der Tarifautonomie einerseits und der Unternehmensautonomie andererseits in einer Weise erfolgt, dass eines der Rechte leerläuft[535]. Im Anschluss an *Beuthien*[536] verlangt das BAG eine Ausdeutung der Grundrechtsgewährleistung in der Weise, dass beide jeweils bestmöglich wirksam werden. Die Tarifautonomie müsse einen tariffreien Betätigungsbereich belassen, woraus sich ergibt, dass nicht alle unternehmerischen Entscheidungen tarifvertraglich geregelt werden können. Als kollektives Arbeitnehmerschutzrecht gegenüber der Unternehmensautonomie könne eine tarifvertragliche Regelung nur dort eingreifen, wo eine unternehmerische Entscheidung diejenigen rechtlichen, wirtschaftlichen oder sozialen Belange der Arbeitnehmer berührt, die sich gerade aus deren Eigenschaft als abhängig Beschäftigte ergeben.

Im Grundsatz spricht sich das Gericht deshalb dafür aus, dass über Investition, Produktion und Vertrieb unternehmensautonom entschieden wird. Gleichzeitig betont aber das Gericht, dass die tariffreie Unternehmensautonomie nicht soweit gehe, dass die Gewerkschaften nur auf die Mitwirkung an den sozialen Folgeerscheinungen unternehmerischer Entscheidungen verwiesen seien. Denn durch die Gestaltung der Produktion, insbesondere die Einführung neuer Technologien werden Arbeitsbedingungen verändert, wobei es häufig eher Zufall ist, ob die soziale Frage Teil oder Folge der Unternehmerentscheidung ist. Das BAG betont deshalb, dass sich der Regelungsauftrag des Art. 9 Abs. 3 GG immer dann, wenn sich die wirtschaftliche und soziale Seite einer unternehmerischen Maßnahme nicht trennen lasse, zwangsläufig mit auf die Steuerung der unternehmerischen Sachentscheidung erstrecke[537]. In einem weiteren Urteil hat das BAG bestätigt, dass Art. 12 GG im Lichte der Tarifautonomie gesehen werden

---

532   Das BAG bezieht sich auf die einschlägigen Entscheidungen des BVerfG v. 18.7.1972 – 1 BvL 32/70 –, BVerfGE 33, 303; v. 8.2.1977 – 1 BvF 1/76 u.a. –, BVerfGE 43, 291, v. 3.11.1981 – 1 BvR 632/80 u.a. –, BVerfGE 59, 1 und v. 3.11.1982 – 1 BvR 900/78 u.a. –, BVerfGE 62, 117.

533   Vgl. BAG v. 26.4.1990 – 1 ABR 84/87 –, NZA 1990, 850; v. 22.1.1991 – ABR 19/90 –, NZA 1991, 675.

534   BAG v. 3.4.1990 – 1 AZR 123/89 –, NZA 1990, 886. Zu dieser Entscheidung s. auch unten IV 4 a) aa) (dort zu den Aspekten, die sich aus der Existenz immanenter Schranken ergeben können).

535   BAG v. 3.4.1990 – 1 AZR 123/89 –, NZA 1990, 886, 889.

536   *Beuthien*, ZfA 1984, 12.

537   Zum Komplex der Fragen, die die Möglichkeit tarifvertraglicher Einflussnahme auf unternehmerische Entscheidungen betreffen, monographisch *Weyand*, Die tarifvertragliche Mitbestimmung, 1989.

müsse und grundsätzlich schon deshalb nicht jede Einschränkung der Berufsausübung durch die Tarifpartner verhindert werden könne.[538]

b) Bindung an das Rechtsstaatsgebot

Das Rechtsstaatsprinzip des Art. 20 Abs. 1 GG ist von den Tarifpartnern zu **119**
beachten[539]. Hierzu haben in der Vergangenheit vor allem zwei Problemkom-
plexe eine Rolle gespielt. Einmal ging es um das im Hinblick auf das Rechtsstaatsprinzip gebotene Maß an Klarheit von in Tarifverträgen benutzten Begriffen[540]. Gerichte haben sich im Einzelfalle außerstande gesehen, einen Fall zu
entscheiden, weil die tariflichen Begriffe, etwa Tätigkeitsmerkmale mangels
Bestimmbarkeit des Begriffsinhalts verfassungswidrig und injustitiabel seien.
Es wurde argumentiert, wie Gesetze so könnten auch tarifliche Normen wegen
Unklarheit gegen Art. 20 GG verstoßen[541]. Das BAG betont gegenüber allzu
rigiden Positionen die Unverzichtbarkeit unbestimmter Rechtsbegriffe in Tarifverträgen und verneint eine Rechtsstaatswidrigkeit, wenn ein unbestimmter
Begriff in einem Tarifvertrag nach den allgemeinen Grundsätzen der Tarifausle-
gung inhaltlich bestimmt werden kann[542].

Der zweite, mit dem Rechtsstaatsprinzip in Zusammenhang stehende Pro-
blemkomplex der **Rückwirkung** von Tarifverträgen ist unter IV 4 d behandelt.

c) Rechtsfolgen bei Grundgesetzwidrigkeit einzelner Tarifvertragsbestim-
mungen

Sind einzelne Bestimmungen eines Tarifvertrages wegen Verstoßes gegen das **120**
Grundgesetz nichtig, so erhebt sich die Frage, welche Auswirkungen damit für
den übrigen Tarifvertrag gegeben sind. Vom Bürgerlichen Recht her gedacht
bietet sich eine Lösung des Problems über § 139 BGB an. Danach ist bei Nich-

---

538 BAG vom 25.10.2000 – 4 AZR 438/99 –, NZA 2001, 328. In dem zugrunde liegenden Fall
    wurde durch einen Firmentarifvertrag die im Manteltarifvertrag vorgesehene Wochenarbeitszeit
    von 38,5 vorübergehend auf 30 Stunden gesenkt. Das BAG sah darin keine Überschreitung der
    Tarifautonomie durch die Sozialpartner. Im Wege der praktischen Konkordanz musste der Klä-
    ger die temporäre Reduzierung der Arbeitszeit einschließlich der damit verbundenen Vergü-
    tungsdifferenzen als verhältnismäßigen Eingriff in seine Berufsausübungsfreiheit hinnehmen.
    Die streitgegenständliche Arbeitszeitverkürzung war hier lediglich als vorübergehende regel-
    mäßige Arbeitszeit vereinbart worden und somit der Einführung von Kurzarbeit gleichzusetzen
    (vgl. dazu *Schaub*, § 47 Rn. 1.). Dies erfolgte, um einen vorübergehenden Arbeitsmangel auszu-
    gleichen und dadurch langfristig betriebsbedingte Kündigungen zu vermeiden.
539 Vgl. dazu *Söllner*, § 17 III
540 S. dazu BAG v. 29.1.1986 – 4 AZR 465/84 –, AP Nr. 115 zu §§ 22, 23 BAT 1975 m. Anm.
    Brox.
541 Vgl. LAG Düsseldorf als Vorinstanz der in der vorhergehenden Fn. zitierten Entscheidung des
    BAG.
542 Zu den Einzelheiten der Begründung vgl. BAG v. 29.1.1986 – 4 AZR 465/84 –, AP Nr. 115 zu
    § 22, 23 BAT 1975.

tigkeit eines Teils eines Rechtsgeschäfts das ganze Rechtsgeschäft nichtig, wenn nicht anzunehmen ist, dass es auch ohne den nichtigen Teil vorgenommen sein würde. Die wohl überwiegende Meinung im Schrifttum lehnt eine Anwendung des § 139 BGB ab[543]. Das BAG wendet demgegenüber in ständiger Rechtsprechung die Vorschrift des § 139 BGB an[544].

121   Demnach ist zu prüfen, ob aus dem festzustellenden Willen der Tarifvertragsparteien Gesamtnichtigkeit oder Aufrechterhaltung des Resttarifvertrages zu schließen ist. Die Prüfung, ob die Tarifparteien auch dann an ihren Erklärungen im Tarifvertrag festgehalten hätten, wenn ihnen die Nichtigkeit der Klausel bekannt gewesen wäre, dürfe jedoch nicht rein subjektiv ohne Berücksichtigung der Vertragszwecke erfolgen. In Anknüpfung an zivilrechtliche Lehren zu § 139 BGB verlangt das BAG vielmehr eine Entscheidung danach, was die Parteien „vernünftigerweise nach Treu und Glauben unter Berücksichtigung der Verkehrssitte" entschieden hätten (objektiver Einschlag!). Im Hinblick auf die juristische Doppelnatur von Tarifverträgen (schuldrechtliche und normative Seite) sei es misslich und unerwünscht, wenn ohne wirklich zwingenden Grund der ganze Tarifvertrag ungültig wäre. Das BAG kommt deshalb zu der Feststellung, dass entgegen der (nicht zwingenden) Vermutung des § 139 BGB bei Tarifverträgen die Rechtsgültigkeit des Tarifs die Regel sei[545].

122   Soweit nicht der gesamte Tarifvertrag als unwirksam anzusehen ist, stellt sich die weitere Frage, was im Hinblick auf die nichtige Bestimmung zu geschehen hat. Kann der Richter eine verfassungskonforme Regelung an die Stelle der nichtigen setzen oder greift er damit unzulässigerweise in die Tarifautonomie ein?[546].

123   Das BAG hatte in der Entscheidung über tarifvertragliche „Frauenlöhne" für den Fall, dass nur die Lohnklausel und nicht der gesamte Tarifvertrag nach § 139 BGB nichtig ist, den Lohnanspruch der Klägerin für begründet erklärt: „Der Einwand, man könne nicht einfach die 'Frauenlöhne' auf den tariflichen Regellohn anheben, denn der Gleichheitsgrundsatz könne auch zur Herabsetzung der 'Männerlöhne' auf die 'Frauenlöhne' führen, geht hier fehl. Ist die Differenzierung zu Lasten der Frauen nichtig, so gibt es in dem Tarifvertrag eben keine 'Männerlöhne', sondern nur Tariflöhne schlechthin"[547].

124   In einem Urteil über das – gleichheitssatzwidrige – Erfordernis eines Antrags auf Kinderzulage für weibliche Arbeitnehmer hat das BAG den Anspruch gewährt und die Korrektur der Verfassungswidrigkeit vor allem darauf gestützt,

---

543 Vgl. *Wiedemann*, § 1 Rn. 210 m.w.N.; *Hromadka/Maschmann*, § 13 Rn. 207.
544 Eingehend dazu BAG v. 15.1.1955 – 1 AZR 305/54, BAGE 1, 258, 270 ff. S. auch BAG v. 15.1.1964 – 4 AZR 75/63 –, BAGE 15, 228, 234 und v. 18.8.1971 – 4 AZR 342/70 –, BAGE 23, 399, 405 f.
545 Vgl. BAGE 1, 258, 272. Beweisrechtlich sei die Partei, die weitergehende oder volle Nichtigkeit behaupte, darlegungs- und beweispflichtig.
546 Zur Problemstellung *Baumann*, RdA 1994, 272 ff.
547 BAG v. 15.1.1955 – 1 AZR 305/54 –, BAGE 1, 258, 270.

dass die Antragsstellung für den Arbeitgeber ein wenig bedeutsames und daher verzichtbares Erfordernis darstellt[548].

Das BAG hat andererseits klargestellt, dass es sich bei den vorbezeichneten **125** Entscheidungen um korrigierfähige Sondersituationen gehandelt habe, dass in den sonstigen Fällen aber dem Kläger ein Anspruch nicht zugestanden werden könne, wenn eine tarifliche Norm wegen Verstoßes gegen Verfassungsrecht nach § 134 BGB nichtig ist. Das BAG wörtlich[549]: „Den Gerichten ist es insoweit verwehrt, eine nichtige Tarifnorm durch eine andere Norm zu ersetzen oder etwa zu ergänzen. Dies wäre keine verfassungskonforme Tarifauslegung, weil sie sich nicht an dem in der Tarifnorm zum Ausdruck gekommenen Willen der Tarifvertragsparteien orientiere, sondern ein unzulässiger Eingriff in die Tarifautonomie sei. Es muss vielmehr den Tarifvertragsparteien überlassen bleiben, ob und auf welche Weise sie eine nichtige Tarifnorm durch eine andere (verfassungsmäßige) Regelung ersetzen oder ergänzen...". Diese Grundsätze sollen uneingeschränkte Gültigkeit haben, soweit es sich um Ansprüche für die Zukunft handelt. Für die Vergangenheit können Ansprüche zuerkannt werden, wenn sich nur auf diese Weise der verfassungsrechtlich gebotene Zustand verwirklichen lässt[550]. Das BAG sieht darin keinen unzulässigen Eingriff in die Tarifautonomie und beruft sich auf die Rechtsprechung des BVerfG, die in den Fällen, in denen eine gesetzliche Regelung für mit der Verfassung unvereinbar erklärt wird, den Gesetzgeber verpflichtet, auch für die Vergangenheit eine verfassungsmäßige Regelung zu treffen[551]. Wie bei verfassungswidrigem Gesetzesrecht so gelte auch bei verfassungswidrigen Tarifnormen, dass die Korrektur für die Vergangenheit grundsätzlich von den Tarifpartnern und nicht von den Gerichten vorzunehmen ist. Wenn aber aus tatsächlichen und rechtlichen Gründen die Entscheidungsmöglichkeiten der Tarifvertragsparteien so gering sind, dass ihnen praktisch nur eine Möglichkeit zur Beseitigung der verfassungswidrigen Regelung bleibt, können auch die Gerichte eine Tarifnorm ergänzen, um eine verfassungsmäßige Regelung herbeizuführen[552].

Ob damit ein Widerspruch zur Rechtsprechung des 3. Senats besteht – wie *Lipke* meint[553] – ist zweifelhaft. In einer Entscheidung aus dem Jahre 1985 zu einer tariflichen Ruhegeldvereinbarung hat der 3. Senat die wegen Verstoßes gegen Art. 3 GG nichtige Tarifnorm unter Heranziehung der Grundsätze zur Schließung planwidriger Tariflücken in eigener Kompetenz ersetzt[554]. Der 3. Senat betont ausdrücklich, dass er nicht von früherer Rechtsprechung des

---

548 BAG v. 15.1.1964 – 4 AZR 75/63 –, BAGE 15, 228, 234.
549 BAG v. 13.11.1985 – 4 AZR 234/84 –, NJW 1986, 1006, 1007.
550 BAG v. 13.11.1985 – 4 AZR 234/84 –, NJW 1986, 1006, 1008.
551 Vgl. BVerfG v. 8.10.1980 – BvL 122/78 u.a. –, BVerfGE 55, 100, 113.
552 BAG v. 13.11.1985 – 4 AZR 234/84 –, NJW 1986, 1006, 1008.
553 *Lipke*, AuR 1991, 82 f.
554 Vgl. BAG v. 14.12.1982 – 3 AZR 251/80 –, EzA § 242 BGB Ruhegeld Nr. 100.

4. Senats abweichen wolle, und erkennt an, dass eine Schließung von Tariflücken nach billigem Ermessen einen Eingriff in die Tarifautonomie darstellen würde[555].

Auch der 2. Senat vertritt eine den vorgenannten Grundsätzen des 4. Senats ähnliche Position. Das zeigt sich an den Urteilen zu den Rechtsfolgen bei tariflichen Bestimmungen über Kündigungsfristen von Arbeitern und Angestellten, die wegen Verstoßes gegen Art. 3 GG nichtig sind. Eine Ausfüllung der Tariflücke im Wege der ergänzenden Vertragsauslegung durch die Gerichte sei nur dann zulässig, wenn ausreichende Anhaltspunkte dafür vorliegen, welche Regelung die Tarifvertragsparteien mutmaßlich getroffen hätten, wenn ihnen die Nichtigkeit bewusst gewesen wäre[556]. Wenn es aber an solchen ausreichenden Anhaltspunkten fehlt, andererseits dem Tarifvertrag der Wille der Parteien zu entnehmen ist, sich an die jeweilige verfassungskonforme gesetzliche Regelung zu halten, dann sind anhängige Rechtsstreitigkeiten bis zu einer tariflichen Neuregelung auszusetzen[557].

d) *Verfassungsrechtliche Überprüfung von Tarifnormen durch die Gerichte*

126 Für die Überprüfung von Tarifnormen auf ihre Übereinstimmung mit dem GG besteht eine absolute Kontrollkompetenz der Arbeitsgerichte[558]. Die Arbeitsgerichte haben nach den Grundsätzen des § 293 ZPO **von Amts wegen** die für die verfassungsrechtliche Prüfung relevanten Umstände zu ermitteln[559]. Da es sich bei Tarifnormen um Rechtsnormen im materiellen Sinne handelt, ist ein Normenkontrollverfahren nach Art. 100 GG nicht zulässig[560]. Prüfungsmaßstab sind auch die Grundrechte der Landesverfassungen[561]. Ob Tarifvertragsnormen im Wege der Verfassungsbeschwerde gemäß § 90 BVerfGG angegriffen werden können, ist vom BVerfG noch nicht entschieden worden[562].

---

555 Auch die Entscheidung des 3. Senats vom 14.10.1986 – 3 AZR 66/83 –, NZA 1987, 445, die eine betriebliche Versorgungsordnung betraf, stellt keinen Widerspruch zur vorzitierten Entscheidung des 4. Senats dar. Das Gericht korrigiert die diskriminierende Bestimmung der Betriebsvereinbarung in verfassungskonformer Weise für die Vergangenheit, lässt aber für die Zukunft die Neuregelung zu.

556 BAG v. 28.2.1982 – 2 AZR 403/83 –, BAGE 49, 21, 30; v. 21.3.1991 – 2 AZR 323/84 –, NZA 1991, 801.

557 BAG v. 21.3.1991 – 2 AZR 323/84 –, NZA 1991, 801; v. 29.8.1991 – 2 AZR 220/91 –, NZA 1992, 166, 168.

558 BAG v. 27. 10. 1988 – 2 AZR 109/88 –, AP Nr. 4 zu § 62 BAT; *Wiedemann*, Einl. Rn. 354.

559 Vgl. BAG v. 4.3.1993 – 2 AZR 355/92 –, DB 1993, 1578; v. 16.9.1993 – AZR 697/92 –, NZA 1994, 221.

560 BAG v. 6.4.1955 – 1 AZR 365/54 –, AP Nr. 7 zu Art. 3 GG.

561 Vgl. BAG v. 14.7.1961 – 1 AZR 154/60 –, AP Nr. 1 zu Art. 24 VerfNRW und v. 18.10.1961 – 1 AZR 417/60 –, AP Nr. 2 zu Art. 24 VerfNRW.

562 Offen gelassen in BVerfG v. 2.12.1969 – 1 BvR 612/67 –, AP Nr. 5 zu § 90 BVerfGG. Zur Streitfrage s. *Wiedemann*, Einl. Rn. 335; *Kempen/Zachert*, Einl. Rn. 203.

3. Bindung an das einfache Gesetzesrecht

a) Einseitig und zweiseitig zwingendes Gesetzesrecht

Im Stufenbau des Arbeitsrechts steht der Tarifvertrag im Rang unter dem **127** Gesetzesrecht[563]. Allerdings bedeutet die Existenz gesetzlicher Bestimmungen nicht, dass die Tarifvertragsparteien keinerlei abweichende Regelung treffen können. Vielmehr müssen drei Typen von Gesetzesnormen unterschieden werden, die unterschiedliche Spielräume für tarifliche Gestaltung lassen[564].

Ein **zweiseitig zwingendes** Gesetz erlaubt keinerlei eigenständige Regelung **128** durch die Tarifvertragsparteien. Beispiele hierfür sind etwa § 57a S. 2 HRG[565] sowie die organisationsrechtlichen Vorschriften des BetrVG und des PersVG.[566]

Ein **einseitig zwingendes** Gesetz lässt abweichende tarifvertragliche Bestimmungen zugunsten der Arbeitnehmer zu.[567]

Schließlich gibt es **tarifdispositives Gesetzesrecht**, das den Tarifvertragsparteien abweichende Regelungen zu Lasten und zugunsten der Arbeitnehmer eröffnet.[568]

So einfach diese theoretische Differenzierung von Gesetzesnormen ist, so **129** schwierig kann es im Einzelfall sein herauszufinden, um welche Art von Gesetzesnorm es sich jeweils handelt, von der durch Tarifvertrag abgewichen werden soll[569]. Die Antwort muss im Wege der Auslegung der betreffenden Norm gefunden werden. Hierbei muss auf den üblichen Kanon von Auslegungsregelungen zurückgegriffen werden[570].

Zu wichtigen Fragenkomplexen hat das BAG in den zurückliegenden Jahren **130** eine Klärung herbeigeführt. Dies betrifft vor allem das frühere **Lohnfortzahlungsrecht**[571] und das **Kündigungsschutzrecht**[572]. Was das Verhältnis des früheren **BeschFG a.F.** zum Tarifvertragsrecht betrifft, so hat das BAG § 1 BeschFG als eine einseitig zwingende gesetzliche Vorschrift angesehen, sodass tarifver-

---

563 *Hanau/Adomeit*, Rn. 27.
564 Vgl. dazu *Wiedemann*, Einl. Rn. 357.
565 MünchArbR/*Löwisch/Rieble*, § 259 Rn. 82.
566 *Wiedemann*, Einl. Rn. 363; MünchArbR/*Löwisch/Rieble*, § 259 Rn. 82.
567 Beispiele: §§ 1, 13 BUrlG und § 3 EFZG; s. auch MünchArbR /*Löwisch/Rieble*, § 259 Rn. 90.
568 Vgl. etwa § 622 Abs. 4 S. 1 BGB; § 13 BUrlG; § 4 Abs. 4 S. 1 EFZG.
569 Vgl. dazu *Kempen/Zachert*, Grundl. Rn. 205 ff.
570 Vgl. das Beispiel BAG v. 29.9.1987 – 7 AZR 315/86 –, DB 1988, 1022 f. Das BAG hebt auf Gesetzeswortlaut, systematischen Zusammenhang, Sinn und Zweck und Entstehungsgeschichte ab.
571 BAG v. 25.3.1987 – 5 AZR 414/84 –, DB 1987, 1594 (zu § 616 Abs. 1 BGB: Vergütung im Krankheitsfall nicht tarifdispositiv); v. 7.11.1984 – 5 AZR 379/82 –, DB 1985, 498 (zu §§ 63 HGB, 133 c GewO, 616 BGB: ebenfalls zwingend, Attest als Voraussetzung für Gehaltsfortzahlungsanspruch keine materielle Voraussetzung).
572 BAG v. 14.5.1987 – 2 AZR 380/86 –, DB 1987, 2575 (§ 1 KSchG als einseitig zwingendes Gesetz).

tragliche Bestimmungen über die sachliche Begründetheit von Befristungen als für die Arbeitnehmer günstigere Regelungen Vorrang haben[573]. Gleiches muss nunmehr für die §§ 12 Abs. 3; 13 Abs. 4; 14 Abs. 2 S. 3-4 TzBfG gelten.[574]

b) Tarifdispositives Gesetzesrecht

131 Tarifdispositives Gesetzesrecht erlaubt den Tarifvertragsparteien, zu Lasten oder zugunsten von Arbeitnehmern von der gesetzlichen Regelung abzuweichen[575]. Sinn und Zweck tarifdispositiven Gesetzesrechts ist es, den Tarifvertragsparteien freie Hand zu geben, um für einen bestimmten Wirtschaftszweig einen vom Gesetz abweichenden sachgemäßen Interessenausgleich zu schaffen[576].

132 Ob eine tarifdispositive Gesetzesnorm vorliegt, ist durch Auslegung zu ermitteln. Dabei ist fraglich, ob der Tarifvorbehalt ausdrücklich im Gesetz enthalten sein muss[577]. Jedenfalls muss im Hinblick auf den Schutzcharakter arbeitsrechtlicher Vorschriften bezüglich der Auslegung einer Vorschrift als tarifdispositiv eine restriktive Handhabung erfolgen[578].

133 Von den tarifdispositiven Gesetzesvorschriften sind abzugrenzen die **Zulassungsnormen** des BetrVG, in denen die Tarifvertragsparteien zur Abweichung von der gesetzlichen Regelung der betrieblichen Organisation ermächtigt werden[579].

134 Schafft der Gesetzgeber neues tarifdispositives Recht, so gilt der Vorrang des Tarifvertrages auch für die bereits bestehenden Tarifverträge[580].

---

573 BAG v. 25.9.1987 – 7 AZR 315/86 –, DB 1988, 1022. Zu einer von § 4 BeschFG abweichenden tarifvertraglichen Bestimmung s. BAG v. 12.3.1992 – 6 AZR 311/90 –, DB 1992, 1785.

574 *Hromadka/Maschmann*, Rn 187.

575 Zu wichtigen tarifdispositiven Gesetzesnormen vgl. *Schaub*, § 31 Rn. 16.

576 *Schaub*, § 31 Rn. 14. Zur Frage der Zulässigkeit tarifdispositiven Gesetzesrechts im Hinblick auf Art. 9 Abs. 3 S. 2 GG s. einerseits *Däubler*, Rn. 372 ff.; andererseits *Kempen/Zachert*, Grundlagen. Rn. 221 ff.

577 So *Schaub*, § 31 Rn. 14; *Kempen/Zachert*, Grundlagen Rn. 222.

578 BAG v. 18.12.1980 – 2 AZR 934/78 –, AP Nr. 4 zu § 1 TVG Tarifverträge Bundesbahn; v. 29.9.1987 – 7 AZR 315/86 –, DB 1988, 1022; *Kempen/Zachert*, Grundlagen Rn. 223; *Wiedemann*, Einl. Rn. 396.

579 S. dazu *Wiedemann*, Einl. Rn. 391. Solche Normen sind: § 3 Abs. 1 BetrVG (Schaffung zusätzlicher betriebsverfassungsrechtlicher Vertretungen des Arbeitnehmers bestimmter Beschäftigungsarten oder Arbeitsbereiche); § 4 BetrVG (abweichende Regelungen über die Zuordnung von Betriebsteilen); § 38 Abs. 1 S. 5 BetrVG (anderweitige Regelung der Freistellung von Betriebsratsmitgliedern); § 76 Abs. 8 BetrVG (Ersetzung der betrieblichen Einigungsstelle durch eine tarifliche Schlichtungsstelle), usw.

580 St. Rspr. d. BAG zu § 13 BUrlG, vgl. BAG v. 9.7.1964 – 5 AZR 450/63 –, v. 9.7.1964 – 5 AZR 463/63 und v. 15.2.1965 – 5 AZR 347/64 –, AP Nr. 1, 2 und 6 zu § 13 BUrlG; *Wiedemann*, Einl. Rn. 398, 399.

c) *Tarifdispositives Richterrecht*

Der Hintergrund der Problematik ist folgender. Stärker als in anderen Rechts- **135** gebieten ist das Arbeitsrecht durch Richterrecht geprägt[581]. Unter Richterrecht ist hierbei nicht die „übliche", sondern jene – in den methodischen Grundlagen umstrittene – Judikatur zu verstehen, die gelegentlich plakativ als **„gesetzesvertretendes Richterrecht"**[582] bezeichnet wird. Es handelt sich um Rechtsprechung, die entgegen dem Wortlaut gesetzlicher Regelung oder bei Fehlen einer gesetzlichen Regelung ergeht[583]. Zu zwingendem Charakter gelangt Richterrecht, wenn es zur Verhinderung der Umgehung von zwingendem Gesetzesrecht oder in Befolgung einer den Gerichten obliegenden verfassungsrechtlichen Schutzpflicht entwickelt worden ist.[584]

Die bedeutendsten Bereiche, in denen Recht in dieser Weise von der Recht- **136** sprechung geschaffen wurde, betreffen die Zulässigkeit von **Rückzahlungsklauseln**[585], von **Gratifikationen**[586], die Zulässigkeit von **befristeten Arbeitsverträgen**[587] und von **Wettbewerbsverboten**[588].

Beispiel für eine Rückzahlungsklausel[589]:
„SR 2 a BG-AT
7. Zu Abschnitt VII – Vergütung
(1) Wird ein Angestellter im Pflegedienst, der unter die Anlage 1 b fällt, auf Veranlassung und im Rahmen des Personalbedarfs des Arbeitgebers fort- oder weitergebildet, werden, sofern keine Ansprüche gegen andere Kostenträger bestehen, vom Arbeitgeber (...) die Kosten der Fort- und Weiterbildung getragen.

---

581 *Gamillscheg*, AcP 164, 1964, 388: „Der Richter ist der eigentliche Herr des Arbeitsrechts".
582 Vgl. dazu BAG GS v. 21.4.1971 – GS 1/68 –, BAGE 23, 292, 320; BAG v. 31.7.2002 – 7 AZR 140/01 –, ZTR 2003, 23.
583 Vgl. zu den rechtsmethodologischen Problemen dieser Rechtsprechung BAG GS v. 16.3.1962 – GS 1/61 –, BAGE 13, 1, 13 ff.; BAG v. 10.6.1980 – 1 AZR 822/79 –, AP Nr. 64 zu Art. 9 GG Arbeitskampf; *Kempen/Zachert*, Einl. Rn. 179 ff. mit weiteren Rspr.- und Schrifttumsnachweisen.
584 BAG v. 31.7.2002 – 7 AZR 140/01 –, ZTR 2003, 23 f.
585 BAG v. 6.9.1995 – 5 AZR 174/94 –, NZA 1996, 437.
586 Vgl. etwa BAG v. 10.5.1962 – 5 AZR 452/61 –, AP Nr. 22 zu § 611 BGB Gratifikation, v. 17.3.1982 – 5 AZR 1185/79 –, DB 1982, 1881 und v. 15.3.1973 – 5 AZR 525/72 –, AP Nr. 78 zu § 611 Gratifikation; BAG v. 6.11.1996 – 10 AZR 287/96 –, NZA 1997, 659; BAG v. 17.5.2000 – 4 AZR 216/99 –, NZA 2000, 1297.
587 BAG v. 27.10.88 – 2 AZR 109/88 –, AP Nr. 16 zu § 620 BGB Befristeter Arbeitsvertrag; BAG v. 12.9.1996 – 7 AZR 31/96 –, NZA 1997, 841; BAG v. 26.8.1998 – 7 AZR 263/97 –, NZA 1999, 442
588 BAG v. 2.5.1970 – 3 AZR 134/69 –, AP Nr. 26 zu § 74 HGB.
589 Nach Berufsgenossenschafts-Angestelltenvertrag (BG-AT), Anlage Nr. 7 Sonderregelungen für Angestellte in Kranken-, Heil- und Pflegeanstalten vom 17.12.1979. Das BAG sah diese Klausel als wirksam an, obwohl sie von der gängigen Rechtsprechung abweicht, vgl. BAG v. 6.9.1995, 437 – 5 AZR 174/94 –, NZA 1996, 437.

(2) Der Angestellte ist verpflichtet, dem Arbeitgeber die Aufwendungen für eine Fort- oder Weiterbildung i.S. des Abs. 1 nach Maßgabe des Unterabschnitts 2 zu ersetzen, wenn das Arbeitsverhältnis auf Wunsch des Angestellten oder aus einem von ihm zu vertretenden Grunde endet.

a) im ersten Jahr nach Abschluss der Fort- oder Weiterbildung, die vollen Aufwendungen,

b) im zweiten Jahr nach Abschluss der Fort- oder Weiterbildung, zwei Drittel der Aufwendungen,

c) im dritten Jahr nach Abschluss der Fort- oder Weiterbildung, ein Drittel der Aufwendungen. "

137 Für das Tarifvertragsrecht stellt sich die Frage, inwieweit dieses Richterrecht für die Tarifvertragsparteien bindend ist. Eine endgültige Klärung der damit verbundenen Probleme ist bis heute nicht erreicht[590].

138 Richtungsweisend für die hier behandelte Problematik ist die Entscheidung des BAG zu Rückzahlungsklauseln bei Gratifikationen in Tarifverträgen geworden[591]. Darin betont das BAG den Vorrang einer tarifvertraglichen Rückzahlungsvereinbarung vor den Grundsätzen, die das Gericht zu solchen Klauseln in Arbeitsverträgen und Betriebsvereinbarungen aufgestellt hat[592]. Das Gericht meint, wegen der Macht der Gewerkschaften sei das Schutzbedürfnis für eine gerichtliche Kontrolle geringer. Die Tarifpartner seien Träger der Tarifautonomie, sodass ihnen weitergehende Befugnisse als den Partnern eines Einzelarbeitsvertrages eingeräumt werden müssten. Ein Eingriff in die Tarifautonomie müsse vermieden werden. Eine Korrektur durch die Gerichte dürfe nur dann erfolgen, wenn ein Tarifvertrag die Grenzen der Tarifautonomie überschreite, indem er entweder gegen Grundrechte, insbesondere Art. 12 GG oder gegen gesetzliche Verbote, insbesondere § 134 BGB, verstoße. Das BAG geht also hier aufgrund der Parität von Arbeitgeber- und Arbeitnehmerseite auf kollektiver Ebene von einer **materiellen Richtigkeitsgewähr** aus, sodass eine Richtigkeitskontrolle entbehrlich ist[593]. Auch für tarifvertragliche Wettbewerbsverbote hat

---

590 Vgl. dazu neben der Monographie von *Käppler* die Beiträge von *Schwerdtner*, in: *Fabricius/ Naendrup/Schwerdtner (Hrsg.)*, Arbeitsrecht und juristische Methodenlehre, S. 109 ff.: *Lieb*, RdA 1972, 129 ff. und *Dietz*, S. 199 ff. Zu einer knappen Zusammenfassung des Streitstandes s. *Hromadka/Maschmann*, § 13, Rn. 201 ff.

591 BAG v. 31.3.1966 – 5 AZR 516/65 –, AP Nr. 54 zu § 611 BGB Gratifikation m. Anm. *Biedenkopf*. Ebenso die Folgeurteile BAG v. 23.2.1957 – 5 AZR 234/66 –, AP Nr. 57 zu § 611 BGB Gratifikation und v. 9.10.1969 – 5 AZR 48/69 –, AP Nr. 68 zu § 611 BGB Gratifikation.

592 S. BAG v. 10.5.1962 – 5 AZR 452/61 –, AP Nr. 22 zu § 611 BGB Gratifikation.

593 Vgl. aber BAG v. 27.10.1978 – 5 AZR 287/77 –, BB 1979, 1245, wonach Bindungs- oder Rückzahlungsklauseln nicht im Falle einer betriebsbedingten Kündigung gelten. Hiervon könne auch durch einen Tarifvertrag nicht abgewichen werden. Die Grundsätze über die beschränkte Kontrolle von Tarifverträgen gelte hier nicht, weil nicht die Angemessenheit zwischen Leistung und Gegenleistung, sondern ein allgemeines Rechtsprinzip (Berufung auf einen ausgebliebenen Erfolg, obwohl der Erfolg vereitelt wurde, § 162 BGB!) in Frage stehe.

das BAG grundsätzlich den Vorrang des Tarifvertrages anerkannt, allerdings die Berücksichtigung gewisser Mindesterfordernisse für unverzichtbar gehalten[594].

Bei der Frage der sachlichen Rechtfertigung befristeter Arbeitsverhältnisse **139** hatte das BAG zunächst ebenfalls die einmal eingeschlagene Linie fortgesetzt[595]. Die Tarifvertragsparteien könnten die wirtschaftlichen und sozialen Auswirkungen einer Befristung am besten beurteilen und haben deshalb die Möglichkeit, befristete Arbeitsverträge mit Sachgrund abweichend oder ergänzend zu § 14 Abs. 1 TzBfG zu regeln[596]. Im Regelfall sei deshalb eine tarifvertragliche Ordnung ohne weiteres als rechtswirksam anzusehen[597].

Im Schrifttum sind die Meinungen geteilt[598]. Das BAG hat die unterschiedli- **140** chen Auffassungen der Literatur in seinen Urteilen stets hervorgehoben und lässt mittlerweile den Abschluss befristeter Arbeitsverträge aufgrund einer Tarifvertragsklausel dann zu, wenn ein sachlicher Grund für die Befristung vorliegt[599]. Gestatten Tarifverträge die Befristung, bedarf es in aller Regel nicht der Überprüfung des Einzelfalls, ob die Befristung durch schützenswerte Interessen gerechtfertigt ist.[600] Im Übrigen ist davon auszugehen, dass auch die Tarifparteien an § 22 TzBfG gebunden sind.[601]

4. Immanente Schranken (Innenschranken) der Tarifautonomie

Man kann im Anschluss an *Wiedemann*[602] hinsichtlich der Grenzen der tarif- **141** vertraglichen Normsetzungsbefugnis zwischen **Außen-** und **Innenschranken** unterscheiden. Die ersteren ergeben sich aus dem gegenüber dem Tarifvertragsrecht vorrangigen Recht. Die Innenschranken müssen demgegenüber aus den für das Tarifvertragsrecht einschlägigen Normen und Grundsätzen heraus entwickelt werden. Wie dies im Einzelnen zu geschehen hat, ist äußerst umstritten, die

---

594 BAG v. 12.11.1971 – 3 AZR 116/71 –, AP Nr. 28 zu § 74 HGB m. Anm. *Canaris*. Zu den Mindesterfordernissen rechnet das BAG das Prinzip der Entschädigungspflicht sowie eine gesetzliche, räumliche und sachliche Begrenzung des Wettbewerbsverbotes.

595 Vgl. BAG v. 4.12.1969 – 5 AZR 84/69 –, AP Nr. 32 zu § 620 BGB Befristeter Arbeitsvertrag m. Anm. *Richardi*.

596 ErfK/*Müller-Glöge*, § 14 Rn. 129.

597 Ebenso BAG v. 30.9.1971 – 5 AZR 146/71 –, BAGE 23, 460, 464 f; ErfK/*Müller-Glöge*, § 14 Rn. 129.

598 Für einen Vorrang des Tarifvertrags *Wolf*, M., ZfA 1971, 158; *Zachert*, AuR 1988, 248 ff. Dagegen *Seiter*, SAE 1970, 206 ff: Lieb, RdA 1972, 129 ff.; MünchKomm/*Schwerdtner*, § 620 Rn. 155 ff.; *Schüren*, AuR 1988, 245 ff.; *Erman/Belling*, § 620 Rn. 22.

599 BAG v. 11.8.1988 – 2 AZR 95/88 –, AP Nr. 70 zu § 1 TVG Tarifverträge: Metall; *Schaub*, § 39 Rn. 13

600 *Schaub*, § 39 Rn. 13

601 *Schaub*, § 39 Rn. 13; ErfK/*Müller-Glöge*, § 14 Rn. 129.

602 *Wiedemann*, Einl. Rn. 431.

Literatur hierzu kaum noch zu überschauen[603]. Die unterschiedlichen Argumentationsansätze spiegeln sich wider bei der Entscheidung von Einzelfragen. Man braucht sich nur die Diskussion über die Zulässigkeit von Differenzierungsklauseln anzusehen, um zu erkennen, welche divergierende Fülle an Beurteilungskriterien unter dem Aspekt der Schranken der Tarifmacht aufgeboten werden[604].

142 Konsens besteht nur insoweit, dass die **Tarifmacht** nicht unbegrenzt ist. Ein allgemein akzeptierter Maßstab für die Grenzziehung hat sich bislang jedoch noch nicht finden lassen. Die nachstehenden Ausführungen unterscheiden zwischen zwei großen Problemfeldern[605]. Zum einen geht es um die Bestimmung des **tarifvertraglichen Gegenstandes**[606]. Zum andern ist eine Befassung mit den Grenzen der Tarifmacht im Hinblick auf eine tariffreie **Individualsphäre** der **Mitglieder** der Tarifvertragsparteien geboten.

a) *Begrenzung des Regelungsgegenstandes und Bindungen der Tarifvertragsparteien*

aa) Die Bestimmung des tarifvertraglichen Regelungsgegenstandes

143 Strittig ist, ob die Grenzen der Tarifmacht in Anknüpfung an die verfassungsrechtliche Bestimmung des Art. 9 Abs. 3 GG oder anhand von §§ 1, 4 TVG zu bestimmen sind[607]. Mit dieser Alternative wird die Problematik jedoch nur unzureichend erfasst. Denn die tarifvertraglichen Bestimmungen geben nur begrenzt Aufschluss über die Reichweite tarifvertraglicher Regelungszuständigkeit[608]. Und bei den nicht ausdrücklich in den §§ 1, 4 TVG genannten Regelungsbereichen ist ein interpretatorischer Rückgriff auf Art. 9 Abs. 3 GG unvermeidlich[609]. Richtigerweise wird man deshalb von dem Begriff der **Arbeits-** und **Wirtschaftsbedingungen** im Sinne des Art. 9 Abs. 3 GG auszugehen haben. Gegenstände, die unter diesen Begriff nicht zu subsumieren sind, entziehen sich tarifvertraglicher Regelung[610]. Materien, die unter das Begriffspaar fallen, können damit nur noch dann unzulässig sein, wenn sich dies aus anderen Bestimmungen ergibt[611].

---

603 Man vergleiche nur die Literaturübersicht bei *Wiedemann*, Einl. Rn. 431. Zu einer knappen Darstellung der wichtigsten Ansätze s. *Loritz*, Tarifautonomie, S. 27 ff. und die Monographie von *Säcker/Oetker*, Grundlagen und Grenzen der Tarifautonomie, 1992.

604 Vgl. die Zusammenstellung der Argumente in BAG GS v. 29.11.1967 – GS 1/67 –, AP Nr. 13 zu Art. 9 GG (Teil IV II 8).

605 Diese Einteilung liegt auch der Kommentierung von *Wiedemann*, Einl. Rn. 431 ff. zugrunde. Ähnlich *Blomeyer*, ZfA 1980, 1 f.

606 S. dazu auch *Zöllner/Loritz*, § 38 III 1, S. 427.

607 Vgl. dazu *Buchner* in AR-Blattei SD, Tarifvertrag V Rn. 10.

608 So auch *Wiedemann*, § 1 Rn. 248.

609 Ebenso *Weyand*, AuR 1991, 67.

610 *Söllner*, § 17 II S. 149.

611 Etwa aus dem in § 4 Abs. 3 TVG niedergelegten Günstigkeitsprinzip.

Bei einem so weit gefassten Begriff wie dem der Arbeits- und Wirtschaftsbe- **144**
dingungen besteht naturgemäß Streit über dessen Inhalt. Weitgehende Einigkeit
besteht im Wesentlichen darüber, dass der Inhalt nicht allein vom Schutzbedürfnis der Arbeitnehmer her zu bestimmen ist[612]. Dies würde zu einer nicht hinzu-
nehmenden Einschränkung der tarifvertraglichen Gestaltungsmöglichkeiten
führen[613]. Auf der anderen Seite wird eine (isolierte) Auslegung des Begriffs der
Wirtschaftsbedingungen, die im weitesten Sinne verstanden die Regelung der
gesamten Wirtschaftsordnung einschlösse, als zu weitgehend empfunden[614].

Die seit langem umstrittene und aktuell wohl bedeutendste Streitfrage in die- **145**
sem Zusammenhang betrifft die rechtlichen Möglichkeiten tarifvertraglicher
Einflussnahme auf **unternehmerische Entscheidungen**[615]. Einer weitverbreite-
ten Auffassung im Schrifttum zufolge können unternehmerische Sachentschei-
dungen nicht durch Tarifvertrag geregelt werden[616]. Soweit es dabei um die
Bestimmung der Innenschranken geht (eine andere Problematik ist der Eingriff
in Grundrechte), ist sedes materiae die Bestimmung des Art. 9 Abs. 3 GG. Die
Vertreter der Meinung, die eine Zulässigkeit tarifvertraglicher Regelung unternehmerischer Entscheidungen verneinen, betrachten das Begriffspaar „Arbeits-
und Wirtschaftsbedingungen" als funktionelle Einheit[617]. Die Wirtschaftsbedingungen des Unternehmens fallen danach nur insoweit unter die tarifliche Regelungskompetenz, als sie sich im weitesten Sinne als Arbeitsbedingungen darstellen. Verlangt wird also ein erkennbarer Bezug der tarifpolitischen Gegenstände
zu den Arbeitsbedingungen[618]. Eine bloß mittelbare Auswirkung einer unternehmerischen Entscheidung auf die Stellung des Arbeitnehmers reiche nicht aus,
um einen Sachzusammenhang zu den Arbeits- und Wirtschaftsbedingungen im
Sinne des Art. 9 Abs. 3 GG herzustellen, vielmehr könne eine tarifliche Regelungskompetenz nur dann gegeben sein, wenn eine unternehmerische Maßnahme die Stellung des Arbeitnehmers unmittelbar, d.h. nicht erst durch Vermittlung unternehmensexterner Einflüsse verändert[619].

Zahlreiche Autoren sprechen sich gegen die restriktive Gleichsetzung der in
Art. 9 Abs. 3 GG genannten Arbeitsbedingungen mit den unmittelbaren
Umständen aus, unter denen die Arbeit vollzogen wird. Vielmehr umfasse der
Begriff auch deren konkrete Voraussetzungen, d.h. auch Unternehmensstruktur

---

612 *Wiedemann*, Einl. Rn. 97 mit weiteren Nachweisen. So aber noch *Biedenkopf*, Grenzen, S. 75.

613 *Richardi*, Kollektivgewalt, S. 183.

614 Vgl. dazu *Zöllner/Loritz*, § 38 III 1, S. 427 ff.; *Söllner*, § 17 II 3, S. 150; *Wiedemann*, Einl. Rn.
      98 ff.

615 Zu weiteren Problemen, insbes. der tariflichen Absicherung und zusätzlichen Beteiligung von
      Vertrauensleuten im Betrieb vgl. *Wiedemann*, Einl. Rn. 353 ff.; *Blomeyer*, ZfA 1980, 3.

616 Vgl. *Wiedemann/Stumpf*, RdA 1986, 231 ff.; *Richardi*, Kollektivgewalt, S. 181; *Zöllner/Loritz*,
      § 38 III 1, S. 428; *Beuthien*, ZfA 1984, 9 ff.; *Loritz*, Tarifautonomie, S. 67 ff. Speziell im Hin-
      blick auf Rationalisierungsschutzabkommen vgl. *Koller*, ZfA 1978, 51 ff.

617 Vgl. dazu *Zöllner/Loritz*, § 8 III 1, S. 111 f.; *Wiedemann*, RdA 1986, 231.

618 Vgl. *Wiedemann*, RdA 1986, 231 f.

619 *Wiedemann*, RdA 1986, 232.

und Unternehmenspolitik[620]. *Weyand* erkennt an, dass die Tarifvertragsparteien bei der praktischen Gestaltung ihrer Tarifvertragspolitik berücksichtigen müssen, dass die Unternehmen im Rahmen der marktwirtschaftlichen Konkurrenzbedingungen ihre Pläne rasch den Änderungen der Marktdaten anpassen müssen. Der Ausschluss der Arbeitnehmer aus dem die Unternehmen treffenden Marktrisiko sei durch das Instrument des Tarifvertrages nicht realisierbar. Dies schließe es jedoch nicht aus, dass den Tarifvertragsparteien im Einzelfall entsprechende Regelungen möglich sein müssen. Eine Grenze für die Zuständigkeit der Tarifvertragsparteien sei erst dort zu ziehen, wo ein auch nur noch mittelbarer Zusammenhang zwischen einer unternehmerischen Entscheidung und dem Schutz bzw. der Gestaltung der Arbeitsbedingungen nicht mehr hergestellt werden könne[621].

146   Die Streitfrage ist nach wie vor offen. Das BAG hat sich umfassend zu der Problematik noch nicht geäußert. Wichtige Orientierungslinien hat aber die Entscheidung des BAG zur Frage der tarifrechtlichen Zulässigkeit einer Forderung der Deutschen Postgewerkschaft geschaffen, Zeitzuschläge auf die Grundzeit und die Grundarbeitszeit in den in der Dienstanweisung niedergelegten Personalbemessungsrichtlinien tarifvertraglich festzuschreiben[622]. Das BAG hat in der angestrebten Regelung eine Regelung von Arbeits- und Wirtschaftsbedingungen im Sinne des Art. 9 Abs. 3 GG gesehen.

Der Begründung des BAG ist zu entnehmen, dass das Gericht im Anschluss an die Rechtsprechung des Bundesverfassungsgerichts[623] davon ausgeht, dass bei der Auslegung des Art. 9 Abs. 3 GG nur bedingt auf einen traditionell feststehenden Inhalt zurückgegriffen werden kann. Jedenfalls dürfe das historisch – traditionelle Argument des Arbeitnehmerschutzes nicht dazu führen, die Bewältigung neuer sozialer Probleme mithilfe des Tarifvertragsrechts zu versperren. Während ursprünglich der Schwerpunkt tarifvertraglicher Regelung bei den Lohn- und Gehaltsbedingungen gelegen sei, seien im Laufe der Zeit vor allem die Sozialleistungen hinzugekommen. Zu den Arbeits- und Wirtschaftsbedingungen gehöre aber auch die Dauer der wöchentlichen Arbeitszeit sowie der Schutz vor Rationalisierungen und dem Verfolgen neuer Technologien[624]. In der Forderung nach Zeitzuschlägen in einem Personalbemessungssystem sieht das BAG eine Forderung nach Erholungs- und Bedürfniszeiten, damit eine Regelung, die die physisch – psychische Belastung des Arbeitnehmers betrifft, sodass darin eine Regelung im Sinne des Art. 9 Abs. 3 GG zu sehen ist[625].

---

620 So *Däubler*, Rn. 175 b. Ähnlich *Simitis*, AuR 1975, 321 ff.; *Weyand*, AuR 1991, 69 ff.
621 *Weyand*, AuR 1991, 70.
622 Vgl. BAG v. 3.4.1990 – 1 AZR 123/89 –, NZA 1990, 886. Ausführlich zu diesem Urteil *Weyand*, AuR 1991, 65 ff. Vgl. auch hierzu das Rechtsgutachten von *Loritz*, Tarifautonomie und Gestaltungsfreiheit des Arbeitgebers, 1990.
623 Vgl. BVerfG v. 1.3.1979 – 1 BvR 532/77 u.a. –, BVerfGE 50, 290, 366 f.
624 BAG v. 3.4.1990 – 1 AZR 123/89 –, NZA 1990, 886, 887.
625 BAG v. 3.4.1990 – 1 AZR 123/89 – NZA 1990, 886, 888.

Eine wichtige Äußerung enthält die Entscheidung auch hinsichtlich der Vorstellung, die tarifvertragliche Regelung sei deshalb unzulässig, weil Art. 9 Abs. 3 GG die Koalitionsfreiheit nur in ihrem Kernbereich schütze[626]. Die Kernbereichsthese dürfe nicht dahin missverstanden werden, dass die Gerichte nur in dem unverzichtbaren Kernbereich des Koalitionsrechts Arbeitskämpfe zulassen könnten. Solange der Gesetzgeber nicht die tarifliche Regelung der außerhalb des Kernbereichs liegenden Arbeits- und Wirtschaftsbedingungen untersage, könnten die Tarifvertragsparteien in Tarifverträgen alle Arbeits- und Wirtschaftsbedingungen im Sinne von Art. 9 Abs. 3 GG regeln mit der Folge, dass entsprechende Tarifverträge auch mittels Arbeitskampfmaßnahmen erzwungen werden könnten[627].

Eine Unzulässigkeit der beabsichtigten tarifvertraglichen Regelung lässt sich dem BAG zufolge auch nicht aus den Bestimmungen des TVG herleiten. Vielmehr sieht es in § 1 TVG eine Bestätigung dafür, dass die Arbeitsintensität durch Zeitzuschläge tariflich regelbar ist. Und § 1 TVG eröffne auch die Möglichkeit, Fragen der Organisationsgewalt des Unternehmers durch betriebliche Normen zu regeln[628].

Eine abschließende Klärung der Problematik ist mit diesem Urteil jedoch noch nicht erreicht. Denn die in Frage stehende tarifliche Regelung betraf doch in recht eindeutiger Weise neben dem unternehmenspolitischen Aspekt auch die Belastung der Arbeitnehmer am Arbeitsplatz. Unter diesen Voraussetzungen wird aber auch von der oben genannten Meinung das Vorliegen der Regelung einer Arbeitsbedingung i.S.d. Art. 9 Abs. 3 GG bejaht[629]. Das BAG hat die Zulässigkeit der angestrebten Tarifklausel sehr eingehend unter dem Aspekt des Verstoßes gegen Grundrechte des Arbeitgebers geprüft[630]. Das Urteil des BAG könnte von seiner Gesamtkonzeption her durchaus dahingehend verstanden werden, dass grundsätzlich von einem weiten Begriff der Arbeits- und Wirtschaftsbedingungen i.S.d. Art. 9 Abs. 3 GG auszugehen ist. Eine im Hinblick auf Art. 9 Abs. 3 GG unbedenkliche Regelung wird sich dann an den Außenschranken, konkret an den Grundrechten der Arbeitgeber, zu messen haben. Ob sich diese Linie in der Rechtsprechung bestätigen wird, bleibt abzuwarten. Eine ähnliche Diskussion wird um die Frage der tarifrechtlichen Kompetenz zur Regelung von Beschäftigungsfragen geführt[631].

---

626 Zur Kernbereichsthese s. oben II 1.
627 BAG v. 3.4.1990 – 1 AZR 123/89 –, NZA 1990, 886, 888.
628 BAG v. 3.4.1990 – 1 AZR 123/89 –, NZA 1990, 886, 889. Zur gegenteiligen Auffassung vgl. *Loritz*, Tarifautonomie, S. 55 ff.
629 Vgl. *Wiedemann*, RdA 1986, 232 f.
630 BAG v. 3.4.1990 – 1 AZR 123/89 –, NZA 1990, 886, 889 f.
631 Vgl. einerseits *Zöllner*, DB 1989, 2121; *Rieble*, ZTR 1993, 54, 56. Zur Gegenmeinung andererseits *Däubler*, DB 1989, 2534; *Waltermann*, NZA 1991, 754.

bb) Begrenzungen aus dem Gedanken der Zumutbarkeit?

147 Umstritten ist, ob der Gedanke der Unzumutbarkeit als tarifliche Schranke angesehen werden kann[632]. Der Große Senat des BAG hat dem Aspekt der Unzumutbarkeit bei der Prüfung von Differenzierungsklauseln entscheidungserhebliche Bedeutung beigemessen[633]. Der Große Senat hat eine fehlende Tarifmacht für die Vereinbarung von Differenzierungs- und Spannenklauseln angenommen, weil diese im Ergebnis eine unzulässige Beitragserhebung enthielten und im Verhältnis zur Arbeitgeberkoalition die Grenzen des Zumutbaren überschritten[634].

Der Zumutbarkeitsbegriff als Anknüpfungspunkt für eine generelle Kontrolle der Tarifmacht ist äußerst fragwürdig[635]. Es besteht die Gefahr, dass über diesen Begriff eine versteckte Inhaltskontrolle von Tarifverträgen betrieben wird[636]. Und weiter ist zu fragen, ob der Aspekt der Zumutbarkeit gerade wegen seiner mangelnden Präzision der Bewältigung der Probleme nicht eher im Wege steht. Sinnvoller scheint es deshalb, die anstehenden Fragen im Hinblick auf die jeweils betroffenen Grundrechte der Beteiligten zu untersuchen[637].

cc) Gemeinwohlbindung

148 Ob die Tarifpartner bei Abschluss eines Tarifvertrages einer Bindung an das Gemeinwohl unterliegen, ist höchst umstritten, die Literatur hierzu sehr umfangreich[638]. Das Hauptproblem besteht darin, dass es bezüglich der Einhaltung der Bindung an das Gemeinwohl und der Folgen aus einer Missachtung der Bindung keine konsensfähigen Kriterien gibt[639]. Würde man dennoch von einer Gemeinwohlbindung ausgehen, so wäre die Gefahr einer Tarifzensur nicht auszuschließen[640].

---

632 Vgl. zu Befürwortern und Gegnern die Nachweise bei *Loritz*, Tarifautonomie, S. 119.

633 Vgl. BAG GS v. 29.11.1967 – GS 1/67 – AP Nr. 13 zu Art. 9 GG.

634 Vgl. Teil VIII der Begründung. Zu diesem Beschluss, soweit er die verfassungsrechtliche Problematik im Zusammenhang mit Art. 9 Abs. 3 GG betrifft, s. oben 2.a)cc).

635 Eingehend dazu *Gitter*, AuR 1970, 129 ff.; *Wiedemann*, Einl. Rn. 442.

636 Vor dieser Gefahr warnt auch *Loritz*, Tarifautonomie, S. 120, der sich aber dennoch für eine Konkretisierung dieses Grundsatzes ausspricht.

637 Vgl. dazu auch die Äußerung von *Konzen*, ZfA 1980, 118, der ebenfalls den Rekurs auf die Grundrechte vorzieht, weil „die These über die Unzumutbarkeit die gleiche Funktion wie die Grundrechtsbindung der Tarifparteien hat und das Gewirr von gleichgerichteten, bisweilen austauschbaren Rechtsfiguren nicht eben zur Rechtssicherheit beiträgt".

638 Ausführlich zum Meinungsstreit *Wiedemann*, Einl. Rn. 345 ff.

639 Auf diese Schwierigkeit weisen auch *Zöllner/Loritz*, § 38 V, S. 433 hin, die aber dennoch meinen, dass sich justiziable Folgerungen durchaus dann ziehen ließen, wenn die Grenzen des Gemeinwohls eindeutig überschritten sind. Aber gerade darin liegt das Problem, dass es eine auch nur einigermaßen klare Festlegung des Gemeinwohls nicht gibt, so auch *Söllner*, § 17 I a, S. 147 f.

640 Vgl. *Löwisch*, Rn. 312.

Nach Auffassung des BGH können sich jedenfalls Dritte nicht auf eine **149**
Gemeinwohlbindung der Tarifvertragspartner berufen[641]. Er hat deshalb die
Klage gegen eine Gewerkschaft und einen Arbeitgeberverband abgelehnt, mit
der der Kläger, der von den Erträgnissen seines Vermögens lebt, Schadensersatz
wegen des Geldverlustes geltend gemacht hatte, den er durch überzogene Tarifabschlüsse verursacht ansah.

b) Der Schutz der Individualsphäre der Mitglieder

Beim zweiten Fragenkomplex geht es um die Respektierung einer **tariffreien** **150**
Individualsphäre der Verbandsmitglieder. Für die Unantastbarkeit dieser Individualsphäre werden unterschiedliche Begründungen geliefert[642]. In einem sehr
grundlegenden Beitrag hat *Siebert*, einer der Begründer dieser Lehre von der
Individualsphäre, die Zielrichtung der Argumentation klar zum Ausdruck
gebracht, wenn er schreibt, dass es den Tarifvertragsparteien nicht obliege, „den
einzelnen Arbeitnehmer in einer Sphäre, die außerhalb des eigentlichen Arbeitsverhältnisses liegt, zu bevormunden"[643]. Dieser weitgehenden Vorstellung ist zu
Recht entgegengehalten worden, dass sie den freiwilligen Charakter der Koalition und die für die Tarifgeltung notwendige Unterwerfung des einzelnen unter
die Kollektivmacht zu wenig berücksichtige[644].

Notwendig ist deshalb eine **Güterabwägung** zwischen der angemessenen **151**
Normsetzungsbefugnis der Tarifverbände und dem notwendigen Individual-
schutz der Verbandsmitglieder[645]. Dabei ist zu berücksichtigen, dass sich die
Mitglieder durch ihren Beitritt der Regelungszuständigkeit der Tarifvertragspar-
teien unterworfen haben, zugleich aber anzunehmen ist, dass sie sich einen
Bereich zur persönlichen Entscheidung vorbehalten wollten[646].

Wie bei jeder Güterabwägung ist es kaum möglich, ein für alle Fälle gelten-
des Abwägungsprinzip und -raster zu finden[647]. Vielmehr muss jeweils geprüft
werden, ob im Einzelfall den Individualinteressen der Vorrang gebührt[648].

In der Vergangenheit sind unter dem Aspekt des Schutzes der Individual- **152**
sphäre vor allem Fragen der tariflichen Regelung der **Lohnverwendung** sowie
rechtsgeschäftlicher Verfügung über den Lohn im Vordergrund von Rechtsprechung und Literatur gestanden[649].

---

641 BGH v. 14.3.1978 – VI ZR 68/76 –, NJW 1978, 2031.
642 Vgl. zu den einzelnen Begründungsansätzen *Richardi*, Kollektivgewalt, S. 182.
643 *Siebert*, FS für Nipperdey 1955, S. 141.
644 So *Richardi*, Kollektivgewalt, S. 182. Kritisch generell zur Individualsphäre als Tarifgrenze
      Kempen/Zachert, Grundlagen Rn. 146.
645 *Wiedemann*, Einl. Rn. 431.
646 *Hanau/Adomeit*, Rn. 216.
647 Vgl. zu den verschiedenen Lösungsansätzen *Wiedemann*, Einl. Rn. 432 ff.
648 *Däubler*, Rn. 423.
649 *Richardi*, Kollektivgewalt, S. 184.

Beispiel[650]:
Die Beklagte ist ein Catering-Unternehmen, das unter anderem Fluggesell-
schaften beliefert. Für seine 460 Arbeitnehmer unterhält sie in Düsseldorf
eine Kantine, die vom Catering-Service beliefert wird. Am 9.6. 1998 schlos-
sen die Beklagte und der Betriebsrat eine Betriebsvereinbarung[651] mit folgen-
dem Inhalt:
„1. Geltungsbereich. Diese Betriebsvereinbarung gilt grundsätzlich für alle
Mitarbeiter/innen des Betriebs Düsseldorf. (...) Folgende Ausnahmen können
geltend gemacht werden:
– Teilzeitmitarbeiter/innen sind von der Vollverpflegung befreit; sie nehmen
an dem Teil der Verpflegung teil, der in ihre Dienstzeit fällt
– gesundheitliche Gründe, die zu einer gravierenden Einschränkung der
Nahrungsmittel führen, die der/ die Mitarbeiter/in einnehmen darf (Nachweis
durch das Attest eines Facharztes)
– ethische Besonderheiten auf schriftlichen Antrag
2. Grundsatz. Jeder Mitarbeiter/in soll an Arbeitstagen in den Pausenzeiten
ausreichend und angemessen verpflegt werden. Hierbei handelt es sich um
eine Anwesenheitsverpflegung, die ausschließlich im Betrieb eingenommen
werden darf.
3. Verrechnung/Preis. Jeder Mitarbeiter/in nimmt an der Vollverpflegung
(Frühstück/Mittag oder Vesper/Abendessen) teil. Der Preis für die Vollver-
pflegung beträgt bei Einführung pro Tag:

Vollzeit-MA:	*5,80 DM*
Teilzeit-MA:	*2,95 DM*
Mitarbeiter auf Abruf:	*5,80 DM*
Mitarbeiter ohne Verpflegung	
Getränkepauschale:	*2,95 DM*

Die Verrechnung erfolgt über den Anwesenheitsnachweis (...).

Der Beklagte zog vom Gehalt des Klägers 219 DM für die Monate Juli und
August 1998 ab, obwohl der Kläger die Kantine in diesem Zeitraum nicht
besuchte. Das BAG entschied, dass der Beklagte nicht berechtigt sei, die
streitbefangenen Beträge für Juli und August 1998 vom Lohn des Klägers
abzuziehen. Die Vereinbarung der Kostenbeteiligung an der Kantinenverpfle-
gung finanziell auch dann beteiligt zu sein, wenn dort keine Mahlzeiten ein-
genommen werden, sei unwirksam. Die Betriebspartner haben damit ihre
Regelungskompetenz überschritten. Lohnverwendungsbestimmungen, die
den Arbeitnehmer ausschließlich belasten, seien unzulässig, denn sie führen
zu Einschränkungen der dem Arbeitnehmer zustehenden Freiheit, über seinen

---

650 Nach BAG v. 11.7.2000 – 1 AZR 551/99 –, NZA 2001, 462.
651 In diesem Urteil ging es zwar um eine Betriebsvereinbarung. Die Kernaussagen dieser Ent-
    scheidung sind jedoch ohne weiteres auf tarifvertragliche Regelungen übertragbar.

Lohn zu verfügen und greifen damit in seine außerbetriebliche Lebensgestaltung ein. Damit sei der Schutzbereich des Art. 2 Abs. 1 GG betroffen, der nicht nur einen Kernbereich schützt, sondern jede Form menschlichen Handelns ohne Rücksicht darauf, welches Gewicht der Betätigungsfreiheit für die Persönlichkeitsentfaltung zukomme.[652] Dieses Grundrecht gelte jedoch nicht schrankenlos. Die allgemeine Handlungsfreiheit wird beschränkt durch die verfassungsgemäße Ordnung und den Grundsatz der Verhältnismäßigkeit. Die von den Betriebspartnern geschlossene Regelung muss geeignet, erforderlich und unter Berücksichtigung der gewährleisteten Freiheitsrechte angemessen sein, um den erstrebten Zweck zu erreichen. Innerhalb der Prüfung der Angemessenheit ist eine Gesamtabwägung zwischen der Intensität des Eingriffs und dem Gewicht der ihn rechtfertigenden Gründe erforderlich[653]. Dem Verhältnismäßigkeitsgrundsatz wird die betriebliche Regelung nicht gerecht, auch wenn man die Ziele des Arbeitgebers an der verbesserten Planbarkeit der Zahl der in der Kantine verlangten Essen, der Qualitätsverbesserung der Mahlzeiten und dem Bedürfnis, die Arbeitnehmer davon abzuhalten, am Arbeitsplatz zu essen, berücksichtigt. Zumindest was die beiden letzten Ziele anbelangt, sei die Kostenbeteiligung nicht erforderlich, da ebenso wirksame mildere Mittel denkbar sind, welche die Arbeitnehmer vom Essen am Arbeitsplatz abbringen. Denkbar seien dementsprechende Verbote, die nicht mit Kosten verbunden sind. Soweit Planungssicherheit und Wirtschaftlichkeit der Kantine gesichert werden sollen, haben die Betriebspartner ihren weiten Gestaltungsspielraum überschritten, da eine so ausgestaltete Kostenbeteiligung unangemessen sei. Gewicht und Dringlichkeit des Regelungsziels seien unter Berücksichtigung der Verhältnisse im Betrieb nicht als erheblich anzusehen. Die Unsicherheit bei der Planung der vorzubereitenden Mahlzeiten seien wesenstypisches Merkmal einer jeden Kantine. Dieses Risiko darf nicht auf diejenigen Arbeitnehmer verlagert werden, die diese Kantine nicht nutzen.

Es entspricht also heute der einhelligen Meinung, dass Regelungen über die Lohnverwendung einer tarifvertraglichen Regelung grundsätzlich entzogen sind[654]. Von diesem Grundsatz sind Ausnahmen zu machen, soweit es um die Zahlung an gemeinsame Einrichtungen der Tarifvertragsparteien geht, wie sich indirekt aus § 4 Abs. 2 TVG ergibt. Ebenfalls werden tarifvertragliche Maßnahmen der Vermögensbildung überwiegend als zulässig angesehen[655].

---

652 So auch BAG v. 11.7.2000 – 1 AZR 551/99 –, NZA 2001, 462, 464.
653 Vgl. BAG v. 11.7.2000 – 1 AZR 551/99 –, NZA 2001, 462, 464, m.w. Rspr. Nachw.
654 S. dazu *Söllner*, § 17 II, S. 151.
655 Vgl. dazu *Kempen/Zachert*, § 1 Rn. 114 ff.; *Wiedemann*, Einl., Rn. 468. Differenzierend zwischen Arbeitgeber- und Arbeitnehmerbeteiligungen *Loritz*, DB 1985, 531 ff; *Schaub*, § 83, Rn. 40 ff.

153   Die Art und Weise der **Lohnzahlung** kann dagegen tarifvertraglich geregelt werden[656]. Sehr umstritten war, ob Tarifverträge **Lohnabtretungs- oder Verpfändungsverbote** vorsehen können. Im Schrifttum ist das kollektivvertraglich vereinbarte Lohnabtretungsverbot als unwirksam betrachtet worden, weil hier ein Eingriff in die freie Verfügung des Arbeitnehmers über seinen Lohnanspruch vorliege[657]. Das Lohnabtretungsverbot soll nicht den Arbeitnehmer gegen den Arbeitgeber schützen, sondern gegen seine Gläubiger. Dies aber könne nicht Aufgabe kollektivvertraglicher Regelung sein[658]. Das BAG hat demgegenüber betont, dass das Abtretungsverbot keinen Eingriff in bereits entstandene, aus dem Arbeitsverhältnis herausgetretene Individualansprüche der Arbeitnehmer darstelle[659]. Es werde dem Arbeitnehmer nicht die Verfügung über erworbene Rechte genommen, sondern die Vereinbarung bewirke, dass der Lohnanspruch von Anfang an als nicht abtretbares Recht entstehe. Auch ist das BAG der Auffassung entgegengetreten, dass das Abtretungsverbot eine unmittelbar aus dem Arbeitsverhältnis entspringende Beziehung zwischen Arbeitnehmer und Arbeitgeber betreffe und arbeitsrechtliche Interessen beider Seiten berühre, da sie als Lohnsicherungsmaßnahme dem Schutz des Arbeitnehmers diene, andererseits das Lohnbüro des Arbeitgebers entlasten könne.

154   Grundsätzlich kann ein Tarifvertrag schlechtere Regeln vorsehen als der alte Tarifvertrag. Verschlechternde Tarifverträge sind von den Gerichten nur darauf zu überprüfen, ob sie gegen das GG, gegen zwingendes Gesetzesrecht, die guten Sitten oder tragende Grundsätze des Arbeitsrechts verstoßen[660]. Unter dem Aspekt des Schutzes der Individualsphäre ist es den Tarifvertragsparteien aber verwehrt, in entstandene individuelle Ansprüche und Rechtspositionen der Mitglieder einzugreifen (**Schutz sog. wohlerworbener Rechte**)[661]. Bereits abgewickelte Ansprüche der Arbeitnehmer aus Tarifverträgen können schlechterdings überhaupt nicht mehr Gegenstand einer tarifvertraglichen Abmachung sein, weil dies über die Tarifmacht der Tarifvertragsparteien, wie sie in § 1 Abs. 1 TVG umschrieben ist, weit hinausginge und das persönliche Leben der Arbeitnehmer im Kern treffen würde. Ebenso will das BAG einen verschlechternden Eingriff

---

656   Nach überwiegender Auffassung wird auch die tarifvertragliche Regelung der Einziehung der Gewerkschaftsbeiträge durch den Arbeitgeber als zulässig angesehen, vgl. dazu *Wiedemann*, Einl. Rn. 452.

657   Vgl. *Siebert*, FS für Nipperdey 1955, S. 141.

658   *Canaris*, AuR 1966, 133.

659   Vgl. die Argumentation in BAG v. 20.12.1957 – 1 AZR 237/56 –, AP Nr. 1 zu § 399 BGB m. Anm. *Hueck*.

660   Vgl. BAG v. 24.8.1993 – 3 AZR 313/93 –, BB 1994, 1076 (betreffend einen Tarifvertrag, der eine bisherige tarifliche Regelung über eine betriebliche Altersversorgung zum Nachteil des Versorgungsempfängers änderte).

661   Vgl. dazu BAG v. 28.9.1983 – 4 AZR 313/82 –, DB 1984, 303: „Die Regelung solcher Individualansprüche liegt außerhalb der Macht der Tarifvertragsparteien. Die Tarifvertragsparteien können entstandene und fällige Einzelansprüche von Arbeitnehmern, sog. wohlerworbene Rechte, nicht mehr zum Erlöschen bringen."

in tariflich bereits erworbene, aber noch nicht vollständig abgewickelte Individualrechte ohne einen anderweitigen Ausgleich nicht zulassen, da sonst „die Tarifvertragsparteien gleichfalls in einem mit der persönlichen Rechtsposition des Arbeitnehmers nicht vertretbaren Ausmaß Herren dieser Rechtsstellung" sein würden[662].

Sind den Arbeitnehmern aus dem Arbeitsverhältnis einmal Ansprüche erwachsen, so führten sie der früheren Auffassung des BAG zufolge ein Eigendasein und sind somit vom Bestand des Arbeitsverhältnisses unabhängig und damit der Regelungsmacht der Tarifvertragsparteien entzogen, da diese gemäß § 1 Abs. 1 TVG nur das Arbeitsverhältnis regeln können[663]. Das BAG hat diese Auffassung aufgegeben[664]. Es folgt nunmehr der im Schrifttum vertretenen Meinung, dass auch ein zugunsten des Arbeitnehmers entstandener Anspruch, der aus einer kollektiven Norm erwachsen ist, die Schwäche in sich trägt, in den durch den Grundsatz des Vertrauensschutzes gezogenen Grenzen zum Nachteil des Arbeitnehmers rückwirkend geändert zu werden. Der Normunterworfene ist danach nicht schutzwürdig, wenn er im Zeitpunkt des In-Kraft-Tretens der Norm mit einer Regelung rechnen musste, das geltende Recht unklar und verworren war, der Normunterworfene sich aus anderen Gründen nicht auf den Rechtsschein verlassen durfte, z. B. wegen widersprüchlicher Rspr., oder zwingende Gründe des Gemeinwohls für eine Rückwirkung bestehen. Ebenso wie bei der Rückwirkung von Gesetzen kommt es bei der Rückwirkung von Tarifverträgen für den Wegfall des Vertrauensschutzes nicht auf die Kenntnis jedes einzelnen von der Änderung der bisherigen Rechtslage an; entscheidend und ausreichend ist vielmehr die Kenntnis der betroffenen Kreise.

---

662 BAG v. 14.6.1962 – 2 AZR 267/60 –, BAGE 13, 142, 149.
663 BAG v. 28.9.1983 – 4 AZR 313/82 –, DB 1984, 303.
664 BAG v. 23.11.1994 – 4 AZR 879/93 –, DB 1995, 778 f.

VI. Wirkung der Rechtsnormen des Tarifvertrags

Der Eintritt der Tarifwirkung setzt gemäß § 4 Abs. 1 TVG voraus, dass die Parteien des Arbeitsverhältnisses beiderseits tarifgebunden sind und das Arbeitsverhältnis unter den Geltungsbereich des Tarifvertrages fällt.

1. *Tarifgebundenheit*

a) *Tarifbindung gemäß § 3 TVG*

Der Eintritt der Tarifwirkung setzt gemäss § 4 Abs. 1 TVG beiderseitige **155** Tarifbindung voraus. Tarifgebunden sind nach § 3 Abs. 1 TVG die Mitglieder der Tarifvertragsparteien und der Arbeitgeber als Partei eines Firmentarifvertrages.

aa) Beginn der Tarifbindung

Die Tarifbindung beginnt mit dem Erwerb der Mitgliedschaft in der Tarifver- **156** tragspartei[665]. Die Tarifbindung des einzelnen Arbeitnehmers beginnt erst mit dem satzungsgemäßen Zustandekommen der Mitgliedschaft. Die Vereinbarung des rückwirkenden Beginns der Mitgliedschaft führt nicht zur Rückwirkung der Tarifbindung. Das BAG verweist darauf, dass die Rechtsfolge der Tarifbindung § 4 Abs. 1 TVG gesetzlich geregelt ist. Im Hinblick auf die Rechtsfolge der normativen Wirkung eines Tarifvertrags darf die Entscheidung des Beginns der Tarifgebundenheit nicht zur Disposition der Tarifvertragsparteien und deren Mitglieder stehen[666].

Bestehende Tarifverträge entfalten in diesem Moment ihre Wirkung für das beigetretene Mitglied[667]. Der Eintritt dieser Rechtsfolge kann zu Schwierigkeiten im Hinblick auf Abschlussnormen führen. Bestimmt etwa ein Tarifvertrag im Gegensatz zu § 14 Abs. 2 TzBfG, dass die Befristung eines Arbeitsvertrages nur bei Vorliegen eines sachlichen Grundes zulässig ist, ist fraglich, ob sich ein bei Abschluss des Arbeitsvertrages nicht tarifgebundener Arbeitnehmer auf die

---

665 Eine Komplementär-GmbH kann durch ihre Mitgliedschaft im Arbeitgeberverband die Tarifbindung für die GmbH & Co. KG begründen, wenn sie die Mitgliedschaft allein im Interesse und mit Billigung der KG erworben hat, vgl. BAG v. 4.5.1994 – 4 AZR 418/93 –, DB 1994, 2299.

666 BAG v. 22.11.2000 – 4 AZR 688/99 –, NZA 2001, 980.

667 Zur Frage, ob es eine Mitgliedschaft in Arbeitgeberverbänden ohne Tarifbindung geben kann, s. o. III. 2. Rn. 35; im Übrigen vgl. *Buchner*, NZA 1994, 2 ff.; *Däubler*, ZTR 1994, 448 ff.; *Otto*, NZA 1996, 624 ff.; *Hromadka/Maschmann*, § 13 Rn. 75 ff.

Unwirksamkeit berufen kann, wenn er später der Gewerkschaft beitritt. Bei einer streng kollektivrechtlichen Betrachtungsweise müsste die Frage bejaht werden[668]. Das BAG betont demgegenüber das Gebot der Rechtssicherheit und Rechtsklarheit und stellt deshalb für die Beurteilung der Wirksamkeit der Befristung auf die Umstände im Zeitpunkt des Vertragsschlusses ab[669].

157   Schwierigkeiten bereiten auch die Probleme, die unter dem Stichwort **„Flucht in den Arbeitgeberverband"** diskutiert werden[670]. Damit sollen Fallgestaltungen bezeichnet werden, in denen eine Gewerkschaft von einem Arbeitgeber den Abschluss eines Firmentarifvertrages verlangt, möglicherweise bereits Arbeitskampfmaßnahmen eingeleitet sind und der Arbeitgeber in dieser Situation einem Arbeitgeberverband beitritt. Damit erreicht dieser die Wirkung des Verbandstarifvertrages, insbesondere unterliegt die Gewerkschaft der daraus resultierenden Friedenspflicht[671].

158   Ist einem Tarifvertrag **Rückwirkung** beigelegt[672], tritt die Tarifbindung für alle Mitglieder von Tarifvertragsparteien ein, die zum Zeitpunkt des rückdatierten In-Kraft-Tretens und zum Zeitpunkt des Tarifvertragsabschlusses tarifgebunden sind[673]. Wer zwischen diesen beiden Zeitpunkten Mitglied einer Tarifvertragspartei wird, unterliegt erst mit dem Beitritt der Tarifbindung[674].

Streitig ist, was zu gelten hat, wenn ein Mitglied zum Zeitpunkt des Abschlusses des rückwirkenden Tarifvertrages bereits aus dem Betrieb ausgeschieden war[675]. Die Rechtsprechung[676] vertritt die Auffassung, dass der Tarifvertrag, der sich Rückwirkung beilegt, alle Arbeitsverhältnisse erfasst, auch die zurzeit des Vertragsabschlusses bereits beendeten, wenn sie nur zurzeit des (rückwirkenden) In-Kraft-Tretens bestanden haben und die Tarifgebundenheit beim Abschluss noch vorliegt. Die Tarifvertragsparteien können aber ausdrücklich etwas Abweichendes vereinbaren.

bb) Beendigung der Tarifbindung

159   Die Beendigung der Mitgliedschaft in dem Arbeitgeberverband oder der Gewerkschaft führt grundsätzlich zur Beendigung der Tarifbindung. Um aber

---

668 In diesem Sinne *Kempen/Zachert*, § 3 Rn. 6.
669 BAG v. 27.4.1988 – 7 AZR 593/87 –, DB 1988, 1803.
670 Vgl. zu dem Problembereich *Hanau/Adomeit*, Rn. 292 ff.
671 So die h.M., vgl. ArbG Köln v. 26.6.1964 – 8 Ga 2/64 –, BB 1964, 844; LAG Köln v. 14.6.1996 – 4 Sa 177/96 –, NZA 1997, 328; von *Hoyningen-Huene*, ZfA 1980, 469; *Konzen*, ZfA 1975, 425. A.A. *Kempen/Zachert*, § 3 Rn. 8.
672 Zur Zulässigkeit der Rückwirkung von Tarifverträgen s. oben IV. 4.d).
673 *Löwisch/Rieble*, § 3 Rn. 56.
674 *Oetker* in *Wiedemann*, § 3 Rn. 29.
675 Vgl. zum Streitstand *Oetker* in *Wiedemann*, § 3 Rn. 36.
676 BAG v. 20.6.1958 – 1 AZR 245/57 –, v. 19.6.1962 – 3 AZR 413/61 –, v. 30.4.1969 – 4 AZR 335/68 – und v. 13.12.1995 – 4 AZR 603/94 –, AP Nr. 2, 5, 6 und 15 zu § 1 TVG Rückwirkung.

Missbräuchen vorzubeugen und Rechtssicherheit zu gewährleisten, bestimmt § 3 Abs. 3 TVG, dass die Tarifbindung bis zum Ende des Tarifvertrages bestehen bleibt. Die Tarifbindung wird also fingiert.

Die Weitergeltung der Tarifbindung gemäß § 3 Abs. 3 TVG setzt voraus, dass **160** während der Laufzeit des Tarifvertrages einmal eine Tarifbindung gemäß § 3 Abs. 1 TVG bestanden hat[677]. Damit die Rechtsfolge des § 3 Abs. 3 TVG eintritt, müssen alle übrigen Voraussetzungen der Tarifwirkung, insbesondere Tarifzuständigkeit und Geltungsbereich des Tarifvertrags, gegeben sein. § 3 Abs. 3 TVG sieht lediglich den Wegfall der Verbandszugehörigkeit als unschädlich an[678].

Eine Produktionsänderung, die dazu führt, dass der Geltungsbereich des bis- **161** herigen Tarifvertrages nicht mehr zu bejahen ist, kann deshalb die Rechtsfolge des § 3 Abs. 3 TVG nicht auslösen. Der Tarifvertrag wirkt aber in diesem Falle gemäß § 4 Abs. 5 TVG nach[679]. Die Weitergeltung erlangt auch für die Fälle eine besondere Bedeutung, in denen durch gezielte Umstrukturierungsmaßnahmen, beispielsweise infolge der Anwendung neuer Produktionsmethoden oder des Einsatzes anderer Materialien, ein Betrieb nicht mehr dem fachlichen Geltungsbereich des bisher angewandten Tarifvertrags zuzurechnen ist[680]. Es stellt sich die Frage, ob dann § 3 Abs. 3 TVG eingreift. *Däubler* bejaht dies und führt an, dass ein bestehender tariflicher Schutz für den Arbeitnehmer bis zum Auslaufen des Tarifvertrags zu erhalten ist[681]. Dagegen wird eingewandt, dass § 3 Abs. 3 TVG nur dann zur Anwendung kommt, wenn das Arbeitsverhältnis gerade dem fachlichen Geltungsbereich des betreffenden Tarifvertrags unterliegt[682]. Zur Auffassung des BAG s. folgendes

Beispiel[683]:
Der Kläger, Mitglied der Industriegewerkschaft Metall seit 1992 und seit 2.5.1990 bei der Beklagten als Elektriker beschäftigt, beansprucht das tarifliche 13. Monatseinkommen für die Jahre 1992 und 1993 aus dem Tarifvertrag über betriebliche Sonderzahlungen vom 6.12.1977, in Kraft ab 1.1.1978, vereinbart zwischen dem Landesinnungsverband der elektrotechnischen Handwerke Baden-Württemberg, Stuttgart und der IG Metall für die Bundesrepublik Deutschland. § 1 des Tarifvertrages lautet:
„§ 1 Geltungsbereich
1.1.   Dieser Tarifvertrag gilt
1.1.1.   räumlich:
für das Land Baden-Württemberg

---

677 *Hanau/Adomeit*, Rn. 191.
678 *Oetker* in *Wiedemann*, § 3 Rn. 51.
679 *Oetker* in *Wiedemann*, § 3 Rn. 52. Zu Fragen der Betriebsaufspaltung s. *Kania*, DB 1995, 625.
680 Dazu ausführlich *Wellenhofer – Klein*, ZfA 1999, 239, 243 ff.
681 *Däubler*, Rn. 1578.
682 *Zöllner/Loritz*, § 36 VI 1, S. 409.
683 In Anlehnung an BAG v. 10.12.1997 – 4 AZR 247/96 –, NZA 1998, 484.

1.1.2.   fachlich:
für alle Betriebe, die selbst oder deren Innungen dem Landesinnungsverband
der elektrotechnischen Handwerke Baden-Württemberg angehören;
1.1.3.   persönlich:
für alle in den in § 1.1.2. genannten Betrieben beschäftigten gewerblichen
Arbeitnehmer (Arbeitnehmerinnen) einschließlich der Nichtmetallarbeiter,
die Mitglied der Industriegewerkschaft Metall sind; (...)"

Die Beklagte war Mitglied der Elektro-Innung M und betrieb hauptsächlich
eine Arbeitnehmerüberlassung. Mit Schreiben vom 5.12.1991 kündigte die
Beklagte die Mitgliedschaft „zum heutigen Tag". Mit einem weiteren Schrei-
ben am 7.1.1992 meldete sich die Beklagte „aus der Handwerksrolle zum
31.12.1991" ab, was tatsächlich zur Löschung aus der Handwerksrolle zum
oben genannten Zeitpunkt führte. Im zeitlichen Zusammenhang damit ließ
sich die Komplementär-GmbH der Beklagten in die Handwerksrolle zum
10.1.1992 eintragen. Außerdem wurde die GmbH Mitglied der Elektro-
Innung M. Die Beklagte bezweckte, das Elektro-Handwerk nicht mehr selbst,
sondern über die GmbH zu betreiben.
Das BAG verneinte einen Anspruch auf Zahlung der tariflichen Sonderzah-
lungen für die Jahre 1992 und 1993. Die Tarifgebundenheit nach § 3 Abs. 3
TVG greift hier nicht, weil die Beklagte durch Übertragung des Elektrohand-
werksbetriebes auf die GmbH dem fachlichen Geltungsbereich des Tarifver-
trages entwachsen ist, da sie sich nur noch mit Arbeitnehmerüberlassung
beschäftigt. Nach der Rechtsprechung des BAG ist in diesem Fall § 3 Abs. 3
TVG nicht anwendbar.[684] Diese Vorschrift solle nach Ansicht des BAG die
fehlende Verbandsmitgliedschaft ersetzen. Dem Arbeitgeber solle der Anreiz
genommen werden, aus dem Arbeitgeberverband auszutreten um damit miss-
liebigen Tarifverträgen zu entgehen. Es solle aber keine Bindung geschaffen
werden, die bei Mitgliedschaft im Arbeitgeberverband nicht gegeben wäre,
weil der Tarifvertrag fachlich beschränkt ist. Komme ein Verbandsaustritt des
Arbeitgebers hinzu, gilt nichts anderes. Andernfalls würde ein Arbeitgeber,
der aus seinem Verband ausscheidet, an den fachlich nicht mehr einschlägi-
gen Tarifvertrag stärker gebunden sein als ein Arbeitgeber, der dem Verband
weiter angehört. Damit musste sich das BAG mit der Frage beschäftigen, ob
§ 4 Abs. 5 TVG Anwendung finden könne. Ändert sich der Zweck eines
Betriebes und wächst der Betrieb damit aus dem fachlichen Geltungsbereich
eines Tarifvertrages heraus, weil dieser für branchenfremde Betriebe nicht
gilt, so greife § 4 Abs. 5 TVG zwar nach dem Wortlaut nicht ein. Eine analoge
Anwendung dieser Vorschrift sei aber auch auf andere Fallgestaltungen
anwendbar, in denen die Tarifbindung entfalle. Dazu gehöre auch das Her-

---

684 BAG v. 10.12.1997 – 4 AZR 247/96 –, NZA 1998, 484, 486.

auswachsen aus dem Geltungsbereich des Tarifvertrages bei gleichzeitigem Verbandsaustritt. § 4 Abs. 5 TVG wolle verhindern, dass Arbeitsverhältnisse inhaltsleer werden. Die Interessenlage sei damit dieselbe wie bei wortgetreuer Auslegung der Vorschrift. Im vorliegenden Fall scheitert die analoge Anwendung des § 4 Abs. 5 TVG aber wegen der Tatsache, dass der Kläger erst im Nachwirkungszeitraum in die IG Metall eingetreten ist.

Die Mitgliedschaft einer juristischen Person des Privatrechts in einem Arbeitgeberverband setzt sich nicht bei deren Rechtsnachfolgerin fort. Die Mitgliedschaft muss vom Nachfolgeunternehmen vielmehr neu begründet werden[685]. Dies ist bedeutsam, weil bei Abschluss eines Tarifvertrages durch einen Arbeitgeberverband hieran nur die Mitglieder bei Tarifabschluss tarifgebunden sind, nicht auch deren Rechtsnachfolger. **161a**

Den Hauptanwendungsfall des § 3 Abs. 3 TVG bildet das **Ausscheiden** des tarifgebundenen Arbeitgebers aus seinem **Arbeitgeberverband**. § 3 Abs. 3 TVG gilt aber auch beim **Wechsel** des Arbeitgebers von einem Arbeitgeberverband zu einem anderen[686]. Die Problematik ist sehr umstritten[687]. Das Verhältnis des alten zum neuen Tarifvertrag muss nach Auffassung des BAG nach den Regeln über die Tarifkonkurrenz entschieden werden[688]. Die fortgeltende Tarifbindung führt dazu, dass ein Arbeitnehmer durch Beitritt in die Gewerkschaft und im Zeitraum des § 3 Abs. 3 TVG die Anwendbarkeit des Tarifvertrages erstmalig herbeiführen kann[689]. **162**

Darüber hinaus stellt sich die Frage, ob im Falle des Austritts aus dem Arbeitgeberverband weiterhin eine Friedenspflicht besteht. Der Problematik liegt die Überlegung zugrunde, dass ein Arbeitgeber auch ohne Verbandszugehörigkeit tariffähig nach § 2 Abs. 1 TVG bleibt und daher die Gewerkschaften ein Interesse daran haben können, einen Firmentarifvertrag zu erzwingen, der dann den weitergeltenden Verbandstarifvertrag nach dem Grundsatz der Tarifeinheit als der speziellere verdrängen würde. Inwieweit Kampfmaßnahmen zu diesem Zweck rechtmäßig sind, hängt nicht zuletzt vom Bestehen der Friedenspflicht ab. Das Problem ist nicht abschließend geklärt. Einerseits wird die Meinung vertreten, dass nach § 3 Abs. 3 TVG nur der normative Teil weitergelte, die Friedenspflicht aber zum schuldrechtlichen Teil des Tarifvertrags gehöre und somit nicht mehr bestehe.[690] Nach anderer Ansicht fingiert § 3 Abs. 3 TVG die fehlende mitgliedschaftliche Tarifbindung, der Tarifvertrag gelte in vollem Umfang

---

685 BAG v. 10.11.1993 – 4 AZR 375/92 –, NZA 1994, 948.
686 Zu den Fallgestaltungen und Motiven vgl. *Bieback*, DB 1989, 477.
687 Vgl. *Däubler*, NZA 1996, 225 ff.; *Kraus*, DB 1996, 528 ff; *Otto*, NZA 1996, 624 ff.; *Gerhardt*, BB 1995, 1290 ff.
688 Vgl. dazu oben IV 5. Kritisch dazu *Bieback*, DB 1989, 480 f.
689 BAG v. 4.8.1993 – 4 AZR 499/92 –, DB 1994, 104. Vgl. zu dieser Problematik auch *Schwab*, BB 1994, 781 ff.
690 *Schleusener*, BB 1999, 684.

weiter. Demnach soll ein Streik zu Erzwingung eines anderen Tarifvertrags rechtswidrig sein.[691]

163   Die Tarifbindung erlischt mit dem Ende des Tarifvertrages. Sie erstreckt sich nicht auf den **Nachwirkungszeitraum** des § 4 Abs. 5 TVG[692]. Die verlängerte Tarifgebundenheit nach § 3 Abs. 3 TVG endet jedoch nicht nur durch das Ende des Tarifvertrages in zeitlicher Hinsicht, sondern auch mit jeder Änderung oder Ergänzung des Tarifvertrages, die nach dem Verbandsaustritt erfolgt [693]. Denn der ausgetretene Arbeitgeber könne mangels Verbandszugehörigkeit keinen Einfluss mehr auf die Modifikation des Tarifvertrages nehmen. Das Ende der Tarifbindung ist umfassend und nicht nur auf die geänderten Regelungen des Tarifvertrages begrenzt. Dies erfordere schon das Gebot der Rechtsklarheit. Ansonsten würde für die unveränderten Regelungen eine Tarifbindung nach § 3 Abs. 3 TVG bestehen, während der geänderte Teil des Tarifvertrags nach § 4 Abs. TVG nachwirken würde[694]. An das Ende der verlängerten Tarifgebundenheit nach § 3 Abs. 3 TVG schließt sich die Nachwirkung nach § 4 Abs. 5 TVG an [695].

In der Literatur wird zum Teil eine zeitliche Begrenzung der Tarifbindung nach § 3 Abs. 3 TVG gefordert. Dazu werden unterschiedliche Lösungsansätze vertreten, so u. a. eine Frist von fünf Jahren ab Austritt aus dem Arbeitgeberverband analog zu § 624 BGB bzw. eine Zwei-Jahres-Frist entsprechend § 39 Abs. 2 BGB, andere verweisen auf § 613a Abs. 1 Satz 2 BGB und wollen die Tarifbindung gem. § 3 Abs. 3 TVG auf ein Jahr beschränken[696].

164   Die **Auflösung** einer **Tarifvertragspartei** führt zu einem Wegfall der Tarifgebundenheit ihrer Mitglieder nach § 3 Abs. 1 TVG[697]. Bislang wurde allerdings ausdrücklich offengelassen, ob die Tarifbindung der Mitglieder fristlos mit der Auflösung der Tarifvertragspartei endet oder erst mit dem Ablauf der normativen Wirkung des Tarifvertrags. Das BAG hatte diese Frage im Zusammenhang mit der Insolvenz eines Arbeitgeberverbandes erstmals zu entscheiden. Demnach endet die normative Wirkung nicht schon automatisch mit dem Stellen des Insolvenzantrags. vielmehr bleibt die Tarifbindung vorerst bestehen. Entscheidend ist, ob die Tarifpartei als solche endgültig weggefallen oder wenigstens noch beschränkt rechtsfähig ist. Der Konkursverwalter handelt als Organ für den Verband, sodass die Normwirkung des Tarifvertrags nicht ohne weiteres entfällt. Die Tarifbindung endet erst mit Kündigung oder Fristablauf.[698] Die Tarifbindung eines Arbeitgebers bleibt auch in der Insolvenz bestehen, da

---

691 *Hromadka/Maschmann*, § 13 Rn. 248.
692 Vgl. LAG Köln v. 25.10.1989 – 2 Sa 474/89 –, NZA 1990, 502.
693 BAG v. 17.5.2000 – 4 AZR 363/99 –, NZA 2001, 453.
694 BAG v. 27.9.2001 – 2 AZR 236 /00 –, NZA 2002, 750.
695 St. Rspr., zuletzt BAG v. 1.8.2001 – 4 AZR 82/00 –, NZA 2002, 41.
696 Vgl. MünchArbR/*Löwisch/Rieble*, § 267 Rn. 25.
697 BAG v. 15.10.1986 – 4 AZR 289/85 –, NZA 1987, 246; a. A. *Däubler*, Rn. 1521.
698 BAG v. 27.6.2000 – 1 ABR 31/99 –, NZA 2001, 334.

seine Mitgliedschaft gem. § 80 InsO durch den Insolvenzverwalter wahrgenommen wird[699].

b) *Tarifgebundenheit bei betrieblichen und betriebsverfassungsrechtlichen Normen*

§ 3 Abs. 2 TVG bringt eine wichtige Ausnahme von dem in § 4 Abs. 1 TVG **165** verankerten Prinzip, dass Rechtsnormen eines Tarifvertrags nur bei beiderseitiger Tarifgebundenheit gelten. Bei Rechtsnormen über betriebliche[700] und betriebsverfassungsrechtliche[701] Fragen genügt die Tarifgebundenheit des Arbeitgebers[702]. Umstritten ist, ob § 3 Abs. 2 TVG verfassungswidrig ist[703].
§ 4 Abs. 1 Satz 2 TVG ordnet für Rechtsnormen des Tarifvertrages über betriebliche und betriebsverfassungsrechtliche Fragen die unmittelbare und zwingende Geltung an, wie sie in § 4 Abs. 1 Satz 1 TVG bei beiderseitiger Tarifgebundenheit vorgesehen ist.

c) *Tarifgebundenheit durch Allgemeinverbindlicherklärung (§ 5 TVG)*[704]

Das Tarifregister enthält rund 57.600 Tarifverträge, von denen zurzeit 511 allgemeinverbindlich sind, darunter 180, die auch in den neuen Bundesländern gelten.[705]

aa) Funktion der Allgemeinverbindlicherklärung

Die Funktion der Allgemeinverbindlicherklärung besteht in der Verhinderung **166** von Lohndrückerei und Schmutzkonkurrenz[706]. In Zeiten nachlassender Konjunktur besteht die Gefahr der Nichteinstellung organisierter Arbeitnehmer und wächst die Bereitschaft zur Vermeidung von Arbeitslosigkeit untertariflichen Lohn zu akzeptieren. Außerdem werden tarifgebundene Arbeitgeber gegenüber anderen Arbeitgebern in einen Wettbewerbsnachteil gebracht. Vor diesem

---

699 MünchArbR/*Löwisch/Rieble*, § 267 Rn. 14.
700 Vgl. oben IV 2.d).
701 Vgl. oben IV 2.e).
702 Zur Frage, ob § 3 Abs. 2 TVG als Erweiterung der Tarifgebundenheit oder als Absehen von der Tarifbindung auf Seiten der Arbeitnehmer anzusehen ist vgl. *Oetker* in *Wiedemann*, § 3 Rn. 128.
703 Vgl. zum Streitstand *Oetker* in *Wiedemann*, § 3 Rn. 133 und *Kempen/Zachert*, § 3 Rn. 17 ff.
704 In den Internetseiten des Bundesministeriums für Wirtschaft und Arbeit (http://www.bmwi.de/Homepage/download/Arbeit/Tarifvertraege1.pdf) ist in der Rubrik „Politikfelder" das jeweils aktuelle Verzeichnis der für allgemeinverbindlich erklärten Tarifverträge enthalten. Vierteljährlich wird das aktuellste Verzeichnis im Bundesarbeitsblatt veröffentlicht.
705 Bundesministerium für Wirtschaft und Arbeit, Verzeichnis der für allgemeinverbindlich erklärten Tarifverträge, Stand 1. Januar 2003, S. 3.
706 Vgl. *Zöllner/Loritz*, § 37 III 1, S. 417.

sozial- und wettbewerbspolitischen Hintergrund ist das Instrument der Allgemeinverbindlicherklärung entwickelt worden[707]. Die Allgemeinverbindlicherklärung gilt grundsätzlich nur für Arbeitsverhältnisse, die dem deutschen Recht unterliegen. Diesen Grundsatz durchbricht § 1 AEntG, indem er die Anwendung gewisser Tarifnormen in – für allgemeinverbindlich erklärten – deutschen Tarifverträgen auf Arbeitsverhältnisse, die nach Art. 30 EGBGB nicht dem deutschen Recht unterliegen, erstreckt. Sinn und Zweck des AEntG ist es, Arbeitsbedingungen, unter denen die aus anderen Mitgliedstaaten der Europäischen Union nach Deutschland entsandten Arbeitnehmer tätig werden, an den in Deutschland üblichen Standard anzugleichen[708]. Dabei müssen aber stets die Vorgaben des EG-Rechts, insbesondere das Recht der Arbeitnehmerfreizügigkeit (Art. 39 ff EGV) und der Dienstleistungsfreiheit (Art. 49 ff EGV) beachtet werden.[709]

bb) Verfassungsrechtliche Zulässigkeit

167   Da die Allgemeinverbindlicherklärung die Tarifwirkung auch auf Außenseiter erstreckt, ist ihre Verfassungsmäßigkeit immer wieder in Zweifel gezogen worden[710].

168   Das BVerfG hat in allen bisher ergangenen Entscheidungen die Verfassungskonformität der Allgemeinverbindlicherklärung betont und weder einen Verstoß gegen Art. 9 Abs. 3 GG (negative Koalitionsfreiheit) noch Art. 2 Abs. 1 GG (allgemeine Handlungsfreiheit) gesehen[711]. Auch die Tatsache, dass gemäß § 5 Abs. 7 TVG lediglich die Allgemeinverbindlicherklärung, nicht aber der Tarifvertrag selbst öffentlich bekannt zu machen ist, wird vom BVerfG nicht als Verstoß gegen Art. 20 Abs. 3 GG angesehen[712]. Das BAG ist der Rechtsprechung des BVerfG gefolgt[713].

---

707 Ausführlich zur geschichtlichen Entwicklung *Wank* in *Wiedemann*, § 5 Rn. 7 ff.

708 *Junker/Wichmann*, NZA 1996, 505 ff.

709 Vgl. dazu EuGH v. 25.10.2001 – Rs. C-49/98, C-50/98, C-52/98 bis C-54/98 –, SAE 2002, 77 m. Anm. *Fuchs.*

710 Zu den grundlegenden verfassungsrechtlichen Fragen vgl. *Kempen/Zachert*, § 5 Rn. 36 ff.; *Wank* in *Wiedemann*, § 5 Rn. 19 ff.

711 Vgl. BVerfG v. 24.5.1977 – 2 BvL 11/74 –, BVerfGE 44, 322, 342 ff; v. 15.7.1980 – 1 BvR 24/74 und 439/79 –, BVerfGE 55, 7, 22; v. 10.9.1991 – 1 BvR 561/89 –, NZA 1992, 125.

712 BVerfG v. 24.5.1977 – 2 BvL 11/74 –, BVerfGE 44, 322, 350 f; v. 10.9.1991 – 1 BvR 561/89 –, NZA 1992, 125.

713 Vgl. BAG v. 28.3.1990 – 4 AZR 536/89 –, NZA 1990, 781 = AP Nr. 25 zu § 5 TVG. In dieser Entscheidung verneint das BAG auch einen Verstoß gegen Art. 3, 12 und 14 GG sowie Vorschriften des EWG-Vertrages, vgl. NZA 1990, 781, 784.

cc) Gegenstand und Voraussetzungen der Allgemeinverbindlicherklärung

Gegenstand einer Allgemeinverbindlicherklärung gem. § 5 Abs. 1 TVG kann **169** nur ein wirksamer Tarifvertrag sein[714]. Die obligatorischen Bestimmungen eines Tarifvertrages können nicht für allgemeinverbindlich erklärt werden (§ 5 Abs. 4 TVG!)[715]. Sehr strittig ist, ob eine Beschränkung der Allgemeinverbindlicherklärung auf bestimmte Rechtsnormen des Tarifvertrages möglich ist. Die h. M. bejaht dies[716]. Eine Einschränkung des räumlichen, fachlich-betrieblichen oder persönlichen Geltungsbereichs wird ganz überwiegend als zulässig angesehen[717]. Dieser Auffassung ist im Grundsatz auch das BAG, dieses verlangt aber das Vorliegen eines sachlichen Grundes für die Einschränkung und eine Entscheidung im Rahmen pflichtgemäßen Ermessens[718].

Für die Allgemeinverbindlicherklärung müssen – kumulativ – ein quantitati- **170** ves und ein qualitatives Moment gegeben sein. Die tarifgebundenen Arbeitgeber müssen 50 Prozent der unter den Geltungsbereich des Tarifvertrages fallenden Arbeitnehmer beschäftigen (§ 5 Abs. 1 S. 1 Nr. 1 TVG). Bei der Ermittlung dieses vom Hundert-Satzes werden die organisierten und nicht organisierten Arbeitnehmer berücksichtigt[719]. Da exakte Zahlenberechnungen nicht immer möglich sein werden, genügt im Einzelfalle eine sorgfältige Schätzung[720].

Ferner ist Voraussetzung, dass die Allgemeinverbindlicherklärung im **öffent-** **171** **lichen Interesse** geboten erscheint (§ 5 Abs. 1 S. 1 Nr. 2 TVG). Zur Konkretisierung dieses unbestimmten Rechtsbegriffes werden in der Literatur verschiedene Aspekte mit unterschiedlichem Gewicht herangezogen[721]. Das BAG sieht ein öffentliches Interesse an der Allgemeinverbindlicherklärung stets als gegeben an, wenn damit ein anerkanntes Interesse des Gesetzgebers nachvollzogen wird[722]. Konkurrenzerwägungen im Verhältnis der Arbeitgeber zueinander kön-

---

714 Zur Problematik der Nichtigkeit einzelner Tarifvertragsnormen vgl. *Kempen/Zachert*, § 5 Rn. 24.

715 Vgl. *Schaub*, § 207 Rn. 8.

716 Vgl. *Kempen/Zachert*, § 5 Rn. 13; *Schaub*, § 207 Rn. 8. A. A. *Wank* in *Wiedemann*, § 5 Rn. 59; OVG *Münster* v. 23.9.1983 – 20 A 842/81 –, BB 1984, 723.

717 Vgl. neben den in der vorhergehenden Fn. genannten Autoren *Wank* in *Wiedemann*, § 5 Rn. 62.

718 BAG . 26.10.1983 – 4 AZR 219/18 –, AP Nr. 3 zu § 3 TVG = DB 1984, 1303 (im konkreten Falle lag der sachliche Grund für die Beschränkung in der Vermeidung von Tarifkonkurrenz). Ebenso BAG v. 14.10.1987 – 4 AZR 342/87 –, DB 1988, 1072.

719 *Schaub*, § 207 Rn. 9.

720 BAG v. 24.1.1979 – 4 AZR 377/77 –, AP Nr. 16 zu § 5 TVG.

721 Vgl. *Kempen/Zachert*, § 5 Rn. 15: Abwendung drohender wesentlicher Nachteile von einer beachtlichen Zahl betroffener Arbeitnehmer; *Schaub*, § 207 Rn. 10: besonderes über die Tarifvertragsparteien hinausreichendes Interesse, so zur Vermeidung der Unterminierung eines Tarifvertrages, Gewährleistung gleichmäßiger Arbeitsbedingungen, Erreichung sozialer Mindestarbeitsbedingungen; *von Hoyningen-Huene*, BB 1986, 1912: öffentliches Interesse könne nur bejaht werden, wenn die Interessen der Außenseiter ausreichend Berücksichtigung finden.

722 BAG v. 28.3.1990 – 4 AZR 536/89 –, NZA 1990, 781 (betreffend die Allgemeinverbindlicherklärung eines Tarifvertrages über die Altersversorgung).

nen allein öffentliche Interessen nicht begründen. Auf der anderen Seite kommt eine Allgemeinverbindlicherklärung nicht erst dann in Betracht, wenn andernfalls ein sozialer Notstand einträte[723].

172 Fehlen die Voraussetzungen nach § 5 Abs. 1 S. 1 Nr. 1 oder 2 TVG, so kann gem. § 5 Abs. 1 S. 2 TVG eine Allgemeinverbindlicherklärung nur erfolgen, wenn dies zur Behebung eines **sozialen Notstandes** erforderlich erscheint[724].

dd) Verfahren

173 Das Verfahren der Allgemeinverbindlicherklärung ist in § 5 TVG in Verbindung mit der aufgrund der Ermächtigung in § 11 Nr. 2 TVG ergangenen Durchführungsverordnung in der Fassung vom 16.1.1989 (BGBl. I 76) geregelt[725]. Die Zuständigkeit für die Entscheidung liegt beim **Bundesminister für Wirtschaft und Arbeit** (§ 5 Abs. 1 TVG)[726]. Stets ist ein Antrag einer Tarifvertragspartei erforderlich[727]. Den in § 5 Abs. 2 TVG genannten Personen und Stellen ist Gelegenheit zu einer schriftlichen Stellungnahme zu geben[728]. Falls eine oberste Arbeitsbehörde eines Landes Einspruch erhebt, benötigt der Bundesminister für Wirtschaft und Arbeit die Zustimmung der Bundesregierung (§ 5 Abs. 3 TVG). Die Entscheidung kann nur im Einvernehmen mit dem Tarifausschuss ergehen (§ 5 Abs. 1 TVG). Eine Entscheidung entgegen dem Willen dieses Gremiums ist nicht zulässig. Die Allgemeinverbindlicherklärung ist gem. § 5 Abs. 7 TVG öffentlich bekannt zu machen, d. h. im **Tarifregister** (§ 6 TVG) einzutragen. Der Tarifvertrag selbst unterliegt nicht dieser Veröffentlichungspflicht[729].

ee) Rechtsnatur der Allgemeinverbindlicherklärung und gerichtliche Überprüfung

174 Die rechtliche Einordnung der Allgemeinverbindlicherklärung ist seit langem heftig umstritten[730]. Die Beantwortung der Frage ist von erheblicher Bedeutung,

---

723 Zu beiden Argumenten BAG v. 24.1.1979 – 4 AZR 377/77 –, AP Nr. 16 zu § 5 TVG.
724 Vgl. hierzu *Wank* in *Wiedemann*, § 5 Rn. 75 ff.
725 Ausführliche Darstellung des Verfahrens bei *Löwisch/Rieble*, § 5 Rn. 56 ff.
726 Mit dem Organisationserlass vom 22. Oktober 2002 ist das bisherige Bundesministerium für Wirtschaft und Technologie und das bisherige Bundesministerium für Arbeit und Sozialordnung zu einem neuen Bundesministerium für Wirtschaft und Arbeit zusammengelegt worden. Zur Delegationsmöglichkeit auf die oberste Arbeitsbehörde eines Landes vgl. § 5 Abs. 6 TVG.
727 Str. ist, ob die Tarifvertragsparteien im schuldrechtlichen Teil Anträge auf Allgemeinverbindlicherklärung ausschließen dürfen, dagegen *Bötticher*, Die gemeinsamen Einrichtungen, S. 111 ff. A. A. *Herschel*, AuR 1966, 193 ff.: *Söllner*, § 18 I 3, S. 154.
728 Vgl. dazu auch § 6 der DVO.
729 Zur verfassungsrechtlichen Unbedenklichkeit dieser Regelung s. oben bb).
730 Vgl. zur Darstellung des Streitstandes mit zahlreichen Rspr.- und Literaturnachweisen *Schaub*, § 207 Rn. 17 ff.

weil davon das Bestehen oder Nichtbestehen sowie die Art von Rechtsbehelfen abhängt.

Kaum mehr vertreten wird die Auffassung, dass es sich ausschließlich um einen **Verwaltungsakt** handle[731]. Abgelehnt wird überwiegend auch die Ansicht, es handele sich um eine **Rechtsverordnung**[732]. Die ganz h. M. des arbeitsrechtlichen Schrifttums geht von einer **Doppelnatur** der Allgemeinverbindlicherklärung aus[733]. Danach ist die Allgemeinverbindlicherklärung im Verhältnis zu den Tarifvertragsparteien Verwaltungsakt, im Verhältnis zu den Außenseitern nur selbstständiger Rechtsetzungsakt. Nach anderer Ansicht handelt es sich bei der Allgemeinverbindlicherklärung um einen Rechtssetzungsakt eigener Art zwischen autonomer Regelung und staatlicher Rechtssetzung, ohne dabei nach den Adressaten zu differenzieren.[734] Die Grundzüge dieser Theorie finden sich auch in der Rechtsprechung wieder. Das Bundesverfassungsgericht hat es unter Hinweis auf den Meinungsstreit bei der Überprüfung der Verfassungsmäßigkeit (Art. 5 GG) als erforderlich gesehen, die Allgemeinverbindlicherklärung rechtlich zu qualifizieren, um sie in ihrer richtigen Bedeutung am Grundgesetz messen zu können.[735] In dieser grundlegenden Entscheidung wird betont, dass die Allgemeinverbindlicherklärung verbindliche Rechtsregeln auf Personen ausdehne, die bisher nicht von einem Tarifvertrag erfasst seien, diese Art der Normsetzung aber weder dem Erlass eines Verwaltungsaktes, noch dem einer Rechtsverordnung gleichstehe, sondern vielmehr einen Rechtssetzungsakt eigener Art darstellt. Die Grundlage dafür findet sich in Art. 9 Abs. 3 GG. Somit ist Art. 80 GG auf Allgemeinverbindlicherklärungen nicht anwendbar.[736] Das

---

731 So früher *Hueck-Nipperdey*, Lehrbuch des Arbeitsrechts, Bd. II, 6. Aufl. 1957, § 34 II 1, S. 471 f.

732 So aber in st. Rspr. das BVerwG, vgl. v. 6.6.1958 – BVerwG VII CB 187.57 –, BVerwGE 7, 82 und v. 1.8.1958 – BVerwG VII A 35.57 –, BVerwGE 7, 188. Ähnlich *Zöllner/Loritz*, § 37 III 5, S. 418; *Mäßen/Mauer*, NZA 1996, 121 ff.; BVerwG v. 3.11.1988 – 7 C 115/86 –, NZA 1989, 364: Trotz des Rechtsnormcharakters der Allgemeinverbindlicherklärung steht hinsichtlich des Anspruchs einer Tarifvertragspartei auf Allgemeinverbindlicherklärung eines Tarifvertrages der Rechtsweg zu den Verwaltungsgerichten offen. Das Gericht bejaht wegen des Anspruchs der antragstellenden Tarifvertragspartei auf rechtsfehlerfreie Entscheidung die Zulässigkeit einer Feststellungsklage nach § 43 VwGO, nachdem sich der Anspruch wegen Ablaufs des Tarifvertrages erledigt hatte (andernfalls wäre die allgemeine Leistungsklage in Betracht gekommen, vgl. S. 365).

733 *Wank* in *Wiedemann*, § 5 Rn. 43; *Söllner*, § 18 I 5, S. 156; *Schaub*, § 207 Rn. 17. Im Ergebnis ähnlich BVerfG v. 24.5.1977 – 2 BvL 11/74 –, BVerfGE 44, 322: Die Allgemeinverbindlicherklärung von Tarifverträgen ist im Verhältnis zu den ohne sie nicht tarifgebundenen Arbeitgebern ein Rechtssetzungsakt eigener Art zwischen autonomer Regelung und staatlicher Rechtsetzung, der seine eigenständige Grundlage in Art. 9 Abs. 3 GG findet (deshalb auch keine Notwendigkeit, Art. 80 GG zur Beurteilung heranzuziehen). Ebenso BAG v. 28.3.1990 – 4 AZR 536/89 –, NZA 1990, 781.

734 *Dütz*, Arbeitsrecht, Rn. 521; *Hromadka/Maschmann*, § 13 Rn. 251; *Zöllner/Loritz*, § 137 III 5, S. 419.

735 BVerfG v. 24.5.1977 – 2 BvL 11/74 –, NJW 1977, 2255.

736 BVerfG v. 15.7.1980 – 1 BvR 24/74; 439/79 –, NJW 1981, 215.

BAG ist dieser Rechtsprechung gefolgt und vertritt ebenfalls die Auffassung, dass die Allgemeinverbindlicherklärung im Verhältnis zu den ohne sie nicht tarifgebundenen Arbeitgebern und Arbeitnehmern ein eigenständiger, durch Art. 9 Abs. 3 GG legitimierter Rechtsetzungsakt sei.[737] Beide Gerichte äußern sich jedoch nicht dazu, wie die Allgemeinverbindlicherklärung im Verhältnis zu den Tarifvertragsparteien zu qualifizieren ist. Dennoch ist in der Literatur teilweise zu lesen, dass sowohl das Bundesverfassungsgericht als auch das BAG der Lehre von der Doppelnatur gefolgt sind.[738] Das Bundesverwaltungsgericht interpretiert das Bundesverfassungsgericht ebenso dahingehend.[739] Andere sehen den Streit über die Rechtsnatur als weitestgehend beigelegt an. Demnach soll die Allgemeinverbindlicherklärung auch im Verhältnis zu den Tarifparteien wie gegenüber den Unterworfenen als Rechtsetzungsakt eigener Art gelten.[740]

In prozessualer Hinsicht gilt: Für Klagen von Tarifvertragsparteien auf oder gegen den Erlass der Allgemeinverbindlicherklärung ist gem. § 40 Abs. 1 S. 1 VwGO der Rechtsweg zu den Verwaltungsgerichten eröffnet. Das BVerwG nimmt eine öffentlich-rechtliche Streitigkeit nichtverfassungsrechtlicher Art an, da die Allgemeinverbindlicherklärung als Akt der Rechtssetzung dem öffentlichen Recht unterfällt und der eigentliche Kern des Rechtsstreits nicht die Auslegung oder Anwendung verfassungsrechtlicher Normen darstellt. Es liegt auch keine anderweitige Rechtswegzuweisung vor, insbesondere wird die Zuständigkeit der Arbeitsgerichte gem. §§ 2, 2a ArbGG nicht berührt.[741] Klagt eine Tarifvertragspartei auf Allgemeinverbindlicherklärung eines Tarifvertrages, ist die Feststellungsklage gem. § 43 Abs. 1 VwGO statthaft. Zwar ist diese gegenüber einer Leistungsklage subsidiär, allerdings widerspricht eine Klage auf Erlass einer Norm im Hinblick auf § 47 VwGO (der allerdings nur auf Rechtssetzungsakte der Exekutive Anwendung findet) dem verwaltungsgerichtlichen Rechtsschutzsystem. Da aber der Anspruch auf Erlass einer Norm aufgrund des Art. 19 Abs. 4 GG grundsätzlich anzuerkennen ist und das Klagebegehren nicht anderweitig geltend gemacht werden kann, ist in diesem Fall eine Feststellungsklage zulässig.[742] Strittig bleibt indes, mit welcher Klageart eine betroffene Tarifpartei gegen eine Allgemeinverbindlicherklärung vorgehen kann. Vertreten werden hierzu die Statthaftigkeit der Feststellungsklage gem. § 43 Abs. 1 VwGO, eine Feststellungsklage sui generis sowie die Anfechtungsklage gem. § 42 VwGO.[743]

---

737 BAG v. 28.3.1990 – 4 AZR 536/89 –, NZA 1990, 781; *Schaub*, § 207 Rn. 17.

738 *Wank* in *Wiedemann*, § 5 Rn. 40 ff m.w.N.; *Schaub*, § 207 Rn. 17, 19.

739 BVerwG v. 3.11.1988 – 7 C 115/86 –, NZA 1989, 364, 366: „Allenfalls in diesem Sinne kann nach seiner Entscheidung vom 24.5.1977 (BVerfGE 44, 322) noch von einer „Doppelnatur" der Allgemeinverbindlichkeitserklärung als Rechtsnorm und als Verwaltungsakt die Rede sein."

740 *Stein*, Rn. 213 m.w.N.

741 BVerwG v. 3.11.1988 – 7 C 115/86 –, NZA 1989, 364, 365.

742 BVerwG v. 3.11.1988 – 7 C 115/86 –, NZA 1989, 364, 365.

743 *Wank* in *Wiedemann*, § 5 Rn. 171; ErfK/*Schaub*, § 5 TVG Rn. 41.

Denkbar ist auch, dass eine zunächst unbeteiligte Tarifpartei infolge einer Allgemeinverbindlicherklärung in ihrem Geltungsbereich durch konkurrierende Regelungen betroffen wird. In diesem Fall ist ebenfalls eine Feststellungsklage vor dem Verwaltungsgericht der richtige Rechtsbehelf.[744] Außenseiter können hingegen keine Rechtsbehelfe in Anspruch nehmen, da die Allgemeinverbindlicherklärung nur Rechtsbeziehungen zwischen den vom jeweiligen allgemeinverbindlich erklärten Tarifvertrag betroffenen Arbeitgebern und Arbeitnehmern begründet.[745] Kommt es bei einem Rechtsstreit eines Außenseiters aber auf eine Bestimmung eines für allgemeinverbindlich erklärten Tarifvertrages an, so haben die Gerichte die Rechtswirksamkeit der Allgemeinverbindlicherklärung inzident zu prüfen.[746] Gleiches gilt für die Normunterworfenen eines allgemeinverbindlichen Tarifvertrags. Sie können weder auf, noch gegen den Erlass einer Allgemeinverbindlicherklärung klagen, jedoch im Prozess untereinander die Wirksamkeit einer Allgemeinverbindlicherklärung inzident überprüfen lassen.[747]

175 Soweit Gerichte die Allgemeinverbindlicherklärung zu prüfen haben, ist zu sehen, dass der zuständigen Behörde bei der Konkretisierung des unbestimmten Rechtsbegriffs des öffentlichen Interesses (§ 5 Abs. 1 S. 1 Nr. 2 TVG) ein **weiter Beurteilungsspielraum** eingeräumt ist[748]. Bei Vorliegen der tatbestandlichen Voraussetzungen hat der Bundesminister für Arbeit und Sozialordnung nach pflichtgemäßem Ermessen ("kann") zu entscheiden. Dabei gehen die Gerichte von einem weiten Ermessensspielraum aus, sodass nur eine beschränkte richterliche Kontrolle möglich ist[749].

ff) Beginn und Ende der Allgemeinverbindlicherklärung

176 Gem. § 7 S. 3 der DVO beginnt die Allgemeinverbindlichkeit in der Regel nicht vor dem Tag der Bekanntmachung des Antrags. Wegen des Vertrauensschutzes sind der **Rückwirkung** der Allgemeinverbindlicherklärung Grenzen gesetzt[750]. Das BAG verlangt die Beachtung der vom BVerfG entwickelten Grundsätze über die rückwirkende Inkraftsetzung von Gesetzen. Daher ist es

744 *Wank* in *Wiedemann*, § 5 Rn. 172 f.
745 *Mäßen/Maurer*, NZA 1996, 121, 125.
746 BAG v. 11.6.1975 – 4 AZR 395/74 –, AP Nr. 29 zu § 2 TVG ; *Wank* in *Wiedemann*, § 5 Rn. 177.
747 ErfK/*Schaub*, § 5 TVG Rn. 44 f.
748 Vgl. BAG v. 3.2.1965 – 4 AZR 385/63 –, BAGE 17, 59, 70; v. 11.6.1975 – 4 AZR 395/74 –, BAGE 27, 175, 185 und v. 24.1.1979 – 4 AZR 377/77 –, BAGE 31, 241, 251.
749 Vgl. BAG v. 28.3.1990 – 4 AZR 536/89 –, NZA 1990, 781 f. Das BVerwG spricht von einem weiten normativen Ermessen. Die rechtlichen Grenzen des Ermessens seien erst dann überschritten, wenn die getroffene Entscheidung in Anbetracht des Zwecks der Ermächtigung und der hiernach zu berücksichtigenden öffentlichen und privaten Interessen – einschließlich der Interessen der Tarifvertragsparteien – schlechthin unvertretbar und unverhältnismäßig ist, vgl. BVerwG v. 3.11.1988 – 7 C 115/86 –, NZA 1989, 364.
750 Zur Rückwirkung der Allgemeinverbindlicherklärung *Löwisch/Rieble*, § 5 Rn. 45 ff.

rechtlich nicht möglich, Tarifverträge in einer Berufssparte erstmals für allgemeinverbindlich zu erklären und ihre Rückwirkung anzuordnen, wenn nicht auf diese Möglichkeit schon bei der Veröffentlichung des Antrags hingewiesen wurde[751]. Diese Rechtsprechung berücksichtigt nunmehr § 4 der DVO, wonach in der Antragsbekanntmachung darauf hinzuweisen ist, dass die Allgemeinverbindlicherklärung mit Rückwirkung erfolgen kann.

177   Die Allgemeinverbindlichkeit endet mit dem Ablauf des Tarifvertrages (§ 5 Abs. 3 S. 3 TVG). Wird der allgemeinverbindlich erklärte Tarifvertrag geändert, so kann die Änderung nur dann wieder allgemein verbindlich sein, wenn ein entsprechendes Verfahren durchgeführt wird[752]. Eine Ausnahme in dem Sinne, dass die nicht geänderten Teile des Tarifvertrags nach wie vor von der ursprünglichen Allgemeinverbindlicherklärung erfasst sind, soll gelten, wenn sie mit der Änderung nicht in einem Zusammenhang stehen[753]. Endet die Allgemeinverbindlichkeit gem. § 5 Abs. 5 Satz 3 TVG mit Ablauf des Tarifvertrages, so wirken seine Rechtsnormen gem. § 4 Abs. 5 TVG nach. Von der Nachwirkung werden auch nichttarifgebundene Arbeitnehmer erfasst.[754]

178   Ein Ende findet die Allgemeinverbindlichkeit durch ihre Aufhebung. Diese ist vorgesehen, wenn die Aufhebung im öffentlichen Interesse geboten erscheint (§ 5 Abs. 5 S. 1 TVG). Dabei ist das gleiche Verfahren durchzuführen wie bei der Allgemeinverbindlicherklärung selbst (§ 5 Abs. 5 S. 2 TVG).

gg) Wirkung der Allgemeinverbindlicherklärung (§ 5 Abs. 4 TVG)

179   Gemäß § 5 Abs. 4 TVG bewirkt die Allgemeinverbindlicherklärung, dass die Rechtsnormen des Tarifvertrags in seinem Geltungsbereich auch die bisher nicht tarifgebundenen Arbeitgeber und Arbeitnehmer erfassen. Damit erstreckt sich die unmittelbare und zwingende Wirkung des Tarifvertrages (§ 4 Abs. 1 TVG) auf Nichtorganisierte sowie auch auf anders Organisierte. Im letzteren Falle kann es dadurch zu einer **Tarifkonkurrenz** kommen[755]. Bei Tarifverträgen über gemeinsame Einrichtungen der Tarifvertragsparteien werden Rechte (Ansprüche auf Leistungen) und Pflichten (Beitragspflichten) der Außenseiter begründet. Sie führen aber nicht zu einer Mitgliedschaft der nichtorganisierten Arbeitnehmer und Arbeitgeber in der gemeinsamen Einrichtung[756]. Unter bestimmten Voraussetzungen kann eine Tariflohnunterschreitung bei Allgemeinverbindlichkeit des Tarifvertrages einen Verstoß gegen § 1 UWG darstellen[757].

---

751 BAG v. 3.11.1982 – 4 AZR 1255/79 –, DB 1983, 722.
752 *Kempen/Zachert*, § 5 Rn. 27.
753 BAG v. 16.11.1965 – 1 AZR 160/55 –, AP Nr. 30 zu § 4 TVG Ausschlussfristen.
754 BAG v. 25.10.2000 – 4 AZR 212/00 –, NZA 2001, 1146.
755 S. dazu oben IV 5.
756 BAG v. 28.3.1990 – 4 AZR 536/89 –, NZA 1990, 781, 782.
757 Bezüglich der Voraussetzungen eines Wettbewerbsverstoßes s. BGH v. 3.12.1992 – I ZR 276/90 –, NJW 1993, 1010.

d) *Individualvertragliche Bezugnahme auf den Tarifvertrag*

aa) Rechtsnatur der Bezugnahme

Arbeitgeber und Arbeitnehmer haben es in der Hand (Grundsatz der Ver- **180** tragsfreiheit!), Tarifvertragsnormen zum Gegenstand des Arbeitsvertrages zu machen. Die arbeitsvertragliche Bezugnahmeklauseln haben die Funktion **sog. Gleichstellungsabreden** und sind im Zweifel als solche auszulegen[758], d.h. die vertragliche Bezugnahme soll eine Gleichstellung von nichtorganisierten mit den tarifgebundenen Arbeitnehmern herbeiführen. Ist der Arbeitgeber tarifgebunden, so kann er einheitlich jeweils den Tarifvertrag anwenden, an den er im Sinne des Tarifvertragsrechts gebunden ist, ohne die Mitgliedschaft der einzelnen Arbeitnehmer in der Gewerkschaft überprüfen zu müssen[759]. Durch die Bezugnahme wird aber keine Tarifwirkung hergestellt[760]. Denn es liegt keine unmittelbare, sondern eine vereinbarte Geltung vor[761]. Deshalb wird durch eine einzelvertragliche Vereinbarung eines – spezielleren – Tarifvertrags der allgemeinverbindliche Verbandstarifvertrag jedenfalls dann nicht verdrängt, wenn der Arbeitgeber nicht auf Grund Verbandszugehörigkeit an den spezielleren Tarifvertrag tarifgebunden ist[762].

bb) Voraussetzungen der Bezugnahme

Die Bezugnahme ist formfrei, es sei denn der in Bezug genommene Tarifver- **181** trag sieht für die Begründung von Arbeitsverhältnissen eine bestimmte Form vor[763]. Die Bezugnahme setzt einen entsprechenden erkennbaren Willen der Arbeitsvertragsparteien voraus[764]. Eine **stillschweigende** (besser: konkludente) **Inbezugnahme** ist nach h.M. möglich[765]. Nach Auffassung der Rspr. ist der Arbeitgeber durch den allgemeinen arbeitsrechtlichen Gleichbehandlungsgrundsatz nicht verpflichtet, nicht tarifgebundene Arbeitnehmer gleichzustellen.[766]

---

758 BAG v. 4.9.1996 – 4 AZR 135/95 –, BAGE 84, 97; v. 4.8.1999 – 5 AZR 642/98 –, RdA 2000, 178.

759 BAG v. 4.8.1999 – 5 AZR 642/98 –, RdA 2000, 178.

760 A.A. *von Hoyningen-Huene*, RdA 1974, 138.

761 *Zöllner/Loritz*, § 37 I 7, S. 413 (h.M.). Zu weiteren Konstruktionsversuchen vgl. *Kempen/ Zachert*, § 3 Rn. 66 ff. Zum Sonderproblem bei Zulassungsnormen (z.B. § 622 Abs. 4 BGB) vgl. *Oetker* in *Wiedemann*, § 3 Rn. 224.

762 BAG v. 22.9.1993 – 10 AZR 207/92 –, NZA 1994, 667.

763 Zu den dann bestehenden Problemen vgl. *Schaub*, § 208 Rn. 14.

764 Vgl. BAG v. 23.2.1988 – 3 AZR 300/86 –, BB 1988, 1825. Zu weiteren Einzelheiten s. *Etzel*, NZA Beil. 1/1987, 25 f.

765 Vgl. *Oetker* in *Wiedemann*, § 3 Rn. 233. Kritisch dazu *Kempen/Zachert*, § 3 Rn. 73.

766 Vgl. dazu BAG v. 20.7.1960 – 4 AZR 199/59 –, AP Nr. 7 zu § 4 TVG. Kritisch dazu *Thüsing/ Lambrich*, RdA 2002, 193, 195.

cc) Gegenstand der Bezugnahme

182 Grundsätzlich wird derjenige Tarifvertrag in Bezug genommen, der bei entsprechender Tarifgebundenheit der Beteiligten gelten würde[767]. Eine Verweisung auf einen **fremden Tarifvertrag** ist aber rechtlich zulässig[768].

Die Parteien können den Tarifvertrag insgesamt zum Gegenstand des Arbeitsvertrages machen. Nach h.M. können sie aber auch nur auf einzelne Bestimmungen des Tarifvertrages verweisen[769]. Strittig ist, ob ein Tarifvertrag im **Nachwirkungszeitraum** (§ 4 Abs. 5 TVG) in Bezug genommen werden kann[770].

Werden Tarifbestimmungen einseitig durch den Arbeitgeber gestellt, ist fraglich, inwieweit sie der Inhaltskontrolle unterliegen[771]. Seit dem 1.1.2002 finden die Vorschriften der §§ 305 ff. BGB (vormals §§ 1 ff. AGBG) mit Ausnahme der Bestimmungen über die Einbeziehung (§ 305 Abs. 2 u. 3 BGB) auch auf das Arbeitsrecht Anwendung. Ausgenommen sind aber Tarifverträge, § 310 Abs. 4 S. 1 BGB. Grund für diese Ausnahme ist die aus der Richtigkeits- und Angemessenheitsvermutung resultierende eingeschränkte Überprüfbarkeit von Kollektivvereinbarungen[772]. Der Gesetzgeber will aber die § 305 ff. auch dann nicht anwenden, wenn auf einen Tarifvertrag insgesamt verwiesen oder dessen Wortlaut identisch im Arbeitsvertrag wiedergegeben wird.[773] Die Gegenansicht will eine solche Globalverweisung nur dann einer Inhaltskontrolle entziehen, wenn auf den jeweils für beide Parteien einschlägigen Tarifvertrag verwiesen wird.[774] Dagegen müsse die Bezugnahme auf einen **fremden Tarifvertrag** kontrollierbar sein, da wegen der unterschiedlichen betrieblichen und wirtschaftlichen Bedingungen nicht grundsätzlich von einer Angemessenheitsvermutung ausgegangen werden könne.[775] Aus dem selben Grund soll wegen der Gefahr einseitiger Benachteiligung durch den Arbeitgeber die volle Inhaltskontrolle in den Fällen gewährleistet sein, in denen nur Einzelbestimmungen eines Tarifvertrages durch Verweisung Bestandteil eines Arbeitsvertrages werden.[776] Erfolgt die Verweisung auf einen in sich geschlossenen Regelungskomplex eines einschlägigen

---

767 *Schaub*, § 208 Rn. 11.

768 BAG v. 10.6.1965 – 5 AZR 432/64 –, AP Nr. 13 zu § 9 TVG a.F.

769 Kritisch zur h.M. *Kempen/Zachert*, § 3 Rn. 85 f.

770 Vgl. zum Streitstand *Kempen/Zachert*, § 3 Rn. 97. Auch die Rspr. ist uneinheitlich, vgl. einerseits BAG v. 15.2.1965 – 5 AZR 347/64 –, BAGE 17, 90 (ablehnend), andererseits BAG v. 27.6.1978 – 6 AZR 59/77 –, AP Nr. 12 zu § 13 BUrlG (befürwortend); vgl. auch *Frieges*, BB 1996, 1281 ff.

771 Eingehend dazu *Preis* in FS Wiedemann, S. 425, 428.

772 ErfK/*Preis*, §§ 310-310, Rn. 16.

773 BT-Drucks. 14/68577, S. 54.

774 *Gotthardt*, Arbeitsrecht nach der Schuldrechtsreform, 2002, Rn. 234 ff.

775 ErfK/*Preis*, §§ 305-310, Rn. 17; *Gotthardt*, Rn. 240.

776 *Preis* in FS Wiedemann, S. 425, 444; *Schaub*, § 31 Rn. 7 b.

Tarifvertrages kann ebenso von der Richtigkeitsvermutung ausgegangen werden, eine Inhaltskontrolle findet nicht statt.[777]

dd) Rechtsfolgen

Die in Bezug genommenen Teile des Tarifvertrages gelten unmittelbar. Daraus entfaltet sich aber keine zwingende Wirkung des Tarifvertrages i.S.d. § 4 Abs. 1 TVG. Deshalb können die in Bezug genommenen Vorschriften des Tarifvertrages in gegenseitigem Einvernehmen abbedungen werden[778]. **183**

Beispiel für Bezugnahmeklauseln[779]:
„Auf das Arbeitsverhältnis findet Anwendung...“
„der Tarifvertrag in der Fassung vom ....“ (statische Bezugnahmeklausel)
„der jeweilige Tarifvertrag......“ (dynamische Bezugnahmeklausel)
„der Tarifvertrag des ...... Einzelhandels“ (Bezugnahme auf einen konkreten Tarifvertrag)
„der Tarifvertrag ......“ (Globalverweisung)
„Die Sonderzahlungen richten sich nach den tariflichen Bestimmungen des ......Tarifvertrages“ (Verweisung auf einzelne Materien des Tarifvertrages)

e) *Tarifwirkung bei Betriebsübergang (§ 613 a BGB)*

aa) Individualvertragliche Fortgeltung kollektiver Rechtsnormen (§ 613 a Abs. 1 S. 2 BGB).

Die Vorschrift ordnet die individualvertragliche Fortgeltung kollektiver Rechtsnormen (Tarifverträge, Betriebsvereinbarungen) im Verhältnis Arbeitnehmer/Erwerber an. Die betreffenden Normen verlieren ihren kollektivrechtlichen Charakter (ihre unmittelbare und zwingende Wirkung, § 4 Abs. 1 TVG, § 77 Abs. 4 BetrVG) und werden zum individualrechtlichen Bestandteil der Arbeitsverhältnisse. Auch nachwirkende Tarifnormen (§ 4 Abs. 5 TVG) wirken nach S. 2 fort. Sie können aber jederzeit abgeändert werden[780]. S. 2 kommt nur zur Anwendung, wenn der neue Inhaber nicht selbst Mitglied des tarifschließenden Verbandes ist. Gehört er diesem Tarifverband an, ändert sich an der bisherigen tarifrechtlichen Lage nichts. S. 2 greift vielmehr nur dann ein, wenn der neue Inhaber wegen fehlender Tarifbindung (§ 3 Abs. 1 TVG) nicht an den bisherigen Tarifvertrag gebunden ist. Im Gegensatz zu einer im Schrifttum anzu- **184**

---

777 *Preis* in FS Wiedemann, S. 425, 446; zu weiteren Einzelfragen der arbeitsvertraglichen Bezugnahme s. *Thüsing/Lambrich*, RdA 2002, 193 ff.
778 *Schaub*, § 208 Rn. 17.
779 MünchArbR/*Löwisch/Rieble*, § 269 Rn. 1 ff; *Hromadka/Maschmann*, § 13 Rn. 255.
780 BAG v. 1.8.2001 – 4 AZR 82/00 –, NZA 2002, 41.

treffenden Meinung[781] ist das BAG der Auffassung, dass der Betriebserwerber nicht kraft Tarifrechts in die Rechtsposition des Veräußerers einrückt, der mit der Gewerkschaft einen Firmentarifvertrag abgeschlossen hat[782]. Denn nach Abs. 1 S. 1 tritt der Betriebserwerber lediglich in die Rechte und Pflichten aus den bestehenden Arbeitsverhältnissen ein und nur in diesem Rahmen wird er Rechtsnachfolger des Veräußerers. Die Tarifgebundenheit des Arbeitgebers (§ 3 Abs. 1 TVG) an den Firmentarifvertrag resultiert aus seiner Stellung als Tarifvertragspartei, nicht aber aus der als Partei des Arbeitsvertrages[783]. Insofern besteht ein Unterschied zu Fällen der Umwandlung, wo der Übernehmer im Wege der Gesamtrechtsnachfolge auch in den abgeschlossenen Firmentarif einrückt[784]. Die Regelungen des Tarifvertrags gelten in diesem Falle nur schuldrechtlich nach Abs. 1 S. 2 fort. Enthält der Firmentarifvertrag eine dynamische Blankettverweisung auf andere Tarifverträge, so können sich die Arbeitnehmer gegenüber dem Erwerber nicht auf die Dynamisierung berufen. Das BAG leitet diese Rechtsfolge aus der Auslegung der Vorschrift von Abs. 1 S. 2 her, die lediglich einen statischen Bestandsschutz für den Zeitpunkt des Übergangs der Arbeitsverhältnisse beinhalte[785]. Ist im Wege einer **sog. Gleichstellungsabrede** vereinbart, dass jeweils die kraft Tarifbindung des Arbeitgebers anwendbaren Tarifverträge Inhalt des Arbeitsvertrages sein sollen, so verliert die Verweisungsklausel ihre Wirkung, wenn der Erwerber nicht tarifgebunden ist[786].

185   Die Rechtsfolge des § 613 a Abs. 1 S. 2 BGB beinhaltet die **Transformation der kollektiven Normen** in arbeitsvertragliche Regelungen. Damit unterliegen sie grundsätzlich der Disposition der Parteien. Allerdings ist es unzulässig, vor Ablauf eines Jahres nach dem Zeitpunkt des Übergangs Änderungen zum Nachteil des Arbeitnehmers herbeizuführen (Ausnahme: § 613 a Abs. 1 S. 4 BGB). Diese Rechtsfolge gilt für Inhalts-, Abschluss-, und Beendigungsnormen des

---

781 Vgl. etwa *Kempen/Zachert* § 3 Rn 57.
782 Vgl. BAG v. 20.6.2001 – 4 AZR 295/00 –, NZA 2002, 517.
783 BAG v. 20.6.2001 – 4 AZR 295/00 –, NZA 2002, 517, 518.
784 S. dazu unten Rn 189.
785 BAG v. 20.6.2001 – 4 AZR 295/00 –, NZA 2002, 517, 519. Ebenso BAG v. 29.8.2001 –
     4 AZR 332/00 – RdA 2002, 299, 301 (m. krit. Anm. *Däubler*): „Der Regelungsgehalt der
     Tarifvertragsnormen geht nach § 613a Abs. 1 S. 2 statisch in das Arbeitsverhältnis über, näm-
     lich in dem Tarifstand bzw. Normenstand, den er zurzeit des Betriebsübergangs hat. Der Rege-
     lungsgehalt wird durch den Betriebsübergang weder in seinem sachlichen Inhalt noch in
     seinem durch den Tarifstand beschriebenen Geltungsumfang geändert. Verändert sich nach
     dem Betriebsübergang die Tarifnorm, deren Regelung in das Arbeitsverhältnis übergegangen
     ist, so nimmt die übergegangene Regelung hieran nicht mehr teil. Verweist die übergegangene
     Tarifregelung ihrerseits auf andere normative Regelungen, die sich weiterentwickeln, so wird
     auch deren Weiterentwicklung nicht zum Inhalt des Arbeitsverhältnisses. Ist die Tarifregelung
     zurzeit des Betriebsübergangs nur noch kraft Nachwirkung anzuwenden (§ 4 Abs. 5 TVG), so
     hat der Übergang in das Arbeitsverhältnis nicht zur Folge, dass ihre Ablösung nicht mehr nach
     den Regeln des § 4 Abs. 5 TVG erfolgen kann.“
786 BAG v. 4.8.1999 – 5 AZR 642/98 –, RdA 2000, 178 m. abl. Anm. *Annuß*.

Tarifvertrags. S. 2 gilt auch für solche Regelungen in Tarifverträgen und Betriebsvereinbarungen, die nur noch kraft **Nachwirkung** (§ 4 Abs. 5 TVG; § 77 Abs. 6 BetrVG) gelten.

bb) Vorrang kollektivrechtlich geltender Normen (§ 613 a Abs. 1 S. 3 BGB).

Die Vorschrift setzt die Regelung des S. 2 außer Kraft, wenn die Rechte und **186** Pflichten bei dem neuen Inhaber durch Rechtsnormen eines anderen Tarifvertrags geregelt werden. S. 3 drückt damit den Vorrang des Tarifvertrags, der unter dem neuen Inhaber gilt, aus[787]. Somit kann die Bestimmung des S. 3 nur zur Anwendung kommen, wenn der **Tarifvertrag kraft Tarifrechts** gilt. D.h. Voraussetzung ist die beiderseitige Tarifbindung (§§ 4 Abs. 1, 3 Abs. 1 TVG)[788] oder die Allgemeinverbindlicherklärung des Tarifvertrags (§ 5 Abs. 4 TVG). Streitig ist, ob S. 3 auch dann gilt, wenn der Gegenstand beim Betriebserwerber durch eine andersartige kollektive Vereinbarung geregelt ist, d.h. ob z.B. der Übergang tarifvertraglicher Arbeitsbedingungen in das Arbeitsverhältnis dadurch ausgeschlossen wird, dass derselbe Gegenstand beim Erwerber durch eine Betriebsvereinbarung geregelt ist und umgekehrt[789].

cc) Vorzeitige Änderung der arbeitsvertraglichen Rechte und Pflichten (§ 613 a Abs. 1 S. 4 BGB).

S. 4 nennt zwei Fallgestaltungen, bei denen eine vorzeitige Änderung der **187** individualvertraglichen Geltung von Tarifnormen sowohl zugunsten wie zuungunsten der Arbeitnehmer vor Ablauf der Jahresfrist des S. 2 möglich ist. Die erste Fallgestaltung betrifft die **Beendigung eines Tarifvertrags**. Ein Tarifvertrag endet durch Zeitablauf oder durch Kündigung. Der beendete Tarifvertrag entfaltet Nachwirkung (§ 4 Abs. 5 TVG). Im Nachwirkungszeitraum ist eine jederzeitige Abänderung möglich.

Die 2. Alt. des S. 4 eröffnet die Möglichkeit, die Geltung eines anderen Tarifvertrags zu vereinbaren, für den es an der beiderseitigen Tarifbindung fehlt. In Betracht kommt jeder andere Tarifvertrag. Z.T. wird gefordert, der Betrieb des Übernehmers müsse zumindest in den räumlichen und fachlichen Geltungsbereich eines anderen Tarifvertrages fallen. Aufgrund des Wortlautes von S. 4 ist jedenfalls eine solche Einschränkung nicht ersichtlich. Vielmehr sollte hier den Parteien die Entscheidung überlassen werden. Eine zwischen den Parteien erfolgende Vereinbarung führt dazu, dass der Tarifvertrag individualvertraglicher Bestandteil des Arbeitsverhältnisses wird.

---

787 Vgl. BR-Drucks. 53/79 S. 1.
788 BAG v. 30.8.2000 – 4 AZR 581/99 –, NZA 2001, 510 und BAG v. 21.2.2001 – 4 AZR 18/00 –, NZA 2001, 1318.
789 Offengelassen vom BAG v. 1.8.2001 – 4 AZR 82/00 –, NZA 2002, 41, 43.

f) *Tarifwirkungen bei Umwandlung (§ 324 UmwG)*

aa) Die Neuregelung des UmwG.

188   Bis zum In-Kraft-Treten des UmwG 1994 nahm die h.M. an, dass § 613 a
BGB auf Umwandlungsvorgänge nicht anwendbar sei[790], da § 613 a auf Fälle
der Singularsukzession zugeschnitten sei[791]. Mit § 324 UmwG 1994 hat der
Gesetzgeber jedoch bestimmt, dass § 613 a BGB durch die Wirkungen der Ein-
tragung einer Verschmelzung, Spaltung oder Vermögensübertragung unberührt
bleibt. Damit ist klargestellt, dass bei Verschmelzung, Spaltung und Vermögensübertragung Abs. 1 u. 4 anzuwenden ist, wenn der Übergang eines Betriebs oder
Betriebsteils vorliegt[792]. Bei Formwechsel (§§ 190 ff. UmwG) findet § 613 a
keine Anwendung, da es an einem Wechsel in der Person des Betriebsinhabers
fehlt[793]. Die Umwandlung ist gegenüber dem Betriebsübergang nicht der speziellere Tatbestand. Vielmehr sind die Voraussetzungen des § 613 a auch im
Umwandlungsfall selbstständig zu prüfen[794]. Maßgebend für den Betriebsübergang ist, dass die als wirtschaftliche Einheit organisierten materiellen, immate-
riellen und personellen Mittel tatsächlich im eigenen Namen genutzt werden.

bb) Fortgeltung von Tarifverträgen.

189   Da § 613 a Abs. 1 S. 2 bis 4 BGB grundsätzlich auch in Fällen der Umwandlung gilt, kommt eine Fortgeltung von Tarifverträgen in Betracht. Bezüglich der
Weitergeltung tarifvertraglicher Regelungen ist zwischen Verbandstarifvertrag
und Firmentarifvertrag zu unterscheiden:

190   – **Verbandstarifvertrag.** Die Bindung des bisherigen Arbeitgebers an den Verbandstarifvertrag wirkt mangels Übergangs der Verbandsmitgliedschaft (§§ 38,
40 BGB) nicht gegenüber dem neuen Rechtsträger[795]. Eine kollektivrechtliche
Fortgeltung ist deshalb nur dann möglich, wenn auch der neue Rechtsträger
kraft Tarifbindung dem Verbandstarifvertrag unterliegt[796]. Ansonsten gilt der
Tarifvertrag nur individualrechtlich (§ 613 a Abs. 1 S. 2 BGB).

191   – **Firmentarifverträge** des alten Rechtsträgers **wirken** bei Umwandlung **kollektivrechtlich fort**[797]. Die Regelung des Abs. 1 S. 2, die nach § 324 UmwG
unberührt bleibt, steht dem nicht entgegen. Denn bei Abs. 1 S. 2 handelt es

790 BAG v. 25.2.1981 – 5 AZR 991/78 –, AP Nr. 24; *Staudinger/Richardi*, Rn. 83.
791 *Schaub*, § 117 II 2 c.
792 *Joost* in *Lutter (Hrsg.)*, UmwG § 324 Rn. 3 m.w.N.
793 *Soergel/Raab* Rn. 174; BAG v. 25.5.2000 – 8 AZR 416/99 –, NZA 2000, 1115, 1117.
794 BAG v. 25.5.2000 – 8 AZR 416/99 –, NZA 2000, 1115, 1117; ErfK/*Preis*, § 613 a Rn. 178.
795 BAG v. 24.6.1998 – 4 AZR 208/97 –, NZA 1998, 1346, 1347 f.
796 *Joost* in *Lutter (Hrsg.)*, UmwG § 324 Rn. 17.
797 H.M., vgl. *Joost* in *Lutter (Hrsg.)*, UmwG § 324 Rn. 18; BAG v. 24.6.1998 – 4 AZR 208/97 –,
    NZA 1998, 1346, 1347 (m. Anm. *Boecken* SAE 2000, 162) für den Fall einer Verschmelzung
    (§ 20 Abs. 1 Nr. 1 UmwG).

sich um eine Auffangregelung. Der darin enthaltenen Transformation bedarf es nur, wenn und soweit eine kollektivrechtliche Regelung nicht kollektiv weitergilt[798].

2. Die Beendigung von Tarifverträgen

a) Fristablauf und ordentliche Kündigung

Üblicherweise sind Tarifverträge befristet, sodass sie mit Fristablauf ihr Ende **191a** finden. Häufig sind aber auch Kündigungsfristen vereinbart. Ist dies nicht der Fall, nimmt die Rechtsprechung in entsprechender Anwendung der §§ 77 Abs. 5 BetrVG; 28 Abs. 2 S. 4 SprAuG eine Frist von drei Monaten an.[799]

b) Außerordentliche Kündigung

Tarifverträge sind Dauerschuldverhältnisse, auch für sie gelten die allgemei- **191b** nen Grundsätze der §§ 314; 626; 723 BGB, wonach eine außerordentlich Kündigung bereits vor der vereinbarten Beendigung oder vor dem Ablauf der ordentlichen Kündigungsfrist aus wichtigem Grund erfolgen kann.[800] Das BAG beurteilt die Wirksamkeit der Kündigung nach dem ultima-ratio-Prinzip, d.h. der jeweilige Tarifvertrag muss zunächst neu oder nachverhandelt werden.[801] Wird eine außerordentliche Kündigung ausgesprochen, ohne zuvor die Änderung des Tarifvertrags anzubieten oder wenigstens zu verhandeln, so ist sie unwirksam.[802] Die Beurteilung, wann ein wichtiger Grund vorliegt, der zur Kündigung berechtigt, ist im Einzelfall unter Abwägung aller Interessen vorzunehmen.[803] Typische Anwendungsfälle sind Verletzungen der Friedenspflicht oder der Durchführungspflicht. Strittig ist, ob die Änderung der wirtschaftliche Verhältnisse als Kündigungsgrund anzusehen ist.[804] Die überwiegende Lehre verneint dies unter Hinweis darauf, dass Fehleinschätzungen über Rahmenbedingungen gerade zum typischen Risiko beim Eingehen von Dauerschuldverhältnissen gehören. Etwas anderes kann nur gelten, wenn durch die Kündigung

798 BAG v. 24.6.1998 – 4 AZR 208/97 –, NZA 1998, 1346, 1347.
799 BAG v. 10.11.1982 – 4 AZR 1203/79 –, AP Nr. 8 zu § 1 TVG Form.
800 BAG v. 18.2.1998 – 4 AZR 363/96 –, AP Nr. 3 zu § 1 TVG Kündigung.
801 *Wank* in *Wiedemann*, § 4 Rn. 38.
802 BAG v. 18.12.1996 – 4 AZR 129/96 –, AP Nr. 1 zu § 1 TVG Kündigung.
803 BAG v. 18.6.1997 – 4 AZR 710/95 –, AP Nr. 2 zu § 1 TVG Kündigung.
804 *Löwisch*, NJW 1997, 905, 907.

eine wirtschaftliche Belastung beseitigt werden kann, die ansonsten die wirtschaftliche Existenz des Kündigenden gefährden würde.[805]

c) Wegfall der Geschäftsgrundlage

191c   Ob die Grundsätze des früher gewohnheitsrechtlich entwickelten Rechtsinstituts des Wegfalls der Geschäftsgrundlage (jetzt in § 313 BGB gesetzlich normiert) auf Tarifverträge Anwendung finden kann, ist umstritten[806]. Überwiegend wird die Frage verneint[807], wobei z.T. die außerordentliche Kündigung als vorrangig angesehen, z.T. ein Eingriff in die Tarifautonomie befürchtet wird. Eine Mittelmeinung betrachtet während der Tarifverhandlungen übereinstimmend zugrunde gelegte Vorstellungen, wenn diese namentlich in Niederschriften oder Protokollnotizen enthalten sind, als Geschäftsgrundlage des Tarifvertrags. Entfallen diese, soll eine Störung der Geschäftsgrundlage eintreten, die durch Anpassung zu beseitigen ist[808].

3.   Unabdingbarkeit der Tarifnormen (§ 4 Abs. 1 und 2 TVG)

192   Unter dem Oberbegriff der Unabdingbarkeit wird die in § 4 Abs. 1 und 2 TVG ausgesprochene zentrale Rechtsfolge, nämlich die **unmittelbare** und **zwingende Geltung** der Tarifnormen zwischen den Tarifgebundenen zusammengefasst[809].

193   Unmittelbare Wirkung der Tarifnormen bedeutet, dass sie wie anderes objektives Recht automatisch den Inhalt der Arbeitsverhältnisse regeln, ohne dass es auf die Kenntnis oder die Billigung der Arbeitsvertragsparteien ankommt[810].

194   Zwingende Wirkung bedeutet, dass tarifwidrige Vereinbarungen zwischen den Arbeitsvertragsparteien nichtig sind (§ 134 BGB)[811]. Abweichungen von tarifvertraglichen Regelungen sind nur unter den Voraussetzungen des § 4 Abs. 3 TVG zulässig[812].

---

805 *Hromadka/Maschmann*, § 13 Rn. 96; BAG v. 18.2.1998 – 4 AZR 363/96 –, AP Nr. 3 zu § 1 TVG Kündigung. Weitergehend schlägt *Löwisch* schlägt vor, in das Tarifvertragsgesetz eine Vorschrift einzufügen, die im Falle von Verbandstarifen dem einzelnen tarifgebundenen Unternehmen ein eigenes Recht zur außerordentlichen Kündigung berechtigt. Ein wichtiger Grund hierfür soll immer dann vorliegen, wenn gerade die weitere Anwendung des Tarifvertrages die Existenz des Unternehmens gefährdet und diese Gefährdung nicht anderweitig durch die Einschränkung nicht tariflicher Pflichten erreicht werden kann, *Löwisch*, NJW 1997, 905, 910.

806 Eingehend dazu *Hey*, ZfA 2002, 275 ff.

807 Für eine verdrängende Wirkung grundsätzlich *Wank* in *Wiedemann*, § 4 Rn. 370; *Kempen/Zachert*, § 4 Rn. 12. Dagegen differenzierend *Schaub*, § 204 Rn. 16.

808 So *Hey*, ZfA 2002, 275, 281.

809 *Schaub*, § 204 Rn. 2. Kritisch zu dem Begriff *Wank* in *Wiedemann*, § 4 Rn. 301.

810 *Wank* in *Wiedemann*, § 4 Rn. 301.

811 *Schaub*, § 204 Rn. 15.

812 Vgl. dazu unten 3.

Umstritten ist, ob die zwingende Wirkung des Tarifvertrags **verdrängender** 195
oder **vernichtender** Natur ist[813]. Im ersten Falle leben tarifwidrige Abmachungen im Arbeitsvertrag wieder auf, wenn etwa die beiderseitige Tarifgebundenheit fortfällt. Bei einer vernichtenden Wirkung wäre dies nicht mehr möglich[814].

Die nach § 134 BGB wegen Tarifwidrigkeit nichtige Bestimmung führt nicht 196
zu einer Nichtigkeit des gesamten Arbeitsvertrages. § 139 BGB ist restriktiv
auszulegen, weil sonst der Schutzzweck der zwingenden Wirkung vereitelt
würde[815]. Die unmittelbare und zwingende Wirkung wird in § 4 Abs. 1 und 2
TVG für alle Tarifnormen angeordnet[816].

4. Ausnahmen von dem Prinzip der Unabdingbarkeit (§ 4 Abs. 3 TVG)

a) Öffnungsklauseln (§ 4 Abs. 3 1. Alt. TVG)

§ 4 Abs. 3 1. Alt. TVG ist eine Ausnahme von dem in Abs. 1 und 2 statuierten 197
Grundsatz der Unabdingbarkeit der Tarifvertragsnormen. Die Tarifautonomie
gestattet es den Tarifvertragsparteien, Ausnahmen von der unmittelbaren und
zwingenden Geltung der Tarifvertragsnormen vorzusehen. Wenn die Tarifvertragspartner übereinstimmend auf die Wirkung des § 4 Abs. 1 oder 2 TVG verzichten, muss dieser Wille respektiert werden. In sog. **Öffnungsklauseln** können abweichende Regelungen durch Arbeitsvertrag und Betriebsvereinbarung[817]
getroffen werden, auch wenn diese für die Arbeitnehmer ungünstiger sind.

Beispiel[818]:
*„Zur Vermeidung von Entlassungen und zur Sicherung der Beschäftigung
kann durch freiwillige Betriebsvereinbarung die wöchentliche Arbeitszeit für
Arbeitnehmergruppen, einzelne Abteilungen oder ganze Betriebsteile auf bis
zu 31 Stunden in der Woche verkürzt werden; die Bezüge und sonstigen Leistungen werden grundsätzlich entsprechend gekürzt. Zuvor sollen in dem
betreffenden Bereich die Möglichkeiten zum Abbau von Mehrarbeit und zur
Förderung von Teilzeitarbeitsverhältnissen genutzt werden. Während der
Laufzeit der Betriebsvereinbarung dürfen gegenüber den von ihr erfassten
Angestellten keine betriebsbedingten Beendigungskündigungen ausgesprochen werden. Auszubildende werden von dieser Regelung nicht erfasst. (...)"*

---

813 Zur Problematik *Wank* in *Wiedemann*, § 4 Rn. 370.
814 Für eine verdrängende Wirkung grundsätzlich *Wank* in *Wiedemann*, § 4 Rn. 370; *Kempen/
Zachert*, § 4 Rn. 12. Dagegen differenzierend *Schaub*, § 204 Rn. 16.
815 Ganz h.M., vgl. *Wank* in *Wiedemann*, § 4 Rn. 373; *Schaub*, § 204 Rn. 15.
816 Zu den Konsequenzen für die einzelnen Arten von Tarifnormen s. *Wank* in *Wiedemann*, § 4
Rn. 307 ff.
817 In diesen Fällen greift die Sperrwirkung des § 77 Abs. 3, § 87 Einleitungssatz BetrVG nicht.
818 Manteltarifvertrag für das private Bankgewerbe und die öffentlichen Banken (1. September
2001).

b) Das Günstigkeitsprinzip (§ 4 Abs. 3 2. Alt. TVG)

aa) Dogmatische Begründung

198   Gemäß § 4 Abs. 3 2. Alt. TVG sind vom Tarifvertrag abweichende Abmachungen zulässig, soweit sie eine Änderung der Regelungen zugunsten des Arbeitnehmers enthalten. Hinter dieser Regelung verbirgt sich das **sog. Günstigkeitsprinzip**[819]. Die dogmatische Begründung dieses Prinzips ist äußerst umstritten[820]. Das BAG sieht im Günstigkeitsprinzip einen verfassungsmäßig anerkannten Grundsatz des kollektiven Arbeitsrechts (Art. 9 Abs. 3 GG i.V.m. Art. 18 und 21 GG)[821]. In jüngster Zeit ist das Günstigkeitsprinzip wieder verstärkt in Zusammenhang mit der durch Art. 2 Abs. 1 GG geschützten **Privatautonomie** gebracht worden[822].

bb) Der Anwendungsbereich des Günstigkeitsprinzips

199   Einig ist man sich – jenseits der dogmatischen Grundlegung – insoweit, dass das Günstigkeitsprinzip den Tarifvertragsparteien die Vereinbarung von Höchstarbeitsbedingungen verwehrt[823].

200   Das Günstigkeitsprinzip ist vor allem auf **Inhaltsnormen** zugeschnitten. Nach h.M. findet es aber auch Anwendung auf **betriebliche** und **betriebsverfassungsrechtliche** Normen sowie Normen über gemeinsame Einrichtungen und Abschlussnormen[824]. Sehr strittig ist die Geltung des Prinzips für Beendigungsnormen[825]. Umstritten ist weiter die Geltung des Günstigkeitsprinzips für schuldrechtliche Normen[826]. Ebenfalls umstritten ist die Gültigkeit des Prinzips im öffentlichen Dienst.[827] Während die h.M. im Schrifttum und die Rechtspre-

---

819 Vgl. zum Maßstab des Günstigkeitsvergleichs: *Gitter*, FS Wlotzke, 297 ff.; *Löwisch/Rieble*, § 4 Rn. 203 ff.

820 Zur Entwicklung dieses Prinzips vgl. *Wank* in *Wiedemann*, § 4 Rn. 382. Monographisch *Belling*, Das Günstigkeitsprinzip im Arbeitsrecht, 1984; *Schulze*, Das Günstigkeitsprinzip im Tarifvertragsrecht, 1985; *Schliemann*, NZA 2003, 122. Zu weiterer Literatur s. *Zöllner/Loritz*, § 36 III Fn. 16, S. 398.

821 BAG v. 15.12.1960 – 5 AZR 374/58 –, BAGE 10, 247, 256. S. auch BAG GS v. 16.9.1986 – GS 1/82 –, DB 1987, 383, 386.

822 Vgl. etwa *von Hoyningen-Huene/Meier-Krenz*, ZfA 1988, 311; *Heinze*, NZA 1991, 329.

823 Vgl. BAG v. 15.12.1960 – 5 AZR 374/58 –, BAGE 10, 247, 255. In der Entscheidung wird auch daraufhingewiesen, dass im Lemgoer Entwurf (abgedruckt bei *Oetker* in *Wiedemann*, Geschichte, Rn. 22.) die Vereinbarung von **Höchstarbeitsbedingungen** zugelassen werden sollte, dieser Vorschlag aber bewusst nicht Eingang in das TVG gefunden hat; vgl. zur Problematik *Säcker/Oetker*, ZfA 1996, 85 ff.

824 Vgl. *Hromadka/Maschmann*, § 13 Rn. 280.

825 Dazu *Kempen/Zachert*, § 4 Rn. 166 m.w.N.; *Schaub*, § 204 Rn. 34 ff.

826 Zum Streitstand *Kempen/Zachert*, § 4 Rn. 169.

827 *Schaub*, § 204 Rn. 35.

chung des BAG die Frage bejahen[828], wird in der Rechtsprechung des BVerwG die gegenteilige Auffassung vertreten[829].

Das Günstigkeitsprinzip gilt für alle Vereinbarungen, die nach Abschluss des **201** Tarifvertrags getroffen werden. Nach ganz h.M. ist das Günstigkeitsprinzip aber auch auf Regelungen anzuwenden, die vor dem Abschluss des Tarifvertrags verabredet wurden[830].

Im Verhältnis zwischen einem früheren und einem späteren Tarifvertrag gilt **202** nicht das Günstigkeits-, sondern das **Ablösungsprinzip**[831]. Der spätere Tarifvertrag kann deshalb gegenüber dem früheren **nachteilige** Regelungen enthalten. Eine **Billigkeitskontrolle** wie bei Betriebsvereinbarungen findet bei Tarifverträgen nicht statt[832].

cc) Der Günstigkeitsvergleich im Verhältnis Tarifvertrag – Arbeitsvertrag[833]

Zunächst ist zu klären, aus welcher Sicht die Günstigkeit der abweichenden **203** Regelung zu bewerten ist. In Betracht kommt das Interesse des einzelnen Arbeitnehmers oder der Gesamtbelegschaft. Nach allgemeiner Meinung muss der Vergleich im Hinblick auf das Interesse des einzelnen Arbeitnehmers vorgenommen werden[834]. Bei der Beurteilung ist auf einen **verständigen Arbeitnehmer** abzustellen[835].

Die Beurteilung hat nicht im Rahmen eines Gesamtvergleichs zwischen **204** Tarifvertrag und Arbeitsvertrag zu erfolgen. Auch ist die sog. „**Rosinentheorie**", der zufolge aus verschiedenen Regelungsbereichen die für den Arbeitnehmer günstigste herausgesucht werden soll, abzulehnen[836]. Vielmehr sind alle Normen des Tarifvertrags und des Arbeitsvertrags in den Vergleich einzubeziehen, die in einem inneren Zusammenhang stehen (**Sachgruppenvergleich**)[837].

---

828 *Schaub*, § 204 Rn. 35; BAG v. 15.12.1960 – 5 AZR 374/58 –, BAGE 10, 247 und v. 21.2.1961 – 3 AZR 569/59 –, AP Nr. 8 zu § 4 TVG Günstigkeitsprinzip.
829 BVerwG v. 13.3.1964 – BVerwG VII C 87.60 –, AP Nr. 4 zu § 4 TVG Angleichungsrecht und v. 8.3.1974 – BVerwG VII C 47.72 –, AP Nr. 10 zu § 4 TVG.
830 Vgl. *Kempen/Zachert*, § 4 Rn. 178.
831 Vgl. BAG v. 14.12.1982 – 3 AZR 251/80 –, BAGE 41, 163, 168; v. 29.1.1991 – 3 AZR 44/90 –, DB 1991, 1836. Ausführlich zum Ablösungsprinzip als Zeitkollisionsregel *Wank* in *Wiedemann*, § 4 Rn. 261.
832 BAG v. 14.12.1982 – 3 AZR 251/80 –, BAGE 41, 163, 168; v. 29.1.1991 – 3 AZR 44/90 –, DB 1991, 1836. Bei Verschlechterungen durch später abgeschlossene Tarifverträge ist aber zu prüfen, ob nicht unzulässigerweise in geschützte Rechte (Besitzstand!) eingegriffen wird, vgl. zu dieser Problematik oben E V 4 b).
833 Zu Besonderheiten bei Betriebsvereinbarungen vgl. § 8 A Rn. 96 ff.
834 Vgl. *Kempen/Zachert*, § 4 Rn. 186.
835 *Löwisch*, DB 1989, 1187; *Zöllner/Loritz*, § 36 III 2, S. 358.
836 *Hanau/Adomeit*, Rn. 230; *Söllner*, § 16 III 3 b, S. 140.
837 Eingehend dazu *Richardi*, Kollektivgewalt, S. 377 ff.; *Schaub*, § 204 Rn. 40; BAG v. 23.5.1984 – 4 AZR 129/82 –, DB 1984, 2143, 2144.

205   So einfach dieses dogmatische Postulat zu formulieren ist, so schwierig ist seine praktische Durchführung. Denn für die Frage, welche Regelungen zu einer Gruppe zusammenzufassen sind, haben sich bislang keine einheitlichen Kriterien finden lassen[838].

Zum Teil wird gesagt, ein bloß wirtschaftlicher Zusammenhang verschiedener Regelungen reiche nicht aus, vielmehr sei auf den bei natürlicher Betrachtung gegebenen unmittelbaren Zusammenhang abzustellen[839]. Nach Auffassung des BAG ist maßgebend, ob die Bestimmungen denselben Gegenstand betreffen, hilfsweise sei auf die **Verkehrsanschauung** abzustellen[840]. Eine andere Auffassung will den **Sachzusammenhang** nur dann bejahen, wenn die eine ohne die andere Regelung sinnlos bzw. nicht verständlich wäre[841]. Diese und ähnliche Auffassungen[842] sind wesentlich von der Überlegung geleitet, dass bei einer weitreichenden Zusammenziehung von Regelungsgegenständen die **Schutzfunktion** des Tarifvertrags ausgehöhlt werden könnte. Tarifliche Vereinbarungen blieben möglicherweise wirkungslos, weil in einem anderen Bereich eine günstigere Regelung besteht.

206   Die heftigste Kontroverse zum Günstigkeitsprinzip hat in jüngster Zeit die Diskussion über die **Flexibilisierung** der **Arbeitszeit** ausgelöst[843]. Es geht im Wesentlichen um die Frage, ob eine individualvertragliche Verlängerung der tariflich vorgesehenen Arbeitszeit, die mit einem Mehrverdienst verbunden ist, als günstigere Regelung anzusehen ist[844].

207   Nach Auffassung des BAG ist es möglich, dass die Arbeitsvertragsparteien durch ausdrückliche oder stillschweigende Vereinbarung (in diesem Falle ist aber Eindeutigkeit erforderlich) einen inneren Zusammenhang zwischen verschiedenen Regelungen herstellen[845].

208   Aus dem Schutzzweck der Tarifvertragsnormen folgt, dass von der tarifvertraglichen Regelung auszugehen ist, wenn sich nicht eindeutig feststellen lässt, ob die arbeitsvertragliche Regelung günstiger ist[846].

---

838   Zu einem Überblick über die Rspr. vgl. *Kempen/Zachert*, § 4 Rn. 191. Wichtige Hinweise finden sich bei *Etzel*, NZA Beil. 1, 1987, 24 f.

839   *Zöllner/Loritz*, § 36 III 4, S. 400.

840   BAG v. 23.5.1984 – 4 AZR 129/82 –, DB 1984, 2143, 2144.

841   *Kempen/Zachert*, § 4 Rn. 188.

842   Vgl. *Däubler*, Rn. 206 ff. Kritisch zur geltenden Praxis auch *Belling*, Das Günstigkeitsprinzip, S. 177 und 184.

843   Vgl. dazu die Zusammenfassung bei *Schaub*, § 204 Rn.56.

844   Vgl. zu den verschiedenen Argumenten *Hromadka*, DB 1992, 1064 ff und *Richardi*, Gutachten B für den 61. Deutschen Juristentag, 1996, B 88 ff. Eine Klärung durch das BAG steht bislang aus, nachdem eine Entscheidung des LAG Baden-Württemberg v. 14.6.1989 – 9 Sa 145/88 –, DB 1989, 2028 (m. abl. Anm. v. *Buchner*), in der die Günstigkeit verneint wurde, wegen Klageverzichts nicht zu einer Revisionsentscheidung führte (Hinweis bei *Linnenkohl/Rauschenberg/Reh*, BB 1990, 628.

845   BAG v. 19.12.1958 – 1 AZR 42/58 –, BAGE 7, 149, 151 f..

846   BAG v. 12.4.1972 – 4 AZR 211/71 –, AP Nr. 13 zu § 4 TVG Günstigkeitsprinzip; *Etzel*, NZA Beil. 1/1987, 24; *Schaub*, § 204 Rn. 42.

Maßgebend für die Beurteilung der Günstigkeit ist der Zeitpunkt, in dem die **209** kollidierenden Regelungen zum ersten Mal gegenübergestellt werden können[847]. Unzulässig wäre es etwa, auf einzelne Abrechnungszeiträume abzustellen[848].

5. *Nachwirkung*

a) *Funktion*

Das Ende eines Tarifvertrages hätte zur Folge, dass ein tarifloser Zustand ein- **210** träte und damit das Arbeitsverhältnis wichtige Regelungsinhalte verlöre. Dem will die Bestimmung des § 4 Abs. 5 TVG entgegenwirken, wonach die Rechtsnormen nach Ablauf des Tarifvertrages weitergelten, bis sie durch eine andere Abmachung ersetzt werden. Diese Bestimmung über die Nachwirkung erfüllt die Funktion einer Überbrückungsregelung, die einen tariflosen Zustand verhindern soll[849].

b) *Voraussetzungen*

Die Rechtsfolge der Nachwirkung gem. § 4 Abs. 5 TVG tritt mit Ablauf des **211** Tarifvertrages, d.h. mit der Beendigung des Tarifvertrages in zeitlicher Hinsicht ein[850]. Eine entsprechende Anwendung des § 4 Abs. 5 TVG wird befürwortet, wenn die Geltung des Tarifvertrages deshalb endet, weil der räumliche (z.B. bei Betriebsverlegung) oder fachlich-betriebliche (z.B. durch Produktionsänderung) Geltungsbereich für die Arbeitsverhältnisse nicht mehr besteht[851]. Ferner wird § 4 Abs. 5 TVG entsprechend in den Fällen angewendet, in denen die Tarifgebundenheit trotz Ausscheidens aus der Tarifvertragspartei wegen § 3 Abs. 3 TVG fortbesteht und danach der Tarifvertrag beendet wird[852].

c) *Umfang*

Rechtsprechung und ein Teil der Lehre nehmen eine Nachwirkung nur für **212** solche Arbeitsverhältnisse an, die **während** der **Laufzeit** des Tarifvertrages

---

847 *Wank* in *Wiedemann*, § 4 Rn. 475; *Etzel*, NZA Beil. 1/1987, 24.
848 BAG v. 12.4.1972 – 4 AZR 211/71 –, AP Nr. 13 zu § 4 TVG Günstigkeitsprinzip.
849 *Wank* in *Wiedemann*, § 4 Rn. 327. Zur dogmatischen Begründung und Entwicklung der Nachwirkung s. BAG v. 6.6.1958 – 1 AZR 515/57 –, BAGE 6, 90, 93 f.
850 *Wank* in *Wiedemann*, § 4 Rn. 320.
851 *Zöllner/Loritz*, § 36 VI 1, S. 408; BAG v. 10.12.1997 – 4 AZR 247/96 –, NZA 1998, 484.
852 Vgl. BAG v. 14.2.1991 – 8 AZR 166/90 –, DB 1991, 2088; v. 18.3.1992 – 4 AZR 339/91 – DB 1992, 1297; BAG v. 13.12.1995 – 4 AZR 1062/94 –, DB 1996, 1284; BAG v. 17.5.2000 – 4 AZR 363/99 –, NZA 2001, 453. S. dazu auch oben VI. 1 a) bb).

bereits begründet waren[853]. Das BAG orientiert sich am Wortlaut des § 4 Abs. 5 TVG und stellt darauf ab, dass eine Weitergeltung begrifflich voraussetzt, dass die betreffenden Inhaltsnormen bereits vor der Wirkung des § 4 Abs. 5 TVG gegolten haben müssen.[854]

213 Auch ein allgemeinverbindlich erklärter Tarifvertrag entfaltet Nachwirkung für die nicht tarifgebundenen Arbeitgeber und Arbeitnehmer[855]. Nach h. M. soll Nachwirkung auch dann eintreten, wenn nicht der Tarifvertrag selbst, sondern die Allgemeinverbindlicherklärung endet[856].

214 Nach dem Wortlaut des § 4 Abs. 5 TVG bezieht sich die Nachwirkung auf **alle Rechtsnormen** des Tarifvertrags i. S. d. § 1 Abs. 1 TVG. Eine Differenzierung nach bestimmten Arten von Normen wird nicht vorgenommen[857]. Die Nachwirkung gilt deshalb nach h. M. auch für Betriebsnormen[858]. Es mehren sich allerdings die Stimmen, die eine Nachwirkung betriebsverfassungsrechtlicher Normen verneinen[859]. Im Wesentlichen unumstritten ist dagegen heute die Nachwirkung hinsichtlich der Normen über gemeinsame Einrichtungen der Tarifvertragsparteien[860].

215 Wirkt ein Tarifvertrag nach, so hat ein tarifgebundener Arbeitnehmer Anspruch auch auf solche Leistungen, die erst während der Nachwirkung entstehen[861].

---

853 BAG v. 6.6.1958 – 1 AZR 515/57 –, BAGE 6, 90 = AP Nr. 1 zu § 4 TVG Nachwirkung; v. 29.1.1975 – 4 AZR 218/74 –, AP Nr. 8 zu § 4 TVG Nachwirkung; *Herschel*, ZfA 1976, 98 f.; *Rüthers*, FS für G. Müller, S. 451; *Zöllner/Loritz*, § 36 VI 2 b, S. 410. Dagegen für eine Anwendung des § 4 Abs. 5 TVG auch auf Arbeitsverhältnisse, die erst im Nachwirkungszeitraum begründet wurden, *Wank* in *Wiedemann*, § 4 Rn. 330; *Kempen/Zachert*, § 4 Rn. 294; *Däubler*, Rn. 1464.

854 BAG . 22.7.1998 – 4 AZR 403/97 –, NZA 1998, 1287.

855 BAG v. 27. 11.1991 – 4 AZR 211/91 –, DB 1992, 1294.

856 BAG v. 19.12.1962 – 1 AZR 147/61 –, AP Nr. 11 zu § 5 TVG; *Wank in Wiedemann*, § 4 Rn. 336; *Kempen/Zachert*, § 4 Rn. 297. A. A. *Herschel*, ZfA 1976, 98.

857 BAG v. 18.5.1977 – 4 AZR 47/76 –, AP Nr. 4 zu § 4 BAT.

858 *Kempen/Zachert*, § 4 Rn. 344 m.w.N.; BAG v. 26.4.1990 – 1 ABR 84/87 –, DB 1990, 1919, 1921. Das BAG weist in dieser Entscheidung allerdings auf eine Problematik hin: wegen der Regelungssperre des § 77 Abs. 3 BetrVG ist es denkbar, dass es zu einer zeitlich unbegrenzten Nachwirkung von Betriebsnormen kommt. Das Gericht sieht dies im Hinblick auf den Zweck des § 4 Abs. 5 TVG als bedenklich an.

859 Vgl. *Behrens/Hohenstatt*, DB 1991, 1877; *Zöllner/Loritz*, § 36 VI 1, S. 409. Die Bedenken stützen sich auf den Zeitaspekt (s. dazu BAG v. 26.4.1990 – 1 ABR 84/87 – DB 1990, 1919, 1921) und das Argument, dass es einer Überbrückungshilfe nicht bedürfe, da die Regeln des BetrVG Anwendung fänden.

860 *Wank* in *Wiedemann*, § 4 Rn. 348 (mit Nachweisen auch der Gegner dieser Auffassung); ausführlich *Kempen/Zachert*, § 4 Rn. 154 ff.

861 BAG v. 16.8.1990 – 8 AZR 439/89 –, DB 1991, 871.

d) *Vereinbarungen der Tarifvertragsparteien bezüglich der Nachwirkung*

Die Nachwirkung kann im Tarifvertrag ausgeschlossen werden[862]. Sehr **216**
umstritten ist demgegenüber, ob die Tarifvertragsparteien einen nachwirkenden
Tarifvertrag ändern und ihn dabei im Zustand der Nachwirkung belassen oder
von vornherein einen nur nachwirkenden Tarifvertrag vereinbaren können. Die
Rechtsprechung verneint dies[863]. Die ganz h.M. im Schrifttum bejaht indes die
Möglichkeit zum Abschluss solcher tariflicher Vereinbarungen[864].

e) *Rechtsfolgen der Nachwirkung*

Rechtsnormen von Tarifverträgen entfalten gem. § 4 Abs. 1 TVG unmittel- **217**
bare und zwingende Wirkung zwischen den beiderseits Tarifgebundenen. Ein
nachwirkender Tarifvertrag behält die unmittelbare, verliert aber die zwingende
Wirkung[865]. Das bedeutet, dass die tariflichen Bestimmungen durch jede andere
arbeitsrechtliche Regelung (Betriebsvereinbarung[866], allgemeine Arbeitsbedin
gungen, Einzelarbeitsvertrag) ersetzt werden können. „Eine andere Abmachung" im Sinne der Vorschrift setzt allein ein wechselseitiges Einverständnis
zwischen Arbeitnehmer und Arbeitgeber voraus, um die Nachwirkung zu been-
den. Somit ist eine einseitig vom Arbeitgeber aufgezwungene Änderungsabrede
ausgeschlossen.[867] Dies bedeutet aber nicht, dass die Abmachung unbedingt im
Wege einer konsensualen Konfliktbewältigung einvernehmlich zustande kommen muss.[868] Vielmehr erfüllt auch die durch eine Änderungskündigung bedin-
gene Vertragsänderung die Voraussetzungen des § 4 Abs. 5 TVG, da die abweichende Vereinbarung nur mit Einverständnis des Arbeitnehmers zustande
kommen kann.[869] Eine die nachwirkende Norm außer Kraft setzende Vereinbarung setzt aber voraus, dass eine rechtlich relevante Vereinbarung geschlossen
wird, die zwar auch stillschweigend getroffen werden kann, aber einen darauf
gerichteten beiderseitigen rechtsgeschäftlichen Willen voraussetzt[870].

862 BAG v. 3.9.1986 – 5 AZR 319/85 –, BAGE 53, 1; v. 26.4.1990 – 1 ABR 84/87 –, DB 1990,
    1919; v. 16.8.1990 – 8 AZR 439/89 –, DB 1991, 871.
863 BAG v. 14.2.1973 – 4 AZR 176/72 – und v. 29.1.1975 – 4 AZR 218/74 –, AP Nr. 6 und 8 zu
    § 4 TVG Nachwirkung. Zur Begründung wird angeführt, einer solchen Regelung fehle der
    Tarifcharakter und aus Art. 9 Abs. 3 GG folge nicht die Möglichkeit eines solchen Verfahrens.
864 *Wank* in Wiedemann, § 4 Rn. 359; *Kempen/Zachert*, § 4 Rn. 308; *Zöllner/Loritz*, § 36 VI 1,
    S. 409.
865 BAG v. 29.1.1975 – 4 AZR 218/74 –, AP Nr. 8 zu § 4 TVG Nachwirkung.
866 Soweit nach § 77 Abs. 3 BetrVG zulässig.
867 *Kempen/Zachert*, § 4 Rn. 306.
868 ErfK/*Schaub*, § 4 TVG Rn. 77.
869 BAG v. 28.1.1987 – 5 AZR 323/86 –, AP TVG § 4 Nachwirkung Nr. 16; BAG v. 27.9.2001 –
    2 AZR 236/00 –, NZA 2002, 750.
870 BAG v. 18.5.1977 – 4 AZR 47/76 –, AP Nr. 4 zu § 4 BAT; v. 27.11.1991 – 4 AZR 211/91 –,
    DB 1992, 1294.

6. *Übertarifliche Leistungen und Tariflohnerhöhung*

a) *Problemstellung*

218 Das Günstigkeitsprinzip ermöglicht die Gewährung höherer Leistungen als tarifvertraglich vorgesehen (übertarifliche Leistungen). **Effektivlohn** und **Tariflohn** können also auseinander fallen. Wird später der Tariflohn erhöht, so stellt sich die Frage, ob das alte Verhältnis zwischen übertariflicher und tariflicher Leistung wieder hergestellt werden muss. Mit anderen Worten tritt **Aufsaugung** oder **Aufstockung** der Tariflohnerhöhung ein?[871] Bei der Beantwortung dieser Frage müssen zwei Regelungsebenen unterschieden werden: die einzelvertragliche und die tarifvertragliche.

b) *Einzelvertragliche Abmachungen*

219 Es ist anerkannt, dass die Frage, ob Zulagen zum Tariflohn „tariffest" sind oder von einem neuen Tarifvertrag aufgesogen werden, vom Willen der Arbeitsvertragsparteien abhängt[872].

220 Anders ist die Rechtslage bei außertariflichen Zulagen, mit denen ganz **spezifische Leistungszwecke** (z. B. Leistungszulage, Gefahrenzulage usw.) verfolgt werden. Bei diesen soll im Zweifel eine Aufstockung auf den neuen Tariflohn stattfinden[873].

221 Fehlt eine entsprechende Parteivereinbarung, so ist die Antwort nach den Grundsätzen der **ergänzenden Vertragsauslegung** gemäß § 157 BGB zu finden[874]. War der Effektivlohn des Arbeitnehmers in einem Betrag festgesetzt, so ist im Zweifel davon auszugehen, dass eine Aufsaugung einer tariflichen Grundlohnerhöhung erfolgen soll[875]. Dies soll sogar dann gelten, wenn ein Arbeitgeber jahrelang übertarifliche Lohnbestandteile auf Tariflohnerhöhungen nicht angerechnet hat[876]. Inwieweit ein Mitbestimmungsrecht des Betriebsrats besteht, beurteilt sich nach § 87 Abs. 1 Nr. 10 BetrVG.[877] 222

---

871 So die Formulierung von *Zöllner/Loritz*, § 36 IV, S. 401. Umfassend zur Problematik *Oetker*, RdA 1991, 16 ff.

872 BAG v. 10.3.1982 – 4 AZR 540/79 –, BAGE 38, 118, 124 f.; *Söllner*, § 15 V 1, S. 127; *Zöllner/Loritz*, § 36 IV 1 a, S. 401.

873 BAG v. 1.11.1956 – 2 AZR 194/54 –, BAGE 3, 132; v. 23.1.1980 – 5 AZR 780/78 –, AP Nr. 12 zu § 4 TVG Übertariflicher Lohn und Tariflohnerhöhung; v. 10.12.1956 – 4 AZR 411/64 –, AP Nr. 1 zu § 4 Tariflohn und Leistungsprämie.

874 BAG v. 6.3.1958 – 2 AZR 457/55 –, BAGE 5, 221, 223; v. 10.12.1965 – 4 AZR 411/64 –, AP Nr. 1 zu § 4 TVG Tariflohn und Leistungsprämie.

875 BAG v. 10.3.1982 – 4 AZR 540/79 –, AP Nr. 47 zu § 242 BGB Gleichbehandlung.

876 BAG v. 8.12.1982 – 4 AZR 481/80 –, AP Nr. 15 zu § 4 TVG Übertariflicher Lohn und Tariflohnerhöhung. Etwas anderes gilt, wenn eine betriebliche Übung vorliegt, nach der übertarifliche Lohnzulagen zum jeweiligen Tariflohn zusätzlich gezahlt werden.

877 *Richardi*, Betriebsverfassungsgesetz mit Wahlordnung, 2002, § 87 Rn. 797; BAGE 69, 134 ff.

Bei der Anrechnung einer Tariflohnerhöhung ist der **Gleichbehandlungs-grundsatz** zu beachten. Dem Arbeitgeber ist es verwehrt, einzelne oder Gruppen von Arbeitnehmern seines Betriebs ohne sachlichen Grund bei betriebseinheitlichen Regelungen zu benachteiligen[878].

c) *Tarifvertragliche Regelungen*

Es ist denkbar, dass die Tarifvertragsparteien selbst Regelungen zur Bestimmung des Verhältnisses von Effektivlohn und Tariflohnerhöhung vorsehen. In der Tarifpraxis haben sich hierzu verschiedene Regelungstypen herausgebildet[879].   **223**

aa) Effektivklauseln

Mit der **Effektivgarantieklausel** soll der bisherige Effektivlohn um die Tariflohnerhöhung aufgestockt werden. Sie wird von der Rechtsprechung[880] und der h.M. im Schrifttum[881] als unwirksam angesehen. Mit der **begrenzten Effektivklausel** soll die Aufstockung der übertariflichen Leistungen auf die Tariflohnerhöhung erreicht werden, ohne den aufgrund der Aufstockung zu zahlenden Betrag als Tariflohn zu garantieren. Den Parteien soll vielmehr die einzelvertragliche Änderung der übertariflichen Zulagen möglich sein. Nachdem das BAG begrenzte Effektivklauseln zunächst als wirksam angesehen hatte[882], vertritt es seit der grundlegenden Entscheidung aus dem Jahre 1968[883] in ständiger Rechtsprechung die Auffassung einer Unwirksamkeit solcher Klauseln[884]. Das BAG sieht im Wesentlichen einen Verstoß gegen den Gleichheitsgrundsatz (Art. 3 Abs. 1 GG), den Grundsatz der einzelvertraglichen Vereinbarung günstigerer Arbeitsbedingungen und das Schriftformgebot des § 1 Abs. 2 TVG. Im Schrift-   **224**

---

878 BAG v. 1.3.1956 – 2 AZR 183/54 –, AP Nr. 4 zu § 4 TVG Übertariflicher Lohn und Tariflohnerhöhung; v. 16.4.1986 – 5 AZR 115/85 –, DB 1987, 1542, 1543 und v. 11.5.1988 – 5 AZR 334/87 –, NZA 1989, 854. Zur Problematik einer rückwirkenden Anrechnung einer Tariflohnerhöhung auf die übertariflichen Zulagen vgl. BAG v. 10.3.1982 – 4 AZR 540/79 –, BAGE 38, 118.
879 Vgl. zu den einzelnen Klauseltypen *Söllner*, § 15 V 1 a-d, S. 128 ff.; *Zöllner/Loritz*, § 36 IV, S. 401 ff.
880 BAG v. 13.6.1958 – 1 AZR 591/57 –, AP Nr. 2 zu § 4 TVG Effektivklausel; v. 16.9.1987 – 4 AZR 265/87 –, NZA 1988, 29; BAG v. 21.7.1993 – 4 AZR 468/92 –, NZA 1994, 1294.
881 *Wank* in *Wiedemann*, § 4 Rn. 529; *Söllner*, § 15 V 1 a, S. 128; *Zöllner/Loritz*, § 36 IV 2, S. 402; MünchArbR/*Hanau*, § 60 Rn. 51.
882 BAG v. 1.3.1956 – 2 AZR 183/54 –, BAGE 2, 297; v. 26.4.1961 – 4 AZR 501/59 –, AP Nr. 5 zu § 4 TVG Effektivklausel.
883 BAG v. 14.2.1968 – 4 AZR 275/67 –, AP Nr. 7 zu § 4 TVG Effektivklausel.
884 BAG v. 18.8.1971 – 4 AZR 342/70 –, AP Nr. 8 zu § 4 TVG Effektivklausel; BAG v. 10.3.1982 – 4 AZR 540/79 –, AP Nr. 47 zu § 242 Gleichbehandlung.

tum sind die Auffassungen geteilt[885]. Die Rechtsprechung des BAG zeigt in der Tendenz eine gewisse Zurückhaltung darin, eine Tarifbestimmung als Effektivklausel anzusehen[886].

bb) Anrechnungsklauseln (Negative Effektivklauseln)

225   Im Gegensatz zu Effektivklauseln verfolgen **Anrechnungsklauseln** den Zweck, die Anrechnung übertariflicher Leistungen vorzuschreiben. Diese sind unwirksam, weil den Tarifvertragsparteien nicht die Befugnis zusteht, in einzelvertraglich geschuldete Rechte zuungunsten der Arbeitnehmer einzugreifen[887]. Eine Ausnahme soll jedoch gelten, wenn die übertariflichen Leistungen aufgrund von Betriebsvereinbarungen erbracht werden. Hier gelte der Vorrang des Tarifrechtes[888].

cc) Verdienstsicherungsklauseln

226   Tarifliche **Verdienstsicherungsklauseln** verfolgen den Zweck, Arbeitnehmern, die aus besonderem Anlass (z.B. Alter, Krankheit, Rationalisierungsmaßnahmen) Verdiensteinbußen zu erleiden hätten, ihr bisheriges Einkommensniveau zu sichern[889].

Beispiel[890]:
„§ 9 Alterssicherung:
9.1. Arbeitnehmer, die im 55. Lebensjahr stehen oder älter sind und dem Betrieb oder Unternehmen wenigstens ein Jahr lang angehören, haben Anspruch auf den Verdienst, der aus dem Durchschnittsverdienst der letzten 12 voll gearbeiteten Kalendermonate errechnet wird. Tariflohnerhöhungen steigern den Verdienst entsprechend. (...)"

---

885 Ausführlich zum Streitstand *Wank* in *Wiedemann*, § 4 Rn. 534 ff. Zur Begründung der Gegenmeinung zum BAG eingehend *Däubler*, Tarifvertragsrecht, Rn. 592 ff.

886 Darauf weist *Söllner*, Grundriss des Arbeitsrechts, § 15 V 1 a, S. 128 unter Bezugnahme auf Entscheidungen des BAG hin. Beachte aber BAG v. 16.9.1987 – 4 AZR 265/87 –, NZA 1988, 29: Tariflohnerhöhungen zum Ausgleich der Arbeitszeitverkürzung von 40 auf 38, 5 Stunden wöchentlich dürfen zum Erhalt des Arbeitsentgelts auf der Basis der bisherigen 40-Stunden-Woche nicht zur Erhöhung des übertariflichen Stundenlohnanteils führen. Dies wäre eine unzulässige Effektivgarantieklausel. Zustimmend *Zöllner/Loritz*, Arbeitsrecht, § 36 IV 2, S. 403.

887 BAG v. 18.8.1971 – 4 AZR 342/70 –, AP Nr. 8 zu § 4 TVG Effektivklausel.

888 BAG v. 23.10.1985 – 4 AZR 119/84 – AP Nr. 33 zu 1 TVG Tarifverträge: Metallindustrie; v. 26.2.1986 – 4 AZR 535/84 –, NZA 1986, 790.

889 Vgl. zu solchen Klauseln *Wank* in *Wiedemann*, § 4 Rn. 525.

890 Manteltarifvertrag für die gewerblichen Arbeitnehmer der Metallindustrie in Nordwürttemberg/Nordbaden vom 20.10. 1973.

Das BAG wertet solche Klauseln nicht als Effektivklauseln, sondern sieht sie als zulässig an, weil der bisherige Effektivlohn lediglich als Berechnungsgrundlage für den neuen Lohn diene[891]. Die Zulagen selbst werden dadurch nicht mit tarifrechtlicher Wirkung abgesichert, sondern können wie bei allen Arbeitnehmern mit späteren Tariflohnerhöhungen nach allgemeinen arbeitsrechtlichen Grundsätzen ganz oder teilweise verrechnet werden[892].

Die Aufsaugung der Tariferhöhung kann von den Tarifvertragsparteien grundsätzlich nicht verhindert werden. Ein Ausweg ist jedoch über **Besitzstandsklauseln** möglich, wenn bestimmt wird, dass günstigere einzelvertragliche Bestimmungen aus Anlass des In-Kraft-Tretens eines Tarifvertrages nicht verdrängt oder verschlechtert werden dürfen.[893] Diese Besitzstandsklauseln sind in folgenden Passagen zu sehen: „eine übertarifliche Leistung auch im Falle einer Tariflohnerhöhung weiterzuzahlen ist"[894], „aus Anlass des Tarifvertrages nicht verschlechtert werden sollen"[895] oder „dass bisherige günstigere Arbeitsvertragsbedingungen durch das In-Kraft-Treten des Tarifvertrages nicht berührt werden".[896] Darunter fallen z. B. Zulagen für Fleiß, Zuverlässigkeit, Pünktlichkeit, Anwesenheit oder auch Schicht- Schmutz- und Lärmzulagen.[897]

Beispiel[898]:
„§ 6 Erschwerniszuschläge
1. Anspruchsgrundlage
Der Arbeitnehmer hat für die Zeit, in der er mit einer der folgenden Arbeiten beschäftigt wird, Anspruch auf den nachstehend jeweils aufgeführten Erschwerniszuschlag, wenn die einschlägigen Unfallverhütungsvorschriften eingehalten und die nach den Unfallverhütungsvorschriften zu stellenden persönlichen Schutzausrüstungen benutzt werden.
1.1 Arbeiten mit persönlicher Schutzausrüstung: ... je Stunde
1.11 Arbeiten mit Schutzkleidung:
Arbeiten, bei denen ein luftundurchlässiger Einwegschutzanzug getragen wird ... 0,75 DM
Arbeiten, bei denen ein Chemikalienschutzanzug ohne Gesichtsschutz (Form B) oder ein Kontaminationsschutzanzug getragen wird ... 1,75 DM (...)

---

891 BAG v. 28.5.1980 – 4 AZR 351/78 –, AP Nr. 8 zu § 1 TVG Tarifverträge: Metallindustrie.
892 BAG v. 16.4.1980 – 4 AZR 261/78 –, AP Nr. 9 zu § 4 TVG Effektivklausel.
893 *Kempen/Zachert* § 4 TVG Rn 226.
894 Ausführlich dazu Hümmerich/Spirolke/*Natzel,* S. 476;
895 *Hromadka//Maschmann,* § 13 Rn. 30; *Kempen/Zachert* § 4 Rn 226; *Stumpf* in *Wiedemann* § 4 Rn. 268.
896 Bei letzterer Formulierung handelt es sich inhaltlich lediglich um einen Hinweis auf dies sich schon aus § 4 Abs. 3 TVG ergebende Rechtsfolge. Zur Klarstellung ist ein solcher Passus aber sicherlich sinnvoll. Zum Ganzen s. *Schaub,* § 204 Rn. 51.
897 *Hromadka/Maschmann,* § 13 Rn. 299; *Schaub,* § 69 Rn. 25 ff.
898 Vgl. Bundesrahmentarifvertrag für das Baugewerbe (BRTV) vom 3. Februar 1981 in der Fassung des Änderungs-Tarifvertrags vom 15. Mai 2001.

Neben diesem Zuschlag wird ein Zuschlag für Arbeiten mit Atemschutzgeräten nach Nr. 1.12 nicht gezahlt.

1.2 Schmutzarbeiten: ... je Stunde

1.21 Arbeiten, die im Verhältnis zu den für den Gewerbezweig und das Fach des Arbeiters typischen Arbeiten außergewöhnlich schmutzig sind ... 1,55 DM"

Beispiele für Effektivklauseln in Tarifverträgen[899]:

Tarifvertragliche Effektivgarantieklauseln, auch allgemeine Effektivklausel genannt, enthalten Formulierungen, die zum Ausdruck bringen, dass den Arbeitnehmern die Erhöhungen in jedem Fall zugute kommen sollen.

Die Formulierungen für solche Klauseln sind vielfältig: Z.B. „das effektive Arbeitsentgelt wird garantiert", „die Tariflohnerhöhung effektiv ist zu gewähren", auch „die Tariflohnerhöhung tritt dem tatsächlich gezahlten Lohn in jedem Fall hinzu"[900] oder „ die festgelegten Löhne sind Mindestlöhne; die bisher höher gezahlten übertariflichen Zulagen sind dem Grundlohn hinzuzurechnen und gelten als Bestandteil des Tariflohnes.[901] Eine allgemeine Effektivklausel verbirgt sich auch hinter der Formulierung, wenn „die Tariflohnerhöhung voll wirksam" werden soll.[902]

Begrenzte Effektivklauseln verfolgen dasselbe Ziel, ohne jedoch arbeitsvertraglichen Ansprüche in tarifliche umzufunktionieren.[903] Ein Beispiel dafür wäre folgende Formulierung: „Bereits bestehende oder bessere Arbeitsbedingungen dürfen aus Anlass des neuen Tarifvertrages nicht verschlechtert werden."[904]

---

899 Ausführlich dazu Hümmerich/Spirolke/*Natzel, S. 476; Dütz,* Rn. 549 ff.
900 *Schaub,* § 204 Rn. 51; Zur Unwirksamkeit dieser Klauseln, BAG v. 13. 6. 1958 – 1 AZR 591/57 –, BAGE 6, 31.
901 *Hromadka/Maschmann,* § 13 Rn. 301.
902 Hümmerich/Spirolke/*Natzel,* S. 476.
903 *Wank* in Wiedemann, § 4 Rn. 529.
904 Zur Unzulässigkeit dieser Klauseln s. BAG v. 18.8.1971 – 4 AZR 342/70 –, AP Nr. 8 zu § 4 TVG Effektivklausel; BAG v. 10.3.1982 – 4 AZR 540/79 –, AP Nr. 47 zu § 242 BGB Gleichbehandlung.

VII. Der Schutz tariflicher Rechte

1. *Problemstellung*

Für das Bürgerliche Recht ist es eine Selbstverständlichkeit, dass auf Ansprü- **227**
che verzichtet werden kann. Rechtlich geschieht dies regelmäßig durch einen
Erlassvertrag gemäß § 397 BGB. Lange Zeit war auch in der Rechtsprechung
und im Schrifttum des Arbeitsrechts die Auffassung vorherrschend, dass ein
Verzicht auf tarifliche Rechte zulässig sei. Die Tarifvertragsverordnung von
1918 enthielt zur Frage keine ausdrückliche Regelung. Das Reichsarbeitsgericht
hat in ständiger Rechtsprechung einen Verzicht für zulässig erklärt[905]. Es hat die
Meinung vertreten, dass es einer gesetzlichen Regelung bedurft hätte, wenn die
Unzulässigkeit des Verzichts gewollt gewesen wäre[906]. Eine Verzichtserklärung
des Arbeitnehmers wurde aber nicht angenommen, wenn der Arbeitnehmer
unter wirtschaftlichem Druck gestanden hat[907]. Auch das Schrifttum vertrat
überwiegend die Auffassung der Zulässigkeit des Verzichts[908]. Erst durch § 4
TVG 1949 hat sich eine klare Wende in Richtung auf eine Konzeption der
Unverbrüchlichkeit tariflicher Rechte[909] durchgesetzt.

2. *Der Verzicht auf tarifliche Ansprüche*

§ 4 Abs. 4 S. 1 TVG bestimmt, dass ein Verzicht auf entstandene tarifliche **228**
Rechte nur in einem von den Tarifvertragsparteien gebilligten Vergleich zulässig
ist. Unter Verzicht im Sinne dieser Bestimmung ist rechtstechnisch vor allem der
Erlassvertrag im Sinne des § 397 Abs. 1 BGB zu verstehen[910]. Der Verzicht
kann sich auch auf Rechtsbefugnisse (**Gestaltungsrechte**) und **Einreden** bezie-
hen, in diesen Fällen genügt eine einseitige Erklärung des Rechtsinhabers[911].
Als Verzicht ist auch das negative Schuldanerkenntnis im Sinne des § 397
Abs. 2 BGB zu verstehen, also die zwischen Arbeitgeber und Arbeitnehmer

---

905 Vgl. RAG v. 4.1.1928 – RAG 56/27 –, RAGE 1, 118; v. 6.6.1931 – RAG 639/30 –, RAGE 8,
      299.
906 RAGE 1, 188, 123.
907 Vgl. RAG v. 1.2.1928 – RAG 47/27 –, ARS 2, 12.
908 Bezeichnend die Äußerung von *Kaskel*: Was der Arbeitnehmer nach der Fälligkeit des Lohnes
      mit diesem mache, sei seiner freien Bestimmung überlassen, er könne ihn verspielen, vertrin-
      ken, verschenken an wen er wolle, also auch an seinen Arbeitgeber, *Kaskel*, Arbeitsrecht,
      3. Aufl., S. 40 Zit. nach *Nikisch*, Arbeitsrecht II, 2. Auflage 1959, § 84 I, S. 457 Fn. 2.
909 Zum Begriff der Unverbrüchlichkeit tariflicher Rechte *Söllner*, § 16 III 3 c, S. 142.
910 Zu den Voraussetzungen eines Erlassvertrages s. *Palandt/Heinrichs*, § 397 Rn. 4 ff. Ausführ-
      lich zum Verzicht auf tarifliche Rechte s. *Wank* in *Wiedemann*, § 4 Rn. 652 ff.
911 *Däubler*, Rn. 1304.

getroffene Vereinbarung, dass eine Forderung nicht besteht. Ein negatives Schuldanerkenntnis ist vielfach in so genannten **Ausgleichsquittungen** enthalten[912]. Keinen Verzicht (und auch keine Verwirkung), sondern eine zulässige Vertragsstrafe sieht das BAG in einer zwischen Arbeitgeber und Arbeitnehmer vereinbarten Klausel, wonach für den Fall der rechtswidrigen Auflösung des Arbeitsvertrages durch den Arbeitnehmer ein Teil des rückständigen Lohnes verwirkt ist[913].

229 Nach dem eindeutigen Wortlaut des § 4 Abs. 4 S. 1 TVG betrifft das Verzichtsverbot nur bereits entstandene tarifliche Rechte. Für zukünftige tarifliche Ansprüche ergibt sich die Unwirksamkeit eines Verzichts bereits aus dem Grundsatz der Unabdingbarkeit (§ 4 Abs. 1 TVG)[914].

230 § 4 Abs. 4 S. 1 TVG spricht von tariflichen **Rechten**. Dagegen sind Tatsachen, d. h. die tatsächlichen Voraussetzungen tariflicher Ansprüche und Rechte disponibel, d. h. Arbeitgeber und Arbeitnehmer können bei Streit über Tatsachen eine einvernehmliche Verständigung herbeiführen[915].

231 Das Verzichtsverbot des § 4 Abs. 4 S. 1 TVG steht Vereinbarungen über Verkürzungen der Arbeitszeit oder die Aussetzung der Arbeitspflicht (Suspendierung) nicht im Wege[916]. Ebenso ist der Abschluss eines Aufhebungsvertrages zur Beendigung des Arbeitsverhältnisses und der Verzicht auf tarifliche Kündigungsfristen zulässig[917].

232 Allgemein wird ein Verzicht auf tarifliche Lohn- und Gehaltsspitzen zur Einsparung von **Steuern** und **Sozialabgaben** oder Erhaltung sozialrechtlicher Ansprüche für zulässig angesehen[918]. Die sozialgerichtliche Rechtsprechung trägt diese Rechtsauffassung mit[919]. Das BSG sieht den Verzicht im Hinblick auf die Gewährung einkommensabhängiger sozialrechtlicher Leistungen[920] nicht nur dann als verbindlich an, wenn der Verzicht in einer tarifvertraglichen Regelung vorgesehen ist[921]. Eine geringfügige Herabsetzung des Lohnes, die zu einem sozialversicherungsrechtlichen Vorteil führt, kann nach § 4 Abs. 3 TVG als gestattet angesehen werden, weil der Verzicht dem mutmaßlichen Willen der Tarifvertragsparteien entspricht, wobei das Gericht sich auf Kommentarmeinun-

---

912 Vgl. dazu *Apel*, Die Ausgleichsquittung im Arbeitsrecht, 1982, S. 95 ff; zur tarifrechtlichen Zulässigkeit s. *Kramer/Marhold*, Ausgleichsquittung, AR – Blattei SD 290, Rn 62-66.

913 Vgl. BAG v. 18.11.1960 – 1 AZR 238/59 –, AP Nr. 1 zu § 4 TVG Vertragsstrafe m. Anm. v. A. *Hueck*.

914 *Schaub*, § 204 Rn. 63.

915 Ebenso *Schaub*, § 204 Rn. 65; a. A. *Kempen/Zachert*, § 4 Rn. 247. Ausführlich zur Problematik des Tatsachenvergleichs *Wank* in *Wiedemann*, § 4 Rn. 680 ff.

916 *Kempen/Zachert*, § 4 Rn. 244.

917 *Kempen/Zachert*, § 4 Rn. 244.

918 *Wank* in *Wiedemann*, § 4 Rn. 664.

919 Vgl. BSG v. 27.11.1986 – Az 5a RKnU 6/85 –, BSGE 61, 54; v. 28.2.1990 – Az 10 RKg 15/89 –, BSGE 66, 238.

920 Vgl. etwa § 52 SGB VII; § 97 SGB VI; § 2 Abs. 2 Satz 2 BKGG.

921 Zu solchen Vereinbarungen s. *Kempen/Zachert*, § 4 Rn. 244.

gen zu § 4 TVG stützt[922]. Ganz unbedenklich ist diese Auffassung nicht. Das BSG argumentiert fast ausschließlich auf der Ebene des Tarifvertragsrechts. Eine andere Frage ist es aber, ob die zu Lasten von Sozialleistungsträgern gehenden Vereinbarungen im Hinblick auf sozialrechtliche Vorschriften zulässig sind. Hierzu deutet das Gericht an, dass im Einzelfall die Rechtsausübung missbräuchlich sein könne[923]. Zur Vermeidung eines solchen Missbrauchs wird seit dem 1.1.1994 im Kindergeldrecht bei der Beurteilung der Überschreitung des zulässigen Eigenverdienstes des Kindes ein Verzicht des Kindes auf Teile der zustehenden Einkünfte und Bezüge unberücksichtigt gelassen (§ 2 Abs. 2 S. 9 BKGG, § 32 Abs. 4 S. 9 EStG). Ausweislich der Gesetzesbegründung widerspricht es dem in der Einkommensabhängigkeit des Kindergeldes zum Ausdruck kommenden Subsidiaritätsprinzip, wenn durch den Verzicht auf Teile der nach dem Tarifvertrag, Betriebsvereinbarung oder anderen Kollektivvereinbarung zustehenden Vergütung ein Kindergeldanspruch erworben oder bewahrt wird[924]. Das BSG hat jedoch klargestellt, dass ein Verzicht i.S. dieser Regelungen nur dann vorliegt, wenn eine in einer der genannten Vereinbarungen festgelegte Vergütung bereits Inhalt eines Einzelarbeitsvertrages geworden ist[925]. Wird von vorneherein ein Arbeits- oder Ausbildungsverhältnis mit einer geringeren Vergütung vereinbart, obwohl tarifvertraglich eine höhere Vergütung verlangt werden könnte, stellt dies keinen kindergeldschädlichen Verzicht dar. Im selben Urteil hat das BSG zudem seine bisherige Rechtsprechung, nach der ein Verzicht auf Lohnbestandteile zur Erlangung von Sozialleistungsansprüchen dem Günstigkeitsprinzip des § 4 Abs. 3 TVG entspricht, ausdrücklich bestätigt[926]. Die Finanzgerichte schränken die Regelung des § 32 Abs. 4 S. 9 EStG zusätzlich dadurch ein, dass nach dessen Sinn und Zweck nur ein rechtsmissbräuchlicher Verzicht unter diese Regelung fällt. Dieser ist dann gegeben, wenn es für die geringere Vergütung ansonsten keinen vernünftigen Grund gibt[927]. Wird beispielsweise eine vereinbarte Ausbildungsvergütung nachträglich gesenkt oder auf die Geltendmachung entstandener Ansprüche verzichtet, weil nur so der Ausbildungsplatz erhalten werden kann und übersteigt der Betrag auf den verzichtet wurde wesentlich das Kindergeld, das durch das Unterschreiten der Verdienstgrenze erlangt werden kann, so ist § 32 Abs. 4 S. 9 EStG nicht anzuwenden[928].

---

922 BSG v. 27.11.1986 – Az 5a RknU 6/85 –, BSGE 61, 54, 56.
923 BSG v. 27.11.1986 – Az 5a RknU 6/85 –, BSGE 61, 54.
924 BT-Drs. 12/5502 S. 44.
925 BSG v. 12.4.2000 – Az B 14 KG 4/99 –, SozR 3-5870 § 2 Nr. 44.
926 BSG v. 12.4.2000 – Az B 14 KG 4/99 –, SozR 3-5870 § 2 Nr. 44.
927 FG Gotha v. 31.1.2001 – Az III 32/00 –, EFG 2001, 512 ff.; FG Karlsruhe v. 11.5.2001 – Az 14 K 63/01, – EFG 2001, 1307; FG Hannover v. 25.9.2001 – 15 K 636/99 KI –, EFG 2002, 29 f.
928 FG Gotha v. 31.1.2001 – Az III 32/00 – EFG 2001, 512 ff.; FG Karlsruhe v. 11.5.2001 – Az 14 K 63/01 –, EFG 2001, 1307.

233   Unbedenklich ist das Einverständnis des Arbeitnehmers mit der Verwendung von Lohnbestandteilen zur Finanzierung **vermögensbildender Maßnahmen**[929]. Auch die Vereinbarung einer durch Entgeltumwandlung finanzierten **Altersversorgung** stellt keinen Verzicht dar, da diese nur künftige Ansprüche betrifft und der Arbeitnehmer einen wirtschaftlichen Gegenwert erhält[930]. Nach § 1 a BetrAVG hat seit dem 1.1.2002 jeder in der gesetzlichen Rentenversicherung pflichtversicherte Arbeitnehmer bis zu 4 % der jeweiligen Beitragsbemessungsgrenze in der gesetzlichen Rentenversicherung einen Anspruch auf Umwandlung seines Entgelts. In Betracht kommen dabei alle Durchführungsformen der betrieblichen Altersversorgung, u.a. auch der Abschluss einer Lebensversicherung als Direktversicherung (§ 1 a BetrAVG). Zu beachten ist allerdings, dass nach § 17 Abs. 5 BetrAVG für Zusagen nach dem 29. Juni 2001 (§ 30 h BetrAVG) eine Entgeltumwandlung für Ansprüche, die auf einem Tarifvertrag beruhen, nur zulässig ist, soweit dies im Tarifvertrag vorgesehen oder gestattet ist. Eine einzelvertraglich geregelte Entgeltumwandlung kann jedoch darüber hinaus aufgrund des Günstigkeitsprinzips nach § 4 Abs. 3 TVG möglich sein[931].

Darlehens- und Kreditzusagen des Arbeitnehmers an den Arbeitgeber fallen dagegen unter das Verzichtsverbot[932].

234   Strittig ist, ob § 4 Abs. 4 S. 1 TVG auch für Ansprüche gilt, die auf Grund einzelvertraglicher Bezugnahme auf den Tarifvertrag entstanden sind[933].

235   Dem Verzichtsverbot unterliegen sowohl **materiell-rechtliche** wie **prozessuale** Verzichtserklärungen. Unwirksam ist insbesondere ein Prozessvergleich, der einen Verzicht auf tarifliche Rechte enthält. Ein dennoch geschlossener **Prozessvergleich** beendet den Rechtsstreit nicht. Im Falle der Erteilung einer vollstreckbaren Ausfertigung hat der Schuldner die Rechtsbehelfe nach §§ 732, 768 ZPO[934]. Unwirksam ist ebenfalls ein Klageverzicht gemäß § 306 ZPO. Dagegen ist die **Klagerücknahme** gemäß § 269 ZPO ohne weiteres zulässig, weil dadurch der materielle Anspruch nicht betroffen wird.

236   Wirksamkeit kann ein Verzicht, der unter den Tatbestand des § 4 Abs. 4 S. 1 TVG fällt, nur durch die **Billigung** der **Tarifvertragsparteien** erlangen. Dabei ist Billigung als Zustimmung (Einwilligung oder Genehmigung) im Sinne der §§ 182 ff BGB zu verstehen[935]. Schließen Verbandsvertreter tarifgebundener Parteien einen Vergleich, so hängt die Wirksamkeit davon ab, ob die Verbandsvertreter Vollmacht ihrer Verbände zur Billigung des Vergleichs haben[936].

929 Vgl. dazu *Schmid*, BB 1977, 703; *Metz/Paschek*, DB 1987, 1938.
930 ErfK/*Steinmeyer*, § 17 BetrAVG Rn. 42.
931 ErfK/*Steinmeyer*, § 17 BetrAVG Rn. 41.
932 *Kempen/Zachert*, § 4 Rn. 242.
933 Dazu *Wank* in *Wiedemann*, § 4 Rn. 672 m.w.N.
934 *Wank* in *Wiedemann*, § 4 Rn. 676.
935 *Wank* in *Wiedemann*, § 4 Rn. 684.
936 *Schaub*, § 204 Rn. 65. Zu den Grenzen einer solchen Bevollmächtigung *Wank* in *Wiedemann*, § 4 Rn. 685.

3. Der Ausschluss der Verwirkung tariflicher Ansprüche (§ 4 Abs. 4 S. 2 TVG)

§ 4 Abs. 4 S. 2 TVG erklärt die **Verwirkung** tariflicher Ansprüche für ausgeschlossen[937]. Das Rechtsinstitut der Verwirkung ist ein Unterfall des privatrechtlichen **Verbots des Rechtsmissbrauchs**[938]. **237**

Ein Recht ist verwirkt, wenn der Berechtigte es längere Zeit hindurch nicht geltend gemacht hat und der Verpflichtete sich nach dem gesamten Verhalten des Berechtigten darauf einrichten durfte und auch eingerichtet hat, dass dieser das Recht auch in Zukunft nicht geltend machen werde[939]. Der Kern der Verwirkung liegt in der illoyalen Verspätung der Rechtsausübung begründet[940]. **238**

Dieser im allgemeinen Zivilrecht bestehenden Auffassung der Verwirkung folgt auch die h.M. bei der Anwendung des § 4 Abs. 4 S. 2 TVG. Danach schließt diese Bestimmung die Verwirkung im Sinne **illoyaler Verspätung** aus, nicht aber den Einwand der unzulässigen Rechtsausübung, der auf andere Tatsachen gegründet ist[941]. Die Gegenmeinung, die den Einwand des Rechtsmissbrauchs generell durch § 4 Abs. 4 S. 2 TVG als ausgeschlossen betrachten möchte[942], überzeugt nicht. § 4 Abs. 4 S. 2 TVG spricht ausdrücklich nur von Verwirkung und damit nur von einem Unterfall des allgemeinen Rechtsmissbrauchs. Unabhängig von dem Wortlaut der Bestimmung ist nicht einzusehen, weshalb der allgemeine Grundsatz des Rechtsmissbrauchs bei tariflichen Rechten keine Anwendung finden sollte.

Nach dem Wortlaut des § 4 Abs. 4 S. 2 TVG gilt das Verwirkungsverbot nur für tarifliche Rechte. Für über- und außertarifliche Rechte wird z.T. eine analoge Anwendung des § 4 Abs. 4 S. 2 TVG bejaht[943]. **239**

Ansprüche **nichtorganisierter Arbeitnehmer**, die unter Bezugnahme auf einen Tarifvertrag entstehen, fallen grundsätzlich nicht unter § 4 Abs. 4 S. 2 TVG[944]. Im Einzelfall kann aber die Auslegung der arbeitsvertraglichen Bezugnahme ergeben, dass eine völlige Gleichstellung mit tarifgebundenen Arbeitnehmern gewollt war[945]. **240**

---

937 Zum gesetzgeberischen Hintergrund der Bestimmung s. *Wank* in *Wiedemann*, § 4 Rn. 693.
938 S. dazu *Medicus*, Allgemeiner Teil des BGB, 8. Aufl. 2002, Rn. 137 ff.
939 Vgl. *Palandt/Heinrichs*, § 242 Rn. 87.
940 Vgl. BGH v. 27.6.1957 – II ZR 15/56 –, BGHZ 25, 47, 52.
941 Vgl. BAG v. 22.6.1956 – 1 AZR 296/54 –, AP Nr. 9 zu § 611 BGB Urlaubsrecht; v. 11.12.1957 – 4 AZR 407/55 –, AP Nr. 7 zu § 9 TVG; *Etzel*, NZA Beil. 1/1987, 25.
942 *Kempen/Zachert*, § 4 Rn. 248; *Däubler*, Rn. 1317: „§ 4 Abs. 4 Satz 2 TVG schließt jede Verwirkung tariflich entstandener Rechte aus. Der Arbeitnehmer braucht sich daher nicht vorhalten zu lassen, mit der Geltendmachung seiner Rechte so lange gezögert zu haben, dass der Arbeitgeber darauf vertrauen konnte, er werde die Sache auf sich beruhen lassen. Das Vertrauen darauf, tarifliche Pflichten nicht erfüllen zu müssen, verdient in keinem Fall Schutz."
943 In diesem Sinne *Wank* in *Wiedemann*, § 4 Rn. 698; *Däubler*, Rn. 1325; *Kempen/Zachert*, § 4 Rn. 249; dagegen *Etzel*, NZA Beil. 1/1987, 25.
944 Vgl. *Wank* in *Wiedemann*, § 4 Rn. 699.
945 Ebenso *Kempen/Zachert*, § 4 Rn. 249.

4. Ausschlussfristen

a) Funktion und Rechtsnatur

241   Die Vereinbarung von **Ausschlussfristen** hat zur Folge, dass Ansprüche der Mitglieder der Tarifvertragsparteien untereinander nur innerhalb der Frist geltend gemacht werden können. Damit soll eine **rasche Klarheit** über die Rechtsbeziehungen zwischen den Arbeitsvertragsparteien und eine **schnelle Abwicklung** gegenseitiger Ansprüche gewährleistet sein[946]. Ausschlussfristen von einem Monat für die Geltendmachung von Ansprüchen aus dem Arbeitsverhältnis sind in Tarifverträgen keine Seltenheit.[947] Zum Teil werden Ausschlussfristen als tarifpolitisch bedenklich angesehen, weil sie für den Arbeitnehmer als dem regelmäßig Vorleistungspflichtigen sehr einschneidend sind, da aufgrund von Unkenntnis die Ausschlussfristen sehr häufig nicht eingehalten werden[948].

242   Im Gegensatz zur Verjährung führt das Verstreichen der Ausschlussfrist dazu, dass der **materiell-rechtliche Anspruch erlischt**[949]. Aus diesem Grunde kann die Bestimmung des § 390 Satz 2 BGB, wonach die Verjährung die Aufrechnung nicht ausschließt, bei Ausschlussfristen nicht zur Anwendung gelangen[950]. Ausschlussfristen sind von Amts wegen zu berücksichtigen. Das bedeutet aber nicht, dass die Gerichte für Arbeitssachen verpflichtet wären, zu prüfen, ob das Arbeitsverhältnis von einer tariflichen Norm beherrscht wird[951].

b) Sachlicher Geltungsbereich

243   Welche Ansprüche von einer tariflichen Ausschlussfrist betroffen sein sollen, ist im Wege der Auslegung zu ermitteln. Da durch Ausschlussfristen dem Gläubiger Ansprüche genommen werden, muss ein dahingehender Wille der Tarifvertragsparteien klar und unmissverständlich seinen Ausdruck finden. Ausschluss-

---

946 *Kempen/Zachert*, § 4 Rn. 256; BAG v. 19.11.1968 – 1 AZR 195/68 –, AP Nr. 39 zu § 4 TVG Ausschlussfristen: „Der Arbeitgeber soll im Interesse einer geordneten Betriebsführung bald erfahren, mit welchen Ansprüchen der Arbeitnehmer er rechnen muss; der Arbeitnehmer soll baldmöglichst Gewissheit darüber haben, ob der Arbeitgeber gegen ihn Ansprüche geltend machen will".

947 Darauf hat zuletzt BAG v. 13.12.2000 – 10 AZR 168/00 –, RdA 2002, 38, 41 hingewiesen (mit zahlreichen Belegen solcher Tarifverträge).

948 Vgl. *Däubler*, Rn. 1331, der deshalb für eine wesentlich größere Zurückhaltung bei der Einhaltung von Verfallfristen plädiert. Dem ist beizupflichten, wenn man bedenkt, dass angesichts komplizierter EDV-Abrechnungen und unübersichtlicher Lohn- und Zulagenstruktur für die Arbeitnehmer immer schwieriger wird, seine Ansprüche ohne fremde Hilfe innerhalb kurzer Fristen zu ermitteln. Darauf weist *Henssler*, RdA 2002, 129, 138 hin.

949 Eingehend zu den Rechtsfragen bei Ausschlussfristen *Weyand*, Die tariflichen Ausschlussfristen in Arbeitsrechtsstreitigkeiten, 1992.

950 Ausführlich zu dieser lange Zeit sehr umstrittenen Frage *Wank* in *Wiedemann*, § 4 Rn. 715 ff.

951 BAG v. 15.6.1993 – 9 AZR 208/92 –, NZA 1994, 274.

fristen sind deshalb grundsätzlich **eng auszulegen**[952]. Die in der Tarifpraxis übliche Formulierung, dass von der Ausschlussfrist „alle beiderseitigen Ansprüche aus dem Arbeitsverhältnis" erfasst werden, wird aber von der Rechtsprechung so verstanden, dass auch einzelvertragliche, auf Betriebsvereinbarung beruhende sowie gesetzliche Ansprüche betroffen sind[953]. Erfasst eine Ausschlussklausel eine bestimmte Anspruchsgruppe, ohne ausdrücklich sich auf Arbeitnehmer oder Arbeitgeber zu beziehen, so gilt die Klausel grundsätzlich sowohl für Ansprüche der Arbeitnehmer wie des Arbeitgebers[954]. Nach allerdings sehr bestrittener Auffassung sollen Ansprüche aus dem Arbeitsverhältnis, für die eine Ausschlussfrist gilt, auch Ansprüche aus unerlaubter Handlung einschließen[955]. Nicht darunter fallen Ansprüche auf Ersatz von Aufwendungen eines Betriebsratsmitglieds, die es im Hinblick auf seine Mitgliedschaft im Betriebsrat gemacht hat. Denn diese stehen nicht im Zusammenhang mit dem Arbeitsverhältnis, sondern ergeben sich aus dem von dem Betriebsratsmitglied ausgeübten Amt[956]. Erfasst eine tarifliche Ausschlussfrist allgemein Ansprüche aus dem Arbeitsverhältnis, so gilt sie auch für einen Anspruch auf Zahlung einer einmaligen Abfindung aus einem Sozialplan anlässlich der Beendigung des Arbeitsverhältnisses[957].

Rechtsprechung und Schrifttum befürworten eine Herausnahme bestimmter **244** Ansprüche aus dem Arbeitsverhältnis aus dem Wirkungsbereich von Ausschlussfristen. Eine stringente dogmatische Begründung hat sich hierfür noch nicht finden lassen. *Schaub* spricht im Hinblick auf die von der Rechtsprechung gemachten Ausnahmen von besonders wichtigen Ansprüchen des Arbeitnehmers[958]. In Anlehnung an die im öffentlichen Recht getroffene[959] und auf *Ule*[960] zurückgehende Unterscheidung zwischen Grund- und Betriebsverhältnis eines Beamten wollen *Kempen/Zachert* statusbestimmende (das Grundverhältnis des

---

952 BAG v. 27.3.1958 – 2 AZR 367/57 – u. v. 27.3.1958 – 2 AZR 221/56 –, AP Nr. 4 und 5 zu § 670 BGB.
953 Vgl. dazu *Schaub*, § 205 Rn. 7 ff. mit Rspr.-Nachweisen. Das BAG sieht bei der Erstreckung von Ausschlussfristen auf gesetzliche Ansprüche keinen Verstoß gegen das Prinzip der Unabdingbarkeit gesetzlicher Ansprüche, weil sich die Ausschlussfrist „nicht auf das Recht als solches, sondern auf seine Geltendmachung (bezieht). Das zur Entstehung gelangende und zunächst bestehende Recht soll erst nach Ablauf der Frist erlöschen. Das Recht wird also in seiner Dauer begrenzt", so BAG v. 26.8.1960 – 1 AZR 425/58 –, AP Nr. 6 zu § 4 TVG Ausschlussfristen. Kritisch zu dieser Rspr. *Kempen/Zachert*, § 4 Rn. 269.
954 BAG v. 14.9.1994 – 5 AZR 407/93 –, ZTR 1995, 224.
955 Vgl. BAG v. 10.8.1967 – 3 AZR 221/66 –, SAE 1968, 234; v. 6.5.1969 – 1 AZR 303/68 –, AP Nr. 42 zu § 4 TVG Ausschlussfristen m. Anm. Rittner; a. A. BAG v. 28.6.1967 – 4 AZR 183/66 –, AP Nr. 36 zu § 4 TVG Ausschlussfristen; *Schaub*, § 205 Rn. 8.
956 BAG v. 30.1.1973 – 1 ABR 1/71 –, AP Nr. 3 zu § 40 BetrVG 1972.
957 BAG v. 30.11.1994 – 10 AZR 79/94 –, BB 1995, 520 ff.
958 *Schaub*, § 205 Rn. 9.
959 Vgl. *Maurer*, Allgemeines Verwaltungsrecht, 14. Aufl. 2002, § 9 Rn. 28.
960 *Ule*, VVDStRL 15, 133

Arbeitnehmers betreffende) Vertragsansprüche als von der Verfallfrist ausgenommen betrachten[961].

245   Das BAG nimmt **absolute Rechte** von tariflichen Ausschlussklauseln aus, die ihren Wirkungsbereich über Ansprüche aus dem Arbeitsvertrag oder dem Arbeitsverhältnis erstrecken[962]. Ansprüche, die sich aus dem allgemeinen Persönlichkeitsrecht herleiten, fallen deshalb aus dem Anwendungsbereich einer Ausschlussklausel[963]. Auch die Stammrechte betrieblicher Versorgungsansprüche werden von tariflichen Ausschlussfristen nicht erfasst[964]. Zur Begründung verweist das BAG auf Überlegungen, die es im Zusammenhang mit der Verjährung solcher Rechte angestellt hat[965]. Wegen der Schwere des Rechtsverlustes sei das Rentenstammrecht nicht in die Ausschlussfrist einzubeziehen. Strittig ist, ob laufende Versorgungsbezüge von Ausschlussfristen erfasst werden[966]. Tarifvertragliche Verfallsklauseln erfassen nicht den Anspruch von Angehörigen eines Arbeitnehmers auf Unterstützung im Todesfall. Insbesondere erfasst eine tarifvertragliche Ausschlussklausel, die auf „Ansprüche des Beschäftigten aus dem Arbeitsverhältnis" beschränkt ist, nicht die im gleichen Tarifvertrag geregelte Unterstützung des Ehegatten beim Tod des Beschäftigten[967].

246   Besonderheiten ergeben sich bei **Insolvenz** des **Arbeitgebers**. Das BAG geht davon aus, dass mit der Insolvenzeröffnung tarifliche Ausschlussfristen nicht mehr zur Anwendung kommen. Die insolvenzrechtlichen Bestimmungen über die Anmeldung und Geltendmachung von Forderungen verdrängen die tarifrechtlichen Bestimmungen[968]. Das BAG weist aber daraufhin, dass eine insolvenzrechtliche Geltendmachung der Forderung ausgeschlossen ist, wenn die Forderung des Arbeitnehmers bei Insolvenzeröffnung wegen Ablaufs einer tariflichen Ausschlussfrist bereits erloschen war. Die gesetzlichen Regelungen über die Behandlung von Insolvenzforderungen setzten voraus, dass eine Insolvenzforderung bestand. Die InsO könne nicht verhindern, dass vor Eröffnung des Insolvenzverfahrens entstandene Ansprüche aus dem Arbeitsverhältnis auch vor Eröffnung des Verfahrens aus materiellrechtlichen Gründen erlöschen[969]. Fraglich ist, ob diese Grundsätze auch nach der Einführung der InsO weiter Gül-

---

961 *Kempen/Zachert*, § 4 Rn. 266 f.
962 BAG v. 15.7.1987 – 5 AZR 215/86 –, BAGE 54, 365, 373.
963 vgl. zuletzt BAG v. 15.5.1991 – 5 AZR 271/90 –, NZA 1991, 979 betreffend den aus dem Persönlichkeitsrecht entspringenden Beschäftigungsanspruch des Arbeitnehmers.
964 Vgl. BAG v. 12.1.1974 – 3 AZR 114/73 –, v. 24.5.1974 – 3 AZR 422/73 –, v. 15.5.1975 – 3 AZR 257/74 –, AP Nr. 5, 6, 7 zu § 242 BGB – Ruhegehalt – VBL.
965 Vgl. BAG v. 5.2.1971 – 3 AZR 28/70 –, BAGE 23, 213, 225.
966 BAG v. 29.3.1983 – 3 AZR 537/80 –, AP Nr. 11 zu § 70 BAT; LAG Hamm v. 24.2.1987 – 6 Sa 1560/86 –, DB 1987, 1254; a.A. BAG v. 19.7.1983 – 3 AZR 250/81 –, AP Nr. 1 zu § 1 BetrAVG Zusatzversorgungskassen.
967 LAG Hessen v. 13.1.1995 – 13 Sa 253/94 –, NZA-RR 1996, 60.
968 Vgl. BAG v. 18.12.1984 – 1 AZR 588/82 – AP Nr. 88 zu § 4 TVG Ausschlussfristen m. Anm. von *Zeuner*.
969 BAG v. 18.12.1984 – 1 AZR 588/82 –, AP Nr. 88 zu § 4 TVG Ausschlussfristen.

tigkeit behalten, da nun nicht mehr zwischen Konkursforderungen und Masseschulden unterschieden wird.[970]

Noch nicht abschließend geklärt ist, was zu gelten hat, wenn der **Arbeitgeber** **247** **zahlungsunfähig** ist und deshalb die Forderungen der Arbeitnehmer nicht befriedigt. Das BAG konnte die Frage bislang offenlassen[971]. Das Gericht hat aber angedeutet, es erscheine ihm sehr zweifelhaft, ob tarifliche Ausschlussfristen in Fällen, in denen die Lohnzahlung ganz oder teilweise gegenüber allen oder einem Kreis von Arbeitnehmern wegen wirtschaftlicher Schwierigkeiten des Arbeitgebers unterbleibt, anzuwenden sind. Ausschlussfristen – so das Gericht – könnten ihren Zweck unter normalen wirtschaftlichen und betrieblichen Verhältnissen entfalten, beim Zusammenbruch eines Arbeitgebers werde ihr Eingreifen in jeder Richtung fragwürdig[972].

Strittig ist, ob eine **einseitige**, also entweder nur auf Ansprüche des Arbeitge- **248** bers oder des Arbeitnehmers Anwendung findende **Verfallklausel** zulässig ist[973].

Tarifliche Ausschlussfristen gelten auch für den Rechtsnachfolger einer **249** Arbeitsvertragspartei. Dies erlangt etwa Bedeutung beim Übergang der Forderung auf eine Versicherung im Wege der Legalzession nach § 67 VVG[974].

Eine einzelvertragliche Verlängerung einer tariflichen Ausschlussfrist ist **250** wegen § 4 Abs. 3 TVG nicht möglich. Eine solche Verlängerung würde zwar den Arbeitnehmer begünstigen, soweit es sich um die Geltendmachung seiner eigenen Ansprüche handelt, ihn aber belasten, wenn es um die Geltendmachung von Ansprüchen des Arbeitgebers geht[975].

Die einzelvertragliche Bezugnahme auf einen Tarifvertrag erstreckt sich auch auf tarifliche Ausschlussfristen[976].

c) *Beginn der Ausschlussfrist*

Herkömmlicherweise knüpfen Ausschlussfristen entweder an die Fälligkeit **251** des Anspruchs oder die Beendigung des Arbeitsverhältnisses an[977].

Die Fälligkeit von Ansprüchen bestimmt sich grundsätzlich nach § 271 BGB. **252** Bei Schadensersatzansprüchen beginnt die Ausschlussfrist zu laufen, wenn der Schaden entstanden ist und der Geschädigte den Schaden annähernd beziffern

---

970 Vgl. dazu *Wank* in *Wiedemann*, § 4 Rn. 764.
971 Vgl. BAG v. 8.6.1983 – 5 AZR 632/80 –, AP Nr. 78 zu § 4 TVG Ausschlussfristen m. Anm. von *Gagel*.
972 BAG v. 8.6.1983 – 5 AZR 632/80 –, AP Nr. 78 zu § 4 TVG Ausschlussfristen.
973 Bejahend BAG v. 27.9.1967 – 4 AZR 438/66 –, AP Nr. 1 zu § 1 TVG Tarifverträge: Fernverkehr m. Anm. von *Crisolli*; a.A. *Kempen/Zachert*, § 4 Rn. 258.
974 Vgl. etwa BAG v. 19.11.1968 – 1 AZR 213/68 –, AP Nr. 40 zu § 4 TVG Ausschlussfristen.
975 So LAG Frankfurt v. 11.10.1979 – 11 Sa 253/79 –, AP Nr. 70 zu § 4 TVG Ausschlussfristen.
976 Vgl. BAG v. 5. 11.1963 – 5 AZR 136/63 –, AP Nr. 1 zu § 1 TVG Bezugnahme auf den Tarifvertrag; BAG v. 11.1.1995 – 10 AZR 5/94 –, ZTR 1995, 277.
977 Vgl *Schaub*, § 205 Rn. 17.

kann[978]. Das BAG verwendet hier einen eigenen Fälligkeitsbegriff im Sinne tariflicher Ausschlussfristen.[979] Voraussetzung für den Eintritt der Fälligkeit ist, dass der Gläubiger Kenntnis vom Schadensereignis hat oder zumindest die Möglichkeit hatte, sich den erforderlichen Überblick über den Schadensumfang ohne schuldhaftes Zögern zu verschaffen bzw. bei Beachtung der gebotenen Sorgfalt Kenntnis erlangt hätte[980]. Der Ablauf einer bei Fälligkeit beginnenden Ausschlussfrist führt nach § 242 BGB nicht zum Verfall des Rückzahlungsanspruchs, wenn der Arbeitnehmer es pflichtwidrig unterlassen hat, dem Arbeitgeber Umstände mitzuteilen, die die Geltendmachung des Rückzahlungsanspruchs innerhalb der Ausschlussfrist ermöglicht hätten. Zu einer solchen Mitteilung ist der Arbeitnehmer verpflichtet, wenn er bemerkt hat, dass er eine ungewöhnlich hohe Zahlung erhalten hat, deren Grund er nicht klären kann[981].

253   Bei Ansprüchen des Arbeitgebers wegen Schlechtleistung des Arbeitnehmers ist zu unterscheiden[982]: Bei offensichtlichen Mängeln tritt die Fälligkeit bereits im Augenblick der Schlechtleistung ein[983]. Andernfalls tritt die Fälligkeit mit Kenntniserlangung des Arbeitgebers ein[984].

254   Ist für den Beginn der Ausschlussfrist die Beendigung des Arbeitsverhältnisses maßgebend, so kommt es grundsätzlich nicht auf die tatsächliche, sondern rechtliche Beendigung des Arbeitsverhältnisses an. Bei einem Rechtsstreit über die Wirksamkeit einer Kündigung ist also der Zeitpunkt der Rechtskraft des Urteils entscheidend[985]. Ist der Anspruch in diesem Zeitpunkt aber noch nicht fällig, so beginnt die Frist erst mit der Fälligkeit des Anspruchs[986]. Eine tarifliche Ausschlussfrist für Ansprüche gegen den bisherigen Betriebsinhaber, die an das Ausscheiden aus dem Arbeitsverhältnis anknüpft, beginnt mit dem Zeitpunkt des Übergangs des Betriebs zu laufen[987].

---

978 BAG v. 16.3.1966 – 1 AZR 446/65 –, v. 8.1.1970 – 5 AZR 124/69 – u.v. 16.12.1971 – 1 AZR 335/71 –, AP Nr. 33, 43, 48 zu § 4 TVG Ausschlussfristen; BAG v. 22.9.1999 – 10 AZR 839/ 98 –, NZA 2000, 551.

979 Kritisch dazu ErfK/*Preis*, §§ 194-218 BGB Rn. 55.

980 Vgl. BAG v. 26.5.1981 – 3 AZR 269/78 und v. 16.5.1984 – 7 AZR 143/81 –, AP Nr. 71, 85 zu § 4 TVG Ausschlussfristen; BAG v. 14.9.1994 – 5 AZR 407/93 –, ZTR 1995, 224.

981 BAG v. 1.6.1995 – 6 AZR 912/94 –, NZA 1996, 135.

982 Vgl. *Schaub*, § 205 Rn. 20.

983 BAG v. 27.10.1970 – 1 AZR 216/70 –, AP Nr. 44 zu § 4 TVG Ausschlussfristen (offengelassen, was bei versteckten Mängeln gilt).

984 BAG v. 24.4.1974 – 5 AZR 480/73 – AP Nr. 4 zu § 611 BGB Akkordkolonne.

985 BAG v. 3.12.1970 – 5 AZR 68/70- AP, Nr. 45 zu § 4 TVG Ausschlussfristen.

986 BAG v. 18.1.1969 – 3 AZR 451/67 und v. 17.10.1974 – 3 AZR 4/74 –, AP Nr. 41, 55 zu § 4 TVG Ausschlussfristen. Zu diesem Ergebnis gelangte das BAG im Wege ergänzender Auslegung von Ausschlussklauseln, bei denen im Falle der Beendigung des Arbeitsverhältnisses alle Ansprüche beider Vertragsparteien binnen einer bestimmten Frist nach tatsächlicher Beendigung des Arbeitsverhältnisses geltend zu machen waren. Eine den Anwendungsbereich von Ausschlussfristen erweiternde ergänzende Tarifvertragsauslegung kommt nur dann in Betracht, wenn der Wille der Tarifvertragsparteien zur Schaffung einer abschließenden Regelung für die Tarifunterworfenen klar erkennbar ist. Näheres dazu in BAG v. 4.9.1991 – 5 AZR 647/90 –, DB 1992, 1095.

987 BAG v. 10.8.1994 – 10 AZR 937/93 –, DB 1995, 379 = BB 1995, 521.

Umstritten ist der Beginn einer Ausschlussfrist, wenn die Tarifbindung der **255**
Parteien eines Arbeitsverhältnisses erst nach Abschluss des Arbeitsvertrages
eintritt. Dann stellt sich zunächst die Frage, ob die bis zum Zeitpunkt der Tarif-
geltung entstandenen Ansprüche von der tariflichen Ausschlussklausel erfasst
werden[988]. Bei Geltung der Ausschlussfrist will das BAG vom Zeitpunkt der
Tarifbindung an eine **angemessene Nachfrist** setzen[989]. Nach einer anderen
Auffassung soll die Ausschlussfrist erst mit der Tarifbindung gemäß § 3 Abs. 1
TVG zu laufen beginnen[990].

Eine rückwirkende Geltung tariflicher Ausschlussfristen für rückwirkend **256**
entstandene tarifliche Ansprüche ist möglich, allerdings muss die Frist so
bemessen sein, dass der Gläubiger bei der Geltendmachung seiner Rechte nicht
unzumutbar beeinträchtigt wird[991].

Kenntnis oder **Unkenntnis** der Verfallfrist haben für den Lauf der Frist keine **257**
Bedeutung[992]. Ist die Ausschlussfrist in einem Tarifvertrag geregelt, der kraft
vertraglicher Bezugnahme auf das Arbeitverhältnis anwendbar ist, genügt der
Arbeitgeber seiner Nachweispflicht nach § 2 Abs. 1 NachwG mit einem schrift-
lichen Hinweis auf den Tarifvertrag nach § 2 Abs. 1 Nr. 10 NachwG. Eines
besonderen Hinweises auf die Ausschlussfrist bedarf es nur dann, wenn sich die
Ausschlussfrist allein aus einer einzelvertraglichen Vereinbarung ergibt.[993]
Auch die entgegen **§ 8 TVG** unterbliebene Auslegung des Tarifvertrages durch
den Arbeitgeber hindert den Lauf der Frist nicht[994]. Auch die Unkenntnis des
Prozessvertreters muss sich der Anspruchsinhaber zurechnen lassen[995].

d) *Geltendmachung des Anspruchs*

Geltendmachung bedeutet im Hinblick auf das Bestehen einer Ausschluss- **258**
frist das Erheben der Forderung durch den Gläubiger[996] sowohl dem Grunde als
auch der Höhe nach[997]. Eine annähernde Spezifizierung genügt[998]. Im Falle der

---

988 Der Grundsatz der Rechtsklarheit und -gewissheit erfordert, dass ein entsprechender Wille der
   Tarifvertragsparteien im Tarifvertrag klar und eindeutig seinen Ausdruck finden muss, vgl.
   BAG v. 27.11.1958 – 2 AZR 9/58 –, BAGE 7, 81, 84; v. 26.9.1990 – 5 AZR 218/90 –, RdA
   1991, 62.
989 BAG v. 24.4.1958 – 2 AZR 37/56 –, AP Nr. 1 zu § 16 JArbSchG Niedersachsen.
990 *Kempen/Zachert*, § 4 Rn. 274.
991 BAG v. 14.7.1965 – 4 AZR 358/64 –, AP Nr. 5 zu 1 TVG Tarifverträge: BAVAV.
992 BAG v. 16.11.1965 – 1 AZR 169/65 –, AP Nr. 30 zu § 4 TVG Ausschlussfristen.
993 BAG v. 17.4.2002 – 5 AZR 89/01 –, NZA 2002, 1096.
994 BAG v. 8.1.1970 – 5 AZR 124/69 –, AP Nr. 43 zu § 4 TVG Ausschlussfristen. A.A. *Fenski*,
   BB 1987, 2293.
995 BAG v. 16.8.1983 – 3 AZR 206/82 –, AP Nr. 131 zu 1 TVG Auslegung
996 Zu Möglichkeiten der Bevollmächtigung anderer Personen vgl. *Kempen/Zachert*, § 4 Rn. 280;
   BAG v. 5.4.1995 – 5 AZR 961/93 –, BB 1996, 62.
997 *Schaub*, § 205 Rn. 29.
998 BAG v. 8.1.1970 – 5 AZR 124/69 –, AP Nr. 43 zu § 4 TVG Ausschlussfristen.

Anspruchshäufung muss jeder einzelne Anspruch beziffert werden[999]. Eine Geltendmachung ist aber dann nicht erforderlich, wenn der Arbeitgeber in einer schriftlichen Lohnabrechnung die Lohnforderung ausweist und somit streitlos stellt[1000].

259   Nach ständiger Rechtsprechung des BAG ist jedenfalls für den Bereich der privaten Wirtschaft die Erhebung der **Kündigungsschutzklage** ein ausreichendes Mittel zur Geltendmachung der Ansprüche, die während des Kündigungsstreits fällig werden und von dessen Ausgang abhängen, sofern die einschlägige Verfallklausel nur eine formlose oder schriftliche Geltendmachung verlangt[1001]. Ist durch Erhebung der Kündigungsschutzklage die tarifliche Frist gewahrt, so müssen nach Rechtskraft des Urteils im Kündigungsschutzprozess die tariflichen Lohnansprüche nicht erneut innerhalb der tariflichen Ausschlussfrist geltend gemacht werden, wenn der Tarifvertrag das nicht ausdrücklich vorsieht[1002].

260   Anders ist die Rechtslage bei sog. **zweistufigen Ausschlussklauseln**[1003]. Diese sehen vor, dass Ansprüche aus dem Arbeitsverhältnis nach erfolgloser schriftlicher Geltendmachung innerhalb einer bestimmten Frist gerichtlich geltend gemacht werden müssen.

Beispiele[1004]:
„§ 16 Ausschlussfristen
Alle beiderseitigen Ansprüche aus dem Arbeitsverhältnis und solche, die mit dem Arbeitsverhältnis in Verbindung stehen, verfallen, wenn sie nicht innerhalb von 2 Monaten nach Fälligkeit gegenüber dem anderen Vertragspartei schriftlich erhoben werden.
Lehnt die Gegenpartei den Anspruch ab oder erklärt sie sich nicht innerhalb von 2 Wochen nach der Geltendmachung des Anspruchs, so verfällt dieser, wenn er nicht innerhalb von 2 Monaten nach der Ablehnung oder dem Fristablauf gerichtlich geltend gemacht wird."

---

999   BAG v. 30.5.1972 – 1 AZR 427/71 –, AP Nr. 50 zu § 4 TVG Ausschlussfristen.
1000 BAG v. 21.4.1993 – 5 AZR 399/92 –, DB 1993, 1930.
1001 BAG v. 16.6.1976 – 5 AZR 224/75 und v. 26.3.1977 – 5 AZR 51/76 –, AP Nr. 56, 59 zu § 4 TVG Ausschlussfristen; BAG v. 9.8.1990 – 2 AZR 579/89 –, NZA 1991, 226.
1002 BAG v. 9.8.1990 – 2 AZR 579/89 –, NZA 1991, 226, 227 f. In der Entscheidung v. 16.6.1976 – 5 AZR 224/75 –, AP Nr. 56 zu § 4 TVG Ausschlussfristen hatte der 5. Senat die Frage offen gelassen, ob der Arbeitnehmer nach dem erfolgreichen Ende des Kündigungsschutzverfahrens gehalten ist, seine Zahlungsansprüche zur Vermeidung des Verfalls nochmals geltend zu machen. Der 2. Senat verneinte die Frage , weil sich die Höhe der durch die Kündigung bedrohten Lohnansprüche aus dem Inhalt des Arbeitsverhältnisses ergab. Eine Angabe zur Forderungshöhe war deshalb entbehrlich, weil der beklagte Arbeitgeber diese ohnehin kannte. Eine nochmalige Geltendmachung wäre von einer ausdrücklichen tariflichen Regelung abhängig.
1003 Eingehend dazu *Kempen/Zachert*, § 4 Rn. 285.
1004 Rahmentarifvertrag für die gewerblichen Arbeitnehmer im Steinmetz- und Steinbildhauerhandwerk vom 24. Mai 2000.

Denkbar ist eine Erweiterung auf Ansprüche während eines Prozesses[1005]:

„§ 6 Ausschlussfristen
1. Alle Ansprüche aus dem Arbeitsverhältnis – mit Ausnahme von übergegangenen Schadensersatzansprüchen bei Gehaltsfortzahlung im Krankheitsfall – sind innerhalb von drei Monaten nach ihrer Fälligkeit schriftlich geltend zu machen.
2. Der Anspruch verfällt nach schriftlich erfolgter Ablehnung innerhalb von weiteren drei Monaten, sofern der Anspruch nicht innerhalb dieser drei Monate gerichtlich geltend gemacht wurde.
3. Ansprüche, die während eines Rechtsstreits fällig werden und von seinem Ausgang abhängen, sind innerhalb von drei Monaten nach rechtskräftiger Beendigung des Rechtsstreits geltend zu machen. Abs. 2 gilt entsprechend.“

Für den **Beginn** der Frist ist regelmäßig die Entstehung des Anspruchs ausschlaggebend. Die Rechtsprechung des BAG ist bei Fällen der Drittschädigung durch den Arbeitnehmer immer davon ausgegangen, dass die Frist zur Geltendmachung erst dann beginnt, wenn der Dritte bei dem Arbeitgeber Anspruch auf Schadensersatz geltend macht. Hiervon macht das BAG aber dann eine Ausnahme, wenn der Arbeitgeber schon vorab im Hinblick auf den Schaden des Dritten Ansprüche gegen den Arbeitnehmer geltend gemacht hat. Dann beginnt die zweite Stufe der Ausschlussfrist in diesem Zeitpunkt zu laufen[1006]. Nach ständiger Rechtsprechung des BAG ist in diesen Fällen die gerichtliche Geltendmachung von Lohnansprüchen nur durch die Erhebung einer fristgerechten Zahlungsklage möglich[1007]. Wird bei einer zweistufigen Verfallfrist Klage erhoben, diese Klage aber zurückgenommen, so entfällt die fristwahrende Wirkung[1008]. Wird nach Klagerücknahme innerhalb von 6 Monaten erneut Klage erhoben, ist die Verfallfrist aber bereits abgelaufen, so stellt sich die Frage, ob § 212 Abs. 2 BGB a. F. entsprechende Anwendung finden kann[1009]. Das BAG lehnte eine entsprechende Anwendung des § 212 Abs. 2 BGB a. F. auf zweistufige tarifliche Ausschlussfristen ab[1010]. Das BAG verneint eine entsprechende Anwendung, weil eine tarifliche Verfallfrist der Verjährungsfrist nicht gleichgesetzt werden könne. Während nach Ablauf der Verfallfrist die Forderung erlösche, bestehe nach Ablauf der Verjährungsfrist die Forderung weiter. Vor allem aber stehe einer Gleichbehandlung von Verfallfrist und Verjährungsfrist die tarifpolitische und tarifrechtliche Situation entgegen. Wenn die Tarifvertragsparteien anstelle

1005 Manteltarifvertrages Lokalfunk Nordrhein-Westfalen (1. Januar 1997).
1006 BAG v. 16.3.1995 – 8 AZR 58/92 –, BB 1995, 1990 = NZA 1995, 1213.
1007 Vgl. BAG 4.5.1977 – 5 AZR 187/76 –, BAGE 29, 152; v. 22.2.1978 – 5 AZR 805/76 –, BAGE 30, 135; v. 13.9.1984 – 6 AZR 379/81 –, BAGE 46, 359.
1008 BAG v. 24.5.1973 – 5 AZR 21/73 –, AP Nr. 52 zu § 4 TVG Ausschlussfristen.
1009 Vgl. BAG v. 24.5.1973 – 5 AZR 21/73 –, AP Nr. 52 zu § 4 TVG Ausschlussfristen.
1010 BAG v. 11.7.1990 – 5 AZR 609/89 –, NZA 1991, 70.

der – möglichen – Verkürzung der Verjährungsfristen Ausschlussfristen vorzie-
hen, so tun sie dies, weil sie diese auf einen festen Zeitraum beschränken wollen. Würde man eine erneute Klageerhebung nach Ablauf der Ausschlussfrist
zulassen, so würde die Ausschlussfrist durch eine einseitige Maßnahme einer
Partei verlängert. Die Festlegung einer kürzeren „Nachfrist" durch die Zulassung einer erneuten Klage binnen 6 Monaten würde demnach in das Regelungs-
ermessen der Tarifvertragsparteien eingreifen[1011]. Durch die Neugestaltung der
Verjährungsvorschriften hat sich an der bisherigen Rechtslage nichts geändert.[1012]

e) *Einrede der Arglist*

261   Trotz des Ablaufs der Verfallfrist kann es dem Schuldner verwehrt sein, sich
darauf zu berufen, weil dies gegen den Grundsatz von Treu und Glauben (§ 242
BGB) verstoßen würde. Dies wird allerdings nur in ganz engen Ausnahmefällen
anzunehmen sein. Grundsätzlich führt der Ablauf der Frist zum Erlöschen des
Anspruchs. Ausnahmesituationen, die das Gegenteil rechtfertigen, sind etwa
gegeben, wenn der Schuldner beim Gläubiger den Eindruck erweckt, er werde
die Forderung noch erfüllen oder wenn er sonst den Gläubiger davon abgehalten
hat, den Anspruch innerhalb der Verfallfrist geltend zu machen[1013].

1011 BAG v. 11.7.1990 – 5 AZR 609/89 –, NZA 1991, 70, 71.
1012 ErfK/*Preis,* §§ 194-218 BGB Rn. 60.
1013 Zu weiteren Einzelheiten und zu Rspr.-Beispielen s. *Kempen/Zachert,* § 4 Rn. 286; *Schaub,*
      § 205 Rn. 41.

VIII.   Internationales Tarifvertragsrecht[1014]

1. *Fehlen einer gesetzlichen Regelung*

Während für das Individual-Arbeitsrecht eine gesetzliche Kollisionsnorm   **262**
existiert (**Art. 30 EGBGB**), fehlt für das Tarifvertragsrecht eine entsprechende
Norm. Für Tarifverträge gilt Art. 30 EGBGB nicht[1015]. Der kollisionsrechtliche
Rahmen für den Abschluss von Tarifverträgen ist deshalb noch nicht abschließend geklärt[1016]. Umstritten ist, wie das **Tarifvertragsstatut** zu bestimmen
ist[1017], nach welchem Recht sich die Tariffähigkeit[1018] und die Tarifgebundenheit[1019] richtet. *Birk* befürwortet eine allseitige Kollisionsnorm zur Bestimmung
des allgemeinen Tarifvertragsstatuts, die er aus einer Auslegung des TVG ablei-
tet[1020]. Maßgeblich ist danach für einen grenzüberschreitenden Tarifvertrag das
Recht des Staates, in dem der Tarifvertrag seinen Regelungsschwerpunkt hat
bzw. haben soll, wobei hierzu insbesondere auf die vom Tarifvertrag erfassten
Arbeitsverhältnisse abgestellt werden soll[1021].

2. *Internationaler Geltungsbereich von Tarifverträgen*

a) *Geltung deutscher Tarifverträge für Auslandsbeschäftigungen*

Ob ein deutscher Tarifvertrag auch Auslandsbeschäftigungen erfassen kann,   **263**
wird allgemein bejaht. Es wird davon ausgegangen, dass die Tarifautonomie

---

1014 Vgl. dazu *Hergenröder*, Internationales Tarifvertragsrecht, AR-Blattei SD, Tarifvertrag XV.
1015 vgl. MünchKomm/*Martiny*, Art. 30, Rn. 83.
1016 Zu den grundlegenden Fragestellungen vgl. *Birk*, FS *Beitzke*, S. 835 ff.; *Friedrich*, RdA 1980,
      109 ff.
1017 Zu einigen Hinweisen vgl. *Ebenroth/Fischer/Sorek*, ZVglRWiss 1989, 145.
1018 Einige Autoren vertreten die Auffassung, dass sich die Tariffähigkeit nach dem Tarifvertrags-
      statut richte, vgl. *Birk*, RdA 1984, 136; *Hauschka/Henssler*, NZA 1988, 600. Nach anderer
      Meinung soll es auf das Heimatrecht des tarifschließenden Verbandes ankommen, vgl.
      MünchKomm/*Martiny* Art. 30, Rn. 83 b; *Gamillscheg*, Internationales Arbeitsrecht, 1959,
      S. 360 (die Tariffähigkeit eines einzelnen Arbeitgebers soll sich nach dem Recht des Be-
      triebssitzes richten).
1019 Die Tarifgebundenheit gemäß § 3 TVG unterliegt deutschem Recht, wenn der Regelungs-
      schwerpunkt des Tarifvertrages in der Bundesrepublik Deutschland liegt und grenzüber-
      schreitende Sachverhalte nur mitgeregelt werden, MünchKomm/*Martiny*, Art. 30, Rn. 83 c;
      Birk FS Beitzke, S. 860; *Friedrich*, RdA 1980, 115.
1020 MünchArbR/*Birk*, § 21 Rn. 20 ff.
1021 MünchArbR/*Birk*, § 21 Rn. 24.

nicht territorial beschränkt ist[1022]. Dieser Auffassung liegt das Verständnis von Tarifverträgen als dem Privatrecht zugehörigen Vertragswerken zugrunde[1023]. Der Anwendung deutscher Tarifverträge im Ausland steht demnach nicht nur bei vorübergehender Beschäftigung, sondern auch dann, wenn die Arbeit ausschließlich im Ausland stattfindet, nichts im Wege[1024].

264 Umstritten ist, ob die extraterritoriale Geltung der Tarifverträge davon abhängig ist, dass auch der Arbeitsvertrag des betroffenen Arbeitnehmers deutschem Recht unterliegt, ob also Arbeitsvertrags- und Tarifvertragsstatut übereinstimmen müssen. Die h. M. bejaht dies[1025]. Mit Recht wird aber an dieser Auffassung kritisiert, dass sie die Gefahr eines Unterlaufens des Tarifvertrages berge[1026].

265 Eine andere Frage ist es aber, ob das Recht des Beschäftigungslandes die normative Wirkung eines deutschen Tarifvertrages anerkennt[1027]. Fehlt es an einer solchen Anerkennung, dann kann eine Gewerkschaft von einem Arbeitgeberverband, mit dem der Tarifvertrag abgeschlossen wurde, nicht verlangen, dass die Bestimmungen des Tarifvertrages angewendet werden[1028]. Es kann aber eine Verpflichtung des Arbeitgebers bestehen, auf ein rechtlich selbstständiges, nach ausländischem Recht gegründetes, Tochterunternehmen einzuwirken, wenn die rechtliche Verselbstständigung nur aus Gründen des internationalen Rechts erfolgt ist und das Tochterunternehmen tatsächlich wie eine unselbstständige Unternehmensabteilung beherrscht wird[1029].

266 Ohne ausdrückliche tarifvertragliche Regelung gelten deutsche Tarifverträge auch bei Auslandsbeschäftigungen, wenn die Auslandtätigkeit nur vorübergehender Natur ist[1030]. Wann eine solche vorübergehende Tätigkeit vorliegt, ist bislang nicht abschließend geklärt[1031]. Eine besondere Problematik ergibt sich im Hinblick auf die Beschäftigung so genannter Ortskräfte. Wenn deutsche Unternehmen oder auch die Bundesrepublik Deutschland (insbesondere der Diplomatische Dienst) im Ausland Arbeitnehmer beschäftigen, handelt es sich

---

1022 Vgl. *Friedrich*, RdA 1980, 112; *Birk*, NJW 1978, 1831; *Kempen/Zachert*, § 4 Rn. 60; *Hergenröder*, Der Arbeitskampf mit Auslandsberührung, 1987, S. 211.

1023 vgl. BAG v. 11.9. 1991 – 4 AZR 71/91 –, ZTR 1992, 23, 24: „Tarifverträge werden dem Privatrecht zugeordnet; dann gilt aber auch für sie der Grundsatz, dass die Tarifvertragsparteien das Rechtsstatut bestimmen können".

1024 Zu TVen, die speziell für Auslandstätigkeiten abgeschlossen werden vgl. *Friedrich*, RdA 1980, 109.

1025 Vgl. Nachweise bei *Walz*, Fn. 16; *Wiedemann* § 1 Rn. 77.

1026 *Walz*, S. 148; *Birk*, VSSR 1977, 22.

1027 Vgl. dazu *Kempen/Zachert*, § 4 Rn. 60 ff.

1028 BAG v. 11.9.91 – 4 AZR 71/91 –, ZTR 1992, 23. Die Entscheidung betrifft einen zwischen der Gewerkschaft Erziehung und Wissenschaft und dem Goethe-Institut abgeschlossenen Tarifvertrag über Arbeitsverhältnisse in Mexiko.

1029 BAG v. 11.9.91 – 4 AZR 71/91 –, ZTR 1992, 23, 25.

1030 Dies entspricht dem – ursprünglich im Sozialversicherungsrecht entwickelten – Gedanken der Ausstrahlung. Zur Brauchbarkeit dieses Arguments im Arbeitsrecht vgl. *Gamillscheg*, Internationales Arbeitsrecht, S. 180 ff.; *Simitis*, FS Kegel, 1977, S. 169.

1031 Vgl. *Kempen/Zachert*, § 4 Rn. 66 ff.

dabei häufig um vor Ort angestelltes ausländisches Personal (**sog. Ortskräfte**), für das grundsätzlich das Arbeits- und Sozialversicherungsrecht des Beschäftigungslandes gilt. Deutsche Tarifverträge, die die Beschäftigung von Arbeitnehmern im Ausland regeln, nehmen meist die Ortskräfte von der Anwendung des Tarifvertrags aus[1032]. Die tarifvertragliche Differenzierung zwischen entsandten deutschen Arbeitnehmern im Ausland und den Ortskräften kann jedoch im Hinblick auf das Diskriminierungsverbot des Art. 39 Abs. 2 EGV unzulässig sein, wenn es sich bei der Ortskraft um einen Angehörigen eines EU-Mitgliedstaates handelt. Der EuGH bejaht die Geltung der Vorschriften über die Arbeitnehmerfreizügigkeit auch bei Beschäftigungsorten außerhalb des Gemeinschaftsgebietes, sofern das Arbeitsverhältnis einen räumlichen Bezug zum Gebiet der Gemeinschaft oder doch eine hinreichende Verbindung mit diesem Gebiet aufweist[1033].

b) *Geltung deutscher Tarifverträge bei Inlandsbeschäftigung von Ausländern nach ausländischem Recht*

Wenn ausländische Arbeitnehmer nach ausländischem Arbeitsrecht in der **267** Bundesrepublik tätig werden, gilt dann für sie ein allgemein verbindlich erklärter Tarifvertrag? Dies war Gegenstand einer Entscheidung des BAG aus dem Jahre 1977[1034]. Das BAG weist auf die privatrechtliche Natur von Tarifverträgen hin, die sich durch die Allgemeinverbindlicherklärung nicht ändere. Da im konkreten Falle durch zulässige Rechtswahl des jugoslawischen Rechts die deutschen arbeitsrechtlichen Normen ausgeschlossen worden seien, gelte dies auch für die Tarifnormen. Ein Verstoß gegen den **ordre public** (Art. 30 EGBGB a. F.) läge nicht vor. Ob die Neufassung der Art. 30, 34 EGBGB dieser Auffassung des BAG im Wege steht, ist sehr umstritten[1035]. Da es sich aber bei BAG AP Nr. 30 zu § 1 TVG Tarifverträge: Bau um einen Fall der Entsendung gehandelt hat, wäre wohl auch nach jetzigem Recht (Art 30 Abs. 2 EGBGB!) nicht anders zu entscheiden[1036]. Soweit der Geltungsbereich des AEntG betroffen ist, sind auch Arbeitgeber mit Sitz im Ausland an allgemeinverbindlich erklärte Tarifverträge hinsichtlich ihrer in die Bundesrepublik entsandten Arbeitnehmer gebunden

---

1032 Vgl. zu einer solchen Fallgestaltung BAG vom 23.6.1994 – 6 AZR 771/93 –, SAE 1995, 144 mit Anmerkung *Fuchs*.

1033 Dies entspricht – seit dem Urteil des EuGH vom 12.12.1974 – Rs 36/74 (*Walrave*), Slg. 1974, 1405 der ständigen Rechtsprechung des EuGH. Vgl. zu dieser Rechtsprechung *Fuchs/Marhold*, S. 33 f.

1034 BAG vom 4.5.1977 – 4 AZR 10/76 –, AP Nr. 30 zu § 1 TVG Tarifverträge: Bau.

1035 Vgl. dazu mit umfassenden Schrifttumsnachweisen *Hergenröder*, AR-Blattei SD Rn. 77; *Kempen/Zachert*, § 4 Rn. 73 f.

1036 Ebenso *Hickl*, NZA Beil. 1/1987, S. 15.

(§ 1 AEntG)[1037]. Ausländische Arbeitgeber müssen die in § 1 AEntG genannten Mindestarbeitsbedingungen erfüllen[1038].

c) Geltung ausländischer Tarifverträge im Inland

268   Wenn deutsche Tarifverträge Geltung für Auslandstätigkeiten beanspruchen können, so ist es selbstverständlich, dass auch ausländische Tarifverträge auf Inlandstätigkeiten Anwendung finden können[1039]. Wie im umgekehrten Fall wird auch hier von der h.M. verlangt, dass dies nur gilt, sofern die Inlandsbeschäftigung ausländischem Arbeitsstatut unterliegt[1040]. Stets gilt aber, dass dabei Art. 30 Abs. 1 EGBGB beachtet werden muss[1041].

3. Tarifvertragliche Rechtswahlvereinbarung

269   Seit langem ist anerkannt und im deutschen internationalen Privatrecht jetzt auch gesetzlich geregelt, dass die Arbeitsvertragsparteien das für das Arbeitsverhältnis geltende Recht privatautonom bestimmen können (Art. 30 EGBGB). Nicht abschließend geklärt ist bislang, ob eine solche Rechtswahlvereinbarung auch in einem Tarifvertrag getroffen werden kann. Die Frage wird überwiegend bejaht[1042]. Begründet wird dies mit Sinn und Zweck von Tarifverträgen. Die Herstellung eines Verhandlungsgleichgewichts könne sich auch auf die Bestimmung des anwendbaren Rechts beziehen, insoweit handele es sich auch dabei um von den Tarifvertragsparteien regelbare Arbeitsbedingungen i.S.d. Art. 9 Abs. 3 GG[1043].

270   Sehr umstritten ist, wie tarifvertragliche Rechtswahlvereinbarungen zu **qualifizieren** sind. *Birk*[1044] sieht darin Abschlussnormen, *Heilmann*[1045] betrachtet sie als Inhaltsnormen i.S.d. § 1 Abs. 1 TVG, sodass die Rechtswahlvereinbarung Wirkung nur unter beiderseits Tarifgebundenen entfaltet. Demgegenüber will *Däubler*[1046] sie als Betriebsnormen ansehen, sodass für ihre Geltung allein die Tarifbindung des Arbeitgebers ausreichend ist (§ 3 Abs. 2 TVG).

1037 Vgl. zu den Einzelheiten *Koberski/Asshoff/Hold*, Arbeitnehmer-Entsendegesetz, 2. Aufl. 2002.
1038 Zur Vereinbarkeit des AEntG mit dem europäischen Recht der Dienstleistungsfreiheit s. EuGH v. 25.10.2001 – Rs C-49/98 u.a. (Finalarte), SAE 2002, 77 m. Anm. *Fuchs*.
1039 Vgl. *Kempen/Zachert*, § 4 Rn. 73; *Gamillscheg*, Internationales Arbeitsrecht, S. 362.
1040 Vgl. *Schaub*, § 198 Rn. 65.
1041 *Kempen/Zachert*, § 4 Rn. 74.
1042 Vgl. *Birk*, FS Beitzke, S. 849; *Däubler*, NZA 1990, 674 f.; *Heilmann*, Das Arbeitsvertragsstatut, 1991, S. 46 ff.; a.A. *Schaub*, § 198 Rn. 57; MünchArbR /*Birk*, § 21 Rn. 28 ff.
1043 *Däubler*, NZA 1990, S. 674 f.; *Heilmann*, S.47.
1044 *Birk*, FS Beitzke, S. 849.
1045 *Heilmann*, Das Arbeitsvertragsstatut, S. 49 f.
1046 *Däubler*, NZA 1990, 675.

4. *Internationale (supranationale) Tarifverträge*

Bislang sind kaum internationale Tarifverträge in dem Sinne abgeschlossen **271** worden, dass Tarifpartner unterschiedlicher Nationalität sich als Vertragspartner gegenübergestanden hätten. Vor allem in den sechziger Jahren hat es eine lebhafte Diskussion über die rechtliche Möglichkeit eines Europäischen Tarifvertrages gegeben[1047]. In der Bundesrepublik wird bei den Tarifpartnern die Notwendigkeit zum Abschluss internationaler Tarifverträge zurückhaltend bis ablehnend beantwortet[1048]. Jenseits der ökonomischen und verbandspolitischen Standpunkte ist die Realisierung eines supranationalen Tarifvertrages erheblichen rechtlichen Schwierigkeiten ausgesetzt. Das hängt vor allem mit den großen Unterschieden in der rechtlichen Ausgestaltung des Tarifvertragswesens in den einzelnen Staaten zusammen[1049]. Um diese Schwierigkeiten zu überwinden, wäre wohl die Schaffung eines europäischen Tarifvertragsrechts unverzichtbare Voraussetzung[1050].

1047 Ausführliche Schrifttumsnachweise bei *Wiedemann*, § 1 Rn. 96; s. auch *Fuchs/Marhold*, S. 157.
1048 Zu einschlägigen Äußerungen vgl. Nachweise bei *Stiller*, ZIAS 1991, S. 203 f.
1049 Vgl. dazu Kommission der EG, Tarifvertragsrecht.
1050 Ebenso *Stiller*, ZIAS 1991, S. 219 ff. – eingehend dort auch zu den Rechtsgrundlagen für die Schaffung eines solchen Tarifrechts; *Lohmann*, Grenzüberschreitende Firmentarifverträge, insbes. S. 50 ff. und S. 116 ff.; *Kempen*, KritV 1994, 13 ff.; ferner *Kowanz*, Europäische Kollektivvertragsordnung, 1999.

IX. Tarifvertragsrecht im Beitrittsgebiet

Seit dem 1. Juli 1990 gilt auch im Gebiet der ehemaligen DDR das TVG. In **272** den Bestimmungen des Vertrages über die Schaffung einer Währungs-, Wirtschafts- und Sozialunion zwischen der BRD und der DDR vom 18. Mai 1990 (Staatsvertrag) wurde in Art. 17 die Geltung des bundesrepublikanischen kollektiven Arbeitsrechts vereinbart. Gemäß Anl. II Abschn. IV des Staatsvertrages war die DDR verpflichtet, das TVG zu übernehmen. Dem wurde durch § 31 des Gesetzes über die Inkraftsetzung von Vorschriften der Bundesrepublik Deutschland in der DDR vom 21. Juni 1990 (GBl. I S. 357) entsprochen.

Mit der Inkraftsetzung des TVG zum 1.7.1990 sind die Vorschriften des **273** AGB-DDR über **Rahmenkollektivverträge** außer Kraft getreten (GBl. I S. 371)[1051]. Da mit dem In-Kraft-Treten des TVG im Beitrittsgebiet zum 1.7.1990 nicht sofort neue Tarifverträge in allen Bereichen abgeschlossen werden konnten, war die Frage zu regeln, inwieweit Rahmenkollektivverträge nach früherem DDR-Recht fortgelten sollten. Die Regelung hierzu findet sich in Anl. I Kap. VIII Sachgebiet A Abschn. III Nr. 14 zum Einigungsvertrag (EVertr)[1052].

Nicht selten sind Arbeitnehmer aus dem Beitrittsgebiet vorübergehend oder **274** auf Dauer im Gebiet eines alten Bundeslandes beschäftigt, wo regelmäßig günstigere tarifliche Bedingungen bestehen. Zu der Frage, welcher Tarifvertrag Anwendung findet, werden in der Literatur unterschiedliche Lösungsansätze vertreten.[1053] Zum Teil kann das Problem gelöst werden, wenn tarifvertragliche Kollisionsnormen existieren[1054]. Das BAG[1055] hat auf ein Arbeitsverhältnis, das im Jahre 1986 mit der Deutschen Post der früheren DDR begründet worden war, trotz entgegenstehender Regelung im TVAng-Ost den TVAng-Bundespost als anwendbar erklärt, nachdem die Postbehörde, in der die Klägerin arbeitete, durch den Einigungsvertrag auf die Deutsche Bundespost überführt worden war. Nur deshalb den TVAng-Ost anzuwenden, weil das Arbeitsverhältnis im Beitrittsgebiet begründet worden war, wäre ein Verstoß gegen den allgemeinen Gleichheitssatz des Artikels 3 Abs. 1 GG, wenn die Arbeit auf Dauer im räumlichen Geltungsbereich des TVAng-West verrichtet wird.

Der räumliche Geltungsbereich eines Ost-Tarifvertrages ist dann gegeben, wenn das Arbeitsverhältnis im Beitrittsgebiet begründet ist. Nach Auffassung des

---

1051 Vgl. dazu *Merz-Gintschel*, BB 1991, 1479 ff.; *Höland*, AuA 1996, 84 ff.
1052 Zu den Einzelheiten, insbesondere zu der Rspr. des BAG im Hinblick auf die Registrierungspflicht eingehend *Fuchs* in *Weiss/Gagel*, Handbuch des Arbeits- und Sozialrechts, § 29 Rn. 273.
1053 Vgl. *Schaub*, § 203 Rn. 21 ff mit zahlreichen Schrifttumsnachweisen.
1054 Vgl. etwa BAG v. 10.11.1993 – 4 AZR 316/93 –, NZA 1994, 622 (zu § 5 Nr. 6 BRTV-Bau in der Fassung vom 19.5.1992).
1055 BAG v. 30.7.1992 – 6 AZR 12/92 –, ZTR 1992, 510.

BAG ist diese Voraussetzung immer dann erfüllt, wenn das Arbeitsverhältnis einen Bezug zum Beitrittsgebiet aufweist, der gegenwärtig noch besteht[1056]. Wurde ein Angestellter für eine Tätigkeit im Beitrittsgebiet eingestellt und wird er auf unbestimmte Zeit dort beschäftigt, so ist dieser Bezug gegeben. Auf Ort und Zeitpunkt des Arbeitsvertragsschlusses, den Wohnort des Angestellten und darauf, ob die Beschäftigungsdienststelle ihren Sitz im Beitrittsgebiet hat, kommt es nicht an. Wird dagegen ein tarifgebundener Angestellter, dessen Arbeitsverhältnis im Beitrittsgebiet begründet ist, vorübergehend im räumlichen Geltungsbereich des BAT beschäftigt, findet dieser Tarifvertrag auf das Arbeitsverhältnis solange Anwendung, bis der Angestellte wieder auf einen Arbeitsplatz im Beitrittsgebiet zurückkehrt. Dies gilt jedenfalls dann, wenn der Endzeitpunkt der Entsendung in den Geltungsbereich des BAT nicht bestimmt ist. Die Auslegung des BAT-O nach Sinn und Zweck ergibt, dass er für diesen Fall die Geltung des BAT nicht einschränkt[1057]. Gewährt der Arbeitgeber aber dem Angestellten nach dessen Rückkehr in das Beitrittsgebiet weiterhin Leistungen nach BAT, so muss er andere Angestellte auf vergleichbaren Arbeitsplätzen gleichbehandeln. Die Tatsache, dass diese Angestellten nicht im Geltungsbereich des BAT beschäftigt waren, ist kein sachlicher Differenzierungsgrund[1058]. Bestimmt ein Firmentarifvertrag die Anwendung des BAT, so gilt der BAT auch für Arbeitnehmer, die in Betriebsstätten des Arbeitgebers im Beitrittsgebiet beschäftigt werden.[1059] Soll auf die Arbeitsverhältnisse dieser Arbeitnehmer künftig statt des BAT der BAT-O Anwendung finden, müssen die Tarifvertragsparteien dies vereinbaren. Eine dahin ergänzende Auslegung des Firmentarifvertrags ist nicht möglich.

1056 BAG v. 24.2.1994 – 6 AZR 588/93 –, ZTR 1994, 461; BAG v. 23.2.1995 – 6 AZR 329/94 –, NZA 1996, 109.
1057 BAG v. 6.10.1994 – 6 AZR 324/94 –, BB 1995, 565; BAG v. 1.6.1995 – 6 AZR 922/94 –, NZA 1996, 322; BAG v. 23.2.1995 – 6 AZR 667/94 –, NZA 1996, 384.
1058 BAG vom 26.10.1995 – 6 AZR 125/95 –, BB 1996, 1014.
1059 BAG v. 9.12.1999 – 6 AZR 299/98 –, NZA 2002, 1167.

X. Die Zukunft des Tarifvertrags

1. *Flexibilisierung des Tarifvertragsrechts*

Seit dem In-Kraft-Treten des TVG im Jahre 1949 hat sich der Normenbe- **275** stand des TVG kaum geändert[1060]. Das ist für ein arbeitsrechtliches Gesetz ein ungewöhnliches Faktum. Von den Änderungen politischer Mehrheiten ist das Gesetz nicht betroffen gewesen. Daraus ergibt sich die hohe Akzeptanz des Gesetzes. Dennoch sind seit geraumer Zeit Änderungswünsche formuliert worden. Sie sind meist Teil jener Forderungen nach einer Neuorientierung des Arbeitsrechts, die unter dem Stichwort der Flexibilisierung des Arbeitsrechts zusammengefasst werden können[1061]. In diesem Zusammenhang ist viel von der Krise des Flächentarifvertrags die Rede, der wegen seiner Starrheit den Anforderungen der Wirtschaft, die von neuen Produktionsmethoden und dem aufgrund zunehmender Globalisierung erzeugten Wettbewerbsdruck geprägt sind, nicht mehr gerecht werden könne[1062].

Vor diesem Hintergrund sind seit langem Reformvorschläge punktueller, aber auch umfassender Natur unterbreitet worden. Es sollen hier nur zwei Diskussionsstränge herausgegriffen werden. Zahlreiche Autoren sprechen sich für eine stärkere Verlagerung der Regelungskompetenz weg von der Ebene der Tarifvertragsparteien hin zur Ebene der Betriebspartner (Arbeitgeber/Betriebsrat) aus. Schon in den 80-er Jahren des letzten Jahrhunderts wurde die mangelnde Flexibilität des Flächen- oder Verbandstarifvertrages kritisiert. Statt starrer überbetrieblicher Regelungen der jeweiligen Branche seien maßgeschneiderte Lösungen für den Einzelbetrieb gefragt[1063]. Da solchen Vorstellungen die Regelung des § 77 Abs. 3 BetrVG im Wege steht, wird die Aufhebung des in dieser Vorschrift enthaltenen Tarifvorrangs gefordert[1064]. Das Thema ist ausführlich im Rahmen des 61. Deutschen Juristentags behandelt worden[1065]. *Richardi* hat überzeugend dargelegt, dass mit der Streichung des in § 77 Abs. 3 BetrVG ver-

---

1060 Zu den wenigen Änderungen s. *Kempen/Zachert,* Grundlagen Rn. 47.
1061 Vgl. aus den Anfängen der Flexibilisierungsdiskussion in Deutschland *Birk,* ZIAS 1987, 221 ff.; *Zöllner,* ZfA 1988, 265 ff. Zuletzt etwa *Reichold,* RdA 2002, 321 ff. Speziell zur Flexibilisierung des kollektiven Arbeitsrechts s. *Riester,* Deregulierung und Flexibilisierung im kollektiven Arbeitsrecht, 1995.
1062 Vgl. zu dieser Thematik etwa *Zachert,* RdA 1996, 140 ff.
1063 Vgl. von *Hoyningen-Huene,* ZfA 1988, 293.
1064 Vgl. statt vieler *Reuter,* RdA 1991, 199 ff., der eine generelle „Betriebsvereinbarungsdispositivität" des Tarifvertrags fordert.
1065 Vgl. hierzu *Richardi,* Empfiehlt es sich, die Regelungsbefugnisse der Tarifparteien im Verhältnis zu den Betriebsparteien neu zu ordnen? Gutachten B für den 61. Deutschen Juristentag, 1996, insbesondere B 24 ff.

ankerten Tarifvorrangs eine Vorkehrung zur Sicherung der durch Art. 9 Abs. 3 GG verfassungsrechtlich gewährleisteten Funktionsfähigkeit des Tarifvertrags entfiele[1066]. Die Forderung nach einer Neuordnung der Regelungsbefugnisse im Verhältnis der Tarifvertragsparteien und der Betriebsparteien ist vom Deutschen Juristentag mit großer Mehrheit abgelehnt worden[1067].

Ein zweiter rechtspolitischer Reformvorstoß sieht als wesentlichen Aspekt der Flexibilisierung die stärkere Betonung der Selbstbestimmung der Arbeitnehmer im Betrieb[1068]. Die Privatautonomie im Arbeitsvertragsrecht soll aufgewertet werden. Gegenüber kollektiven Festlegungen der Arbeitsbedingungen solle die individualvertragliche Vereinbarung stärkeres Gewicht bekommen[1069]. Die Forderung lässt sich auch mit einer Re-Individualisierung des Tarifvertragsrechts beschreiben[1070]. Eine eingehende und umfassende Darstellung dieser Sichtweise hat zuletzt *Picker* geleistet[1071]. Danach sei das Ziel anzustreben, „die Tutel des Staates und namentlich die mit eigener Autonomie ausstaffierten Verbände wieder zurückzudrängen zu Gunsten der individuellen Autonomie des Arbeitnehmers"[1072]. Deshalb liegt ein wesentlicher Akzent auf der Privatautonomie als dem Bezugspunkt und Schutzgut der Tarifautonomie[1073].

Die Forderung nach einem stärkeren Gewicht privatautonomer Entscheidungsbefugnis des Arbeitnehmers wird in besonderer Weise am Günstigkeitsprinzip (§ 4 Abs. 3 TVG) festgemacht. Die Kritik am gegenwärtigen Rechtszustand entzündet sich namentlich an der Auffassung des BAG, als Kriterium zur Beurteilung der Günstigkeit den Sachgruppenvergleich zugrunde zu legen[1074]. Gefordert wird eine „Versubjektivierung des Günstigkeitsprinzips"[1075]. Der Arbeitnehmer soll selbst entscheiden können, was für ihn günstiger ist[1076]. Die Kritik an der herrschenden Auslegung des Günstigkeitsprinzips wird auch von Seiten der Ökonomie vorgetragen, die eine Lockerung und ökonomisch sinnvolle juristische Neuinterpretation des Günstigkeitsprinzips verlangt[1077].

1066 Vgl. *Richardi,* Gutachten B 43 ff. mit zahlreichen Nachweisen des Schrifttums.
1067 Vgl. insbesondere Beschlüsse Nr. 1, 2 a) des 61. Deutschen Juristentags, 1996, K 69 ff.
1068 Vgl. *Zöllner,* ZfA 1988, 265, 268.
1069 *Heinze,* ZIAS 1987, 238, 247.
1070 Vgl. zur Re-Individualisierung als Teil des Flexibilisierungskonzeptes *Reichold,* RdA 2002, 321, 322.
1071 Vgl. *Picker,* Die Tarifautonomie in der deutschen Arbeitsverfassung, 2000.
1072 *Picker,* Die Tarifautonomie, S. 47.
1073 *Picker,* Die Tarifautonomie, S. 51.
1074 S. dazu oben VI. 4 b); vgl. zur Kritik etwa *Rüthers,* NJW 2003, 546, 551.
1075 So die Formulierung von *Picker,* Die Tarifautonomie, S. 61.
1076 *Picker,* Die Tarifautonomie, S. 63: „In dem so abgesteckten Bereich ist instinktgemäß nur als günstig zu qualifizieren, was dem Arbeitnehmer nach seiner freien, subjektiv individuellen Bewertung und Planung als die vorzugswürdigere Alternative erscheint."
1077 Vgl. dazu *Schnabel,* Betriebs- und Tarifautonomie im Spannungsfeld juristischer Rahmenbedingungen und ökonomischer Herausforderungen: Eine ökonomische Analyse, in *Sadowski/Walwei (Hrsg.),* Die ökonomische Analyse des Arbeitsrechts, 2002, S. 257, 260.

Konkret haben zwei Fragestellungen in der jüngsten Vergangenheit im Mittelpunkt der Diskussion gestanden. Einmal geht es um die Frage, ob der Arbeitnehmer auf individuellen Wunsch über die tarifvertraglich festgelegte Arbeitszeit hinaus arbeiten kann. Diese vom BAG bislang nicht entschiedene Frage wird im Schrifttum zumeist in dem Sinne entschieden, dass die längere Arbeitszeit als zulässig angesehen wird[1078]. Der aktuelle Streit dreht sich vorrangig um die Frage, ob durch Betriebsvereinbarung oder einvernehmlich zwischen Arbeitgeber und Arbeitnehmer eine Verschlechterung von Arbeitsbedingungen vereinbart werden kann, wenn im Gegenzug der Arbeitgeber eine Arbeitsplatzsicherung zusagt. De lege lata wird man die Zulässigkeit solcher Vereinbarungen verneinen müssen[1079]. Als Forderung de lege ferenda wird sie immer wieder erhoben[1080].

Ob für die weitgehend unbestrittene Notwendigkeit einer Flexibilisierung des Tarifvertragswesens eine Änderung des TVG notwendig ist, ist alles andere als sicher. Ein Änderungsbedarf wäre nur dann zu bejahen, wenn das gegenwärtige Recht Regelungsmöglichkeiten verhindern würde, die den Erfordernissen einer hochkomplexen, in immer stärkerem Maße durch internationale Entwicklungen beeinflussten Arbeitswelt im Wege stünden. Bei der Beantwortung dieser Frage müssen die Ebene des Tarifvertragsrechts und die Ebene der Tarifpolitik strikt auseinander gehalten werden. Mögliche Defizite der Tarifpolitik können nicht einfach dem Tarifvertragsrecht angelastet werden[1081]. Bei genauerer Betrachtung erweist sich das geltende Tarifvertragsrecht als in hohem Maße flexibel. Es ist keineswegs so, dass das TVG einseitig den Flächentarifvertrag begünstigen würde, der zentral alle Fragen für alle tarifgebundenen Arbeitgeber und Arbeitnehmer regelt. Mit dem Flächen- oder Verbandstarifvertrag ist nur ein mögliches Gestaltungsmodell tarifvertraglicher Regelung angesprochen. Rechtlich gleichwertig steht daneben der Firmentarifvertrag[1082]. In den neuen Bundesländern hat der Firmentarifvertrag quantitativ mit dem Flächentarifvertrag fast gleichgezogen[1083]. Der Firmentarifvertrag lässt unternehmens- bzw. betriebsspezifische Regelungen zu, die im Niveau über denen des Flächentarifvertrags liegen, aber auch zu dessen Absenkung führen können[1084].

1078 Ausführlich zur Problematik *Richardi*, Gutachten B 88 ff. mit zahlreichen Schrifttumsnachweisen.

1079 Vgl. dazu etwa *Lieb*, NZA 1994, 289, 293; *Körner*, RdA 2000, 140 ff; *Wiedemann*, RdA 2000, 169, 172 (Urteilsanmerkung) weist daraufhin, dass die gegenteilige Meinung schon in der Weimarer Zeit vertreten wurde.

1080 Vgl. zu solchen Forderungen die Nachweise bei *Richardi*, Gutachten B 22 f.; vgl. zu diesen Bündnissen für Arbeit auch BDA, Leitfaden der BDA für eine neue Arbeitsmarktverfassung, 2002, S. 47 ff.

1081 Vgl. dazu die plakative Bemerkung von *Gamillscheg*, Kollektives Arbeitsrecht, Bd. I, 1997, S. VII, wonach niemand eine Maschine still lege, nur weil sie schlecht bedient werde.

1082 Vgl. dazu auch mit Hinweisen auf die tatsächliche Bedeutung des Firmentarifvertrags *Stein*, RdA 2000, 129 ff.

1083 Vgl. *Höland/Reim/Brecht*, Flächentarifvertrag und Günstigkeitsprinzip, 2000, S. 26.

1084 Vgl. zu einem Beispiel eines verschlechternden Firmentarifvertrags aus Gründen der Beschäftigungssicherung die Fallgestaltung in BAG v. 4.4.2001 – 4 AZR 237/00 –, RdA 2002, 244.

Darüber hinaus lässt das TVG breiten Spielraum für differenzierende Regelungen unterhalb der tarifvertraglichen Ebene[1085]. Das wichtigste Instrument hierzu sind die Öffnungsklauseln (§ 4 Abs. 3 TVG)[1086]. Mit ihrer Hilfe kann es gelingen, betriebsnähere Regelungen zu schaffen, wenn die Betriebspartner dies für nötig erachten. Die Beispiele, die im Rahmen dieser Darstellung aufgezeigt wurden, belegen, dass die Praxis der Tarifvertragsparteien in immer größerem Umfang dazu übergeht, differenzierende Regelungen auf Betriebsebene zu ermöglichen. Spezifische Regelungen über Arbeitszeiten sind weit verbreitet. Auch Differenzierungen hinsichtlich der Vergütung gewinnen zunehmend an Bedeutung[1087]. Auch das Problem notleidend gewordener Betriebe und das daraus erwachsende Problem der Beschäftigungssicherung kann auf diese Weise angegangen werden[1088]. Es wäre verfehlt zu glauben, dass die Verbände aus den Erfahrungen der Vergangenheit nichts gelernt hätten. Im Gegenteil, der Druck auch aus den eigenen Reihen hat die Sicht für ausgewogene Lösungen wachsen lassen, bei denen überbetriebliche und betriebliche Interessen ins Lot gebracht werden müssen.

Im Übrigen darf bei aller Kritik am Verbandstarifvertrag nicht dessen Leistungsfähigkeit aus ökonomischer Sicht übersehen werden. Die wesentliche ökonomische Funktion des Tarifvertrags liegt in der Verringerung der betrieblichen Transaktionskosten[1089]. Dass dies auch von den Betriebsparteien so gesehen wird, zeigt eine empirische Untersuchung aus dem Jahre 1995. Sowohl in der alten Bundesrepublik wie in den neuen Bundesländern wird von den Betriebsparteien überwiegend eine tarifliche Öffnung für eine betriebsbezogene Lohnpolitik abgelehnt[1090]. Die Befragung zeigte, dass der Tarifvertrag als Mittel angesehen wird, den Verteilungskonflikt nicht innerbetrieblich austragen zu müssen. Zwar würden manche Betriebsleitungen eine stärkere Lohnflexibilisierung durch betriebliche Vereinbarung begrüßen, andererseits werden aber Effizienz- und Produktionseinbußen als Folge einer Belastung des Betriebsklimas befürchtet. Der Autor der Studie plädiert deshalb auf der Basis der Befragung für eine begrenzte Tariföffnung für betriebliche Regelungen[1091].

1085 S. zu dem Raster der Möglichkeiten *Ruoff*, Die Flexibilisierung, S. 226 f.; ebenso *Franzen*, RdA 2001, 1 f.
1086 Vgl. zu einer ökonomischen Analyse von Öffnungsklauseln *Seitel*, Öffnungsklauseln in Tarifverträgen, 1995. S. dazu meine Rezension in ZTR 1996, 95.
1087 Zur Notwendigkeit solcher tarifvertraglicher Korridorlösungen s. bei *Richardi*, Gutachten B 22 f.
1088 Vgl. zur Vereinbarung von Notstandsklauseln oben VI. 4 a).
1089 Vgl. zu diesem Aspekt *Schnabel*, S. 258. Zu den wenigen kritischen Stimmen bzgl. des Transaktionskostenarguments s. Monopolkommission, BT-Drucks. 12/8323, S. 372 (Nr. 918).
1090 Vgl. *Seitel*, S. 391 ff. (für die alte Bundesrepublik), S. 407 ff. (für die neuen Bundesländer).
1091 Vgl. *Seitel*, S. 462: „Als anzustrebende Kompetenzverteilung ergibt sich also, dass primär die Verbandsebene über die Lohn- / Gewinn- Relation befinden sollte. Eine Öffnung der Tarifverträge bietet sich allerdings in der Weise an, dass der Betriebsebene und der Individualebene sekundär, d.h. innerhalb der von der Verbandsebene gezogenen Grenzen, Variationsspielräume eingeräumt werden. Zu empfehlen sind eine zeitlich befristete Abdingbarkeit tarifvertraglich vereinbarter Lohnerhöhungen in Verbindung mit einer Kompensationspflicht der Arbeitgeber sowie Investiv- und Ertragslohnmodelle".

2. *Informelle Flexibilisierung*

Schließlich darf nicht übersehen werden, dass sich die Forderung nach flexib- **276** leren Lösungen bei der Gestaltung von Arbeitsbedingungen nicht nur nach rechtlichen Vorgaben des TVG richtet. Flexibilisierung ist vielmehr institutionalisierte betriebliche Praxis, geübt durch Arbeitgeber und Betriebsrat und – sehr häufig – unter Beteiligung der Gewerkschaften. Dieser Befund wird von jüngsten empirischen Untersuchungen bestätigt, wobei ich hier besonders auf den Beitrag von *Höland/Reim/Brecht* in Betrieben der Metallindustrie und der Chemischen Industrie hinweisen möchte[1092]. Es ist bekannt, dass seit Jahren in den Betrieben Regelungen getroffen oder eine betriebliche Praxis hingenommen werden, die im Gegensatz zu den tarifrechtlichen Bestimmungen stehen. Diese Praxis hat erstmals die Gerichte im Falle des Unternehmens Viessman beschäftigt[1093]. Ohne Zweifel ist aufgrund ungünstiger ökonomischer Entwicklungen ein Spannungsverhältnis zwischen Vorstellungen und Vorgaben der tarifschließenden Verbände und betrieblichen Handlungsnotwendigkeiten entstanden[1094]. In dieser Situation erwächst den Betriebsräten die Aufgabe, die man in der Betriebssoziologie als „Adaptionsfunktion" bezeichnet. Diese Aufgabe wird durch die Entwicklung einer Vielzahl von „Puffertechniken der Rechtsanwendung" bewältigt[1095]. Sie reichen von vom Tarifvertrag gestatteten wie nichtgestatteten Betriebsvereinbarungen, sonstigen vertraglichen Abreden zwischen den Betriebsparteien, der Duldung nicht tarifvertragsgemäßer Praxis durch den Betriebsrat oder bis zur Durchsetzung verschlechternder Arbeitsvertragsbedingungen mit Verweis auf noch ungünstigere Alternativen. Soweit sie in bloße Regelungsabsprachen einmünden, sind sie nach bestrittener, aber wohl überwiegender Meinung nicht von der Sperrwirkung des § 77 Abs. 3 BetrVG erfasst[1096].

Diese betrieblichen Prozesse finden häufig durchaus die mehr oder weniger offene Unterstützung der zuständigen Gewerkschaften. Die Rechtstatsachenforschung sieht diese Entwicklungen keineswegs nur negativ, eröffnen sie doch die Möglichkeit, Lernprozesse über dysfunktionale Regelungen in Tarifverträgen in Gang zu setzen. Diese können zum Abschluss von Ergänzungstarifverträgen führen, aber auch quantitativen Angleichungsdruck auf den Flächentarifvertrag ausüben[1097].

1092 Vgl. *Höland/Reim/Brecht*, Flächentarifvertrag und Günstigkeitsprinzip, 2000.
1093 ArbG Marburg v. 7.8.1996 – 1 BV 6/96 –, NZA 1996, 1331; v. 7.8.1996 – 1 BV 10/96 –, NZA 1996, 1337; ArbG Frankfurt a.M. v. 28.10.1996 – 1 Ca 6331/96 –, NZA 1996, 1340.
1094 Vgl. dazu auch *Oppolzer/Zachert*, Krise und Zukunft des Flächentarifvertrags, 2000, S. 219.
1095 Vgl. *Höland/Reim/Brecht*, S. 7.
1096 Vgl. zum Meinungsstreit *Wank* in *Wiedemann*, § 4 Rn. 560; BAG v. 20.4.1999 – 1 ABR 72/98 –, RdA 2000, 165 m. Anm. *Wiedemann*.
1097 Vgl. dazu mit weiteren konkreten Problemen in der betrieblichen Praxis *Höland/Reim/ Brecht*, S. 12 ff.

X. Die Zukunft des Tarifvertrags

Wie dieses Spannungsverhältnis zwischen Tarifvertrags- und betrieblicher Ebene in Zukunft zu lösen sein wird, lässt sich heute noch nicht endgültig abschätzen. Die Vorstellung, dass eine generelle Verlagerung der Tarifverhandlungen auf die Betriebsebene eine Lösung darstellen könnte, ist nicht begründet. Ökonomen weisen darauf hin, dass es aus empirischen Untersuchungen für die OECD-Länder keine Anzeichen dafür gibt, dass die Ebene der Tarifverhandlungen von signifikanter Bedeutung für die Lohn- und Arbeitsmarktentwicklung ist und eine bestimmte Verhandlungsebene die ökonomische Leistungsfähigkeit generell verbessern würde[1098]. Deshalb wird geraten, „nicht gleich das Kind mit dem Bade auszuschütten, in dem man das ganze bisherige Tarifsystem über Bord wirft, sondern systemimmanente Reformen durchzuführen, die die angesprochenen Probleme möglichst minimieren und damit auch die Erosionstendenzen des Flächentarifvertrags eindämmen. Reformziel sollte sein die transaktionskostensenkende Funktion sowie die gesamtwirtschaftlichen Koordinierungsmöglichkeiten überbetrieblicher Tarifverhandlungen zu bewahren (und damit auch die Tarifautonomie zu bestätigen), gleichzeitig aber die Flexibilität, Betriebsnähe und Differenzierungsmöglichkeiten der Lohnpolitik zu erhöhen (und damit die Betriebsautonomie zu stärken). Dies lässt sich erreichen, in dem man nach der Faustregel verfährt: so viele überbetriebliche Rahmenvereinbarungen wie nötig (zur Festlegung echter Mindestarbeitsbedingungen) – so viele betriebliche Gestaltungsmöglichkeiten wie möglich (zur effizienten Produktion)"[1099]. Bei den hier diskutierten Problemen handelt es sich keineswegs um typisch deutsche Fragestellungen. Im Gegenteil, die Problematik ist in gleicher Weise wie in den anderen Ländern der EU anzutreffen[1100].

3. *Aufgabenzuweisung an die Tarifvertragsparteien durch den nationalen und supranationalen Gesetzgeber*

277 Der Gesetzgeber hat den Tarifvertragsparteien in zahlreichen arbeitsrechtlichen Gesetzen explizit Spielräume für Regelungen eröffnet[1101]. Was früher eine partielle Tariföffnung arbeitsrechtlicher Gesetze darstellte, ist seit langem zu einer rechtspolitischen Strategie des Gesetzgebers geworden. Der Gesetzgeber bindet bewusst und gezielt die Tarifvertragsparteien in die Gestaltung der Arbeitsbeziehungen ein. Von der Beteiligung der Verbände verspricht er sich einen wesentlichen Beitrag zur Lösung wichtiger, aber oft kontroverser und schwieriger Fragen der Arbeitswelt. Deutlichen Ausdruck haben diese Bemühungen einmal in dem – vorläufig allerdings zum Stillstand gekommenen –

1098 Vgl. dazu *Schnabel*, S. 259.
1099 *Schnabel*, S. 259.
1100 Vgl. dazu die Beiträge in Industrielle Beziehungen, 2003, Heft 1, die speziell diesem Fragekreis gewidmet sind.
1101 Vgl. etwa § 13 Abs. 1 BUrlG; § 622 Abs. 4 BGB.

Konzept eines Bündnisses für Arbeit gefunden. Unabhängig davon hat der Gesetzgeber aber auch bis in die jüngste Gegenwart in einer Reihe von Gesetzen die Tarifvertragsparteien aufgefordert, bei der Regelung strittiger Fragen mitzuwirken. So hat der Gesetzgeber etwa bei der Schaffung des AZG im Jahre 1994 die Grundlagen des neuen Arbeitszeitrechtes eigenständig normiert. Im Hinblick auf den Zweck des Gesetzes – neben der Sicherheit und dem Gesundheitsschutz der Arbeitnehmer auch für flexible Arbeitszeiten zu sorgen (§ 1 Nr. 1 AZG) – hat er in § 7 AZG den Tarifvertragsparteien einen weiten Spielraum zur Nutzung der Tarifautonomie für die Gestaltung flexibler Arbeitszeiten eröffnet[1102]. In ähnlicher Weise baut der Gesetzgeber bei der Gestaltung der Teilzeit sowie bei der Normierung von Befristungen von Arbeitsverhältnissen auf den Beitrag der Tarifvertragsparteien[1103].

Ein besonders illustratives Beispiel für den konstitutiven Beitrag der Tarifvertragsparteien bei der Regelung von Arbeitsbedingungen stellt das Gesetz über zwingende Arbeitsbedingungen bei grenzüberschreitenden Dienstleistungen (AEntG) dar[1104]. Dieses vor allem europarechtlich notwendig gewordene Gesetz ist in seiner Anwendung abhängig vom Abschluss eines Tarifvertrages, dessen Allgemeinverbindlicherklärung erst die Wirkungen des AEntG entfalten kann[1105].

Schließlich hat der Gesetzgeber bei der Neufassung der Regelungen über die Arbeitnehmerüberlassung im AÜG die Rolle der Tarifvertragsparteien betont. Dies gilt einmal für die Neuregelung betreffend das Baugewerbe (§ 1 b AÜG) als auch bezüglich des Abschlusses von Tarifverträgen für Leiharbeitnehmer, von deren Inhalt ganz wesentlich die weitere Entwicklung der Leiharbeit abhängt, die für die Flexibilisierung des Arbeitsmarktes als mitentscheidend angesehen wird (§ 3 Nr. 3 AÜG)[1106].

1102 Vgl. dazu BT-Drucks. 10/2706, S. 15: Als wesentliches Ziel des Gesetzes wird es in der Begründung bezeichnet „den Tarifvertragsparteien und unter bestimmten, im Gesetz festgelegten Voraussetzungen auch den Betriebsparteien im Interesse eines praxisnahen, sachgerechten und effektiven Arbeitszeitschutzes mehr Befugnisse und mehr Verantwortung als bisher zu übertragen. Die Tarifvertragsparteien kennen die in den Betrieben zu leistende Arbeit und die für Arbeitnehmer entstehenden zeitlichen Belastungen. Sie können daher viel stärker differenzieren, ihre Regelungen den Erfordernissen des einzelnen Beschäftigungsbereichs anpassen und regionalen Besonderheiten Rechnung tragen. Ihr verantwortungsbewusstes Handeln und ihre in der Regel entgegengesetzten Interessen bieten zugleich die Gewähr für ausgewogene und sachgerechte Lösungen. Sachlich unbegründete Forderungen rufen den Widerspruch der Gegenseite hervor. ... Der für die Arbeitnehmer notwendige Gesundheitsschutz soll durch bestimmte, im Gesetz festgelegte, gesundheitlich vertretbare Grenzen, die auch die Tarifvertragsparteien und Betriebspartner nicht überschreiten dürfen, sichergestellt werden."
1103 Vgl. dazu § 8 Abs. 4 u. § 14 Abs. 2 TzBfG.
1104 Vgl. Gesetz v. 26. Februar 1996, BGBl. I S. 227.
1105 Vgl. dazu auch die Gesetzesbegründung in BT-Drucks. 13/2414.
1106 Vgl. dazu BT-Drucks. 15/25, S. 23 f.

278 Eine weitere Aufwertung haben die Tarifvertragsparteien durch die Entwicklungen der Europäischen Sozialpolitik erhalten. Der seinerzeitige Kommissionspräsident Jacques Delors favorisierte vor dem Hintergrund einer gescheiterten Politik der arbeits- und sozialrechtlichen Harmonisierung im traditionellen Stile die Idee eines sozialen Dialogs, durch den in den Bereichen wie Beschäftigung und den Bedingungen am Arbeitsplatz durch Verhandlungen zwischen Arbeitnehmer- und Arbeitgeberorganisationen auf europäischer Ebene konsensuelle Lösungen gefunden werden sollten[1107]. Der soziale Dialog wurde als – allerdings zunächst sehr unverbindlich formuliertes – Institut in Art. 118 b EWGV a. F. verankert. Eine Stärkung und Verrechtlichung des sozialen Dialogs erfolgte durch das Protokoll über die Sozialpolitik und das Abkommen über die Sozialpolitik (AüS). Die Bestimmungen des AüS sind – im Wortlaut fast unverändert – in den Vertrag von Amsterdam übernommen worden (Art. 138 f. EGV). Damit wurde der Grundstein für ein neues Modell der Gestaltung kollektiver Arbeitsbeziehungen gelegt und – fast noch bedeutender – ein neues Modell arbeitsrechtlicher Rechtsetzung auf europäischer Ebene geschaffen[1108]. Kommt es zwischen den Sozialpartnern auf europäischer Ebene zu Vereinbarungen hinsichtlich einer bestimmten arbeitsrechtlichen Materie, so kann der Rat durch Beschluss diese Vereinbarung zum Gegenstand einer Richtlinie machen (vgl. Art. 139 EGV).

Dieses – von den Gegnern auch als korporatistisch kritisierte[1109]- Modell europäischer Sozialbeziehungen strahlt notwendigerweise auf die Rolle der Sozialpartner im nationalen Kontext aus. Denn die meisten im Wege der Übernahme von Vereinbarungen zustande gekommenen Richtlinien zeigen, dass von den nationalen Sozialpartnern entscheidende Impulse bei der Gestaltung der jeweiligen arbeitsrechtlichen Materie erwartet wird. Beispiele hierfür sind etwa die Teilzeitarbeitsrichtlinie[1110] sowie die Richtlinie zur Befristung von Arbeitsverhältnissen[1111], in denen von den nationalen Sozialpartnern durch Abschluss entsprechender Kollektivverträge ein wesentlicher Beitrag zur Gestaltung der Teilzeitarbeit und der Befristung von Arbeitsverhältnissen erwartet werden[1112].

1107 Vgl. zur Entwicklung des Gedankens des sozialen Dialogs *Fuchs/Marhold*, S. 11 ff.

1108 Vgl. dazu *Fuchs/Marhold*, S. 152 ff.

1109 Vgl. zur Korporatismusdiskussion *Genosko*, Sozialpartnerschaft in einem vereinten Europa, in: Soziale Integration in Europa II, S. 105 ff.; *Barnard*, The Social Partners and the Governance Agenda, European Law Journal 2002, 80, 87 ff.; *Weiler*, The Consitution of Europe, 1999, S. 283 ff.

1110 Vgl. Richtlinie des Rates 97/81/EG vom 15. Dezember 1997, ABl. EG 1998 Nr. L 14/9.

1111 Vgl. Richtlinie des Rates 1999/70/EG vom 18. Juni 1999, ABl. EG 1999 Nr. L 175/43.

1112 Zu weiteren Richtlinien, die den nationalen Sozialpartnern eine Hauptrolle zuweisen, s. *Barnard* (Fn. 1104), S. 86 f.

Stichwortverzeichnis

Die Zahlen beziehen sich auf die jeweiligen Randnummern.